Crazy Eva

Tagebuch eines
„stinknormalen"
Teenagers

Nicole Vogel

Crazy Eva

Tagebuch eines
„stinknormalen"
Teenagers

Die Deutsche Bibliothek – CIP-Einheitsaufnahme
Ein Titeldatensatz für diese Publikation ist bei
Der Deutschen Bibliothek erhältlich.

ISBN 3-87067-856-9
Edition C, M 264
© 2001 by Brendow Verlag, D-47443 Moers
Einbandgestaltung: init, Büro für Gestaltung, Bielefeld
Titelfoto: Bavaria
Satz: Convertex, Aachen
Druck und Bindung: Koninklijke Wöhrmann, NL-Zutphen
Printed in The Netherlands

Vorwarnung!

Es hat schon einen Grund, warum hier drüber nicht „Vorwort", sondern „Vorwarnung" steht. Denn wer es wagt, näher in dieses Buch vorzudringen, lässt sich auf Erlebnisse und Personen ein, die mit der realen Welt nicht viel gemeinsam haben. Es sind Personen und Erlebnisse aus Gedanken – meinen Gedanken. Mein Name ist Eva und als ich dieses Tagebuch schrieb, war ich fünfzehn Jahre alt. Was einem in dem Alter passiert, ist manchmal – oder eigentlich immer – einmalig, absurd, ätzend oder schön oder alles zusammen. Deswegen kann es für den einen Leser vollkommen hirnrissig klingen. Aber für den anderen Leser, der gerade in Teenagerabgründen drinsteckt, kann es ein erleichternder Beweis dafür sein, dass man auf diesem Planeten doch nicht der Einzige ist, der solche Gedanken und Gefühle hat.

Übrigens: Da das hier ein Tagebuch ist, erhebt es logischerweise nicht im Geringsten den Anspruch der Objektivität. Wer also erwartet, Antworten auf Fragen oder unparteiische Beschreibungen zu finden, den muss ich enttäuschen. Im Gegenteil: Alles ist ichbezogen, Fragen werden aufgeworfen, Personen sind unfair beschrieben. Deshalb werden sich vielleicht einige vor den Kopf gestoßen fühlen. Aber dies ist eben *meine* Gedankenwelt. In ihr spielt mein Freund eine große Rolle. Sein Name klingt vielleicht ein wenig seltsam, aber er ist fast immer dabei. (Na ja, außer ich habe ihn mal wieder links liegen lassen, weil ich ihn vergessen habe oder weil ich gerade stinkig auf ihn war.) Mein Freund heißt Gott. Die Erlebnisse mit ihm sind weder theologisch fundiert noch moralisch exakt. Es ist mein Mikrokosmos, in dem Gott seine ganz persönliche Rolle spielt und ich erwarte nicht, dass das bei anderen genauso ist.

Das Einzige, was ich erwarte, ist, dass man vorsichtig mit meiner Gedankenwelt umgeht. Ich entblöße hier einen fünfzehnjährigen Mädchenkopf und der ist ziemlich sensibel. (Und manchmal gemein, ich geb's ja zu.) Deswegen möchte ich darum bitten, genauso objektiv mit meinen Gedanken und Gefühlen zu sein, wie meine Gedanken und Gefühle subjektiv sind. Aber bevor ich mich hier wieder verquatsche (was auf den folgenden Seiten öfter vorkommt), will ich mich noch bei meinen Freunden von damals für ihre Liebe zu mir bedanken. Gleichzeitig möchte ich euch um Verzeihung bitten, dass ich so schonungslos über euch schreibe. Ich weiß, dass ihr mich an einigen Stellen am liebsten meucheln, erwürgen, erstechen, erschießen, ertränken, erhängen oder auf sonst eine Art ermorden würdet. Wenn es so ist, dann denkt bitte daran, dass ihr Christen seid! (Ich erinnere an „Du sollst nicht töten" und: „Du sollst deinen Nächsten lieben wie dich selbst." Hähä!)

Sollte nach diesen schrecklichen Vorwarnungen tatsächlich noch jemand den Mut aufbringen, mein Tagebuch zu lesen, so darf ich ihm oder ihr gratulieren. Es wird sich lohnen, denn nach Verzehr dieser Lektüre wird man garantiert ... Ja, was eigentlich? Na, man wird es schon irgendwie überleben. Schließlich hat ja jeder von uns noch seine eigene Gedankenwelt, in die er sich zurückziehen kann, wenn meine nicht mehr zu ertragen ist.

Mit nochmals warnenden Grüßen
eure Eva Specht

Anmerkung der Autorin: *Pssssst! Bitte ganz leise lesen! Ich offenbare ein Geheimnis. – Sooo schlimm ist Evas Tagebuch gar nicht. Ist nur eine Strategie von ihr, den Leser neugierig zu machen. Glaubt mir, ich kenne sie sehr gut. Also nicht darauf reinfallen! Wenn ihr das Buch lest, dann nur deshalb, weil man nach der Lektüre garantiert um einige Gedanken und Gefühle reicher ist. Also ohne Vorwarnung: Viel Spaß und Gottes Segen.*

*Wage es,
in meine Gedankenwelt einzutreten,
aber: Tritt nicht gedankenverloren
auf ihr herum,
denn Gott
hat die Gedanken gemacht.*

Montag, 27. Dezember
Hallohallo! Das ist mein erster Eintrag und ich weiß nicht so richtig, wie ich anfangen soll. Eigentlich ist das ja ganz easy: Man schreibt das auf, was man an dem Tag so alles gemacht hat, was einen berührt hat, was einen beschäftigt. Aber ich möchte einfach nichts weglassen, möchte auf kein Detail verzichten, damit ich mich später haargenau an alles erinnern kann.

Ich bin erst fünfzehn Jahre auf diesem Planeten und habe schon jetzt das Gefühl, dass ich voll viele Momente aus meinem Leben total vergessen habe oder mich falsch erinnere. Es ist ja oft so, dass man sich nach einigen Jahren an bestimmte Sachen nicht so erinnert, wie sie wirklich waren, weil man sich die Vergangenheit lieber anders gewünscht hätte. Da werden die albtraumhaftesten Zeiten schöngemalt und die wirklich schönen Erlebnisse werden mit der Zeit grau und erscheinen nur noch als normal. Das ist echt bescheuert! Die Wahrheit bleibt auf der Strecke, weil die Erinnerungen nur noch halbe Fetzen sind und der Rest unbewusst dazugemogelt wird.

Die Zeit vergeht immer schneller, je älter man wird. Manchmal hab ich schon Probleme damit, mich daran zu erinnern, was vorgestern war. Und wenn einem die Zeit noch schneller davonrast? Wie soll ich mich denn zurechtfinden, wenn ich mal zwanzig bin? Da wird mir eine Woche wohl so vorkommen wie jetzt ein Tag. Und dann weiß ich erst recht nicht mehr, was vorgestern war. Das ist dann ja von meinem jetzigen Zeitgefühl aus schon wieder zwei

Wochen her! Hilfe! Mein Tagebuch soll da Abhilfe schaffen. Ich möchte mich später mal richtig erinnern können und wenn meine Gehirnwindungen mit der Zeit zu sehr eingerostet sind, kann mein Tagebuch mir wieder auf die Sprünge helfen.

Und der Suche ein Ende machen, das soll es. Ich fühle mich so oft nicht daheim. Klar, meine Clique bietet mir ein Stück Zuhause und Gott ist meine Heimat. Aber trotzdem bin ich innerlich unruhig, so als wär ich auf der Suche nach irgendwas. Ich weiß auch nicht. Wahrscheinlich bilde ich mir das alles nur wieder ein. Andere in meinem Alter machen sich nicht so 'n Kopf um alles, die gehen mal eben 'nen bisschen feten und gut is. Ich glaube manchmal echt, ich hab 'n Schaden. Egal.

Oh Gott! Ich verquatsche und verfange mich mal wieder in meinen Gedanken. Auf jeden Fall soll das hier ein Versuch werden, wichtige Unwichtigkeiten oder auch unwichtige Wichtigkeiten aus meinem kleinen Leben festzuhalten. Das Gelaber mit den Wichtigkeiten war überflüssig. Ich geb's ja zu. War nur mal wieder ein kläglicher Versuch poetisch zu sein.

Ich fang einfach mal an, denn wenn ich's jetzt nicht mache, mach ich's nie! Das ist ja immer so bei mir: Ich nehme mir was vor und wenn ich damit anfangen will, krieg ich Schiss und mach's dann doch nicht – es könnte ja dann nicht so werden, wie ich mir das vorher in meiner Fantasie so schön ausgemalt habe und dann bin ich von mir enttäuscht, halte mich für einen Versager und schmeiße alles weg, bevor ich es überhaupt richtig betrachtet habe. So wie jetzt. Eigentlich hab ich ja schon viel geschrieben, aber irgendwie komm ich nicht aus dem Quark. Das ist zwar kein Deutschaufsatz, aber wenn die Gornmert, meine Lehrerin, das hier lesen würde, würde die alles rot anstreichen und daneben kritzeln: Wo ist der rote Faden? Wo ist der Sinn? Was willst du eigentlich aussagen? Am liebsten würde ich dieses blöde Tagebuch in die Ecke feuern und nie wieder reingucken. Aber ein Tagebuch ist eben keine Deutscharbeit. Es soll ja nur den Schrott aus meinem Kopf sortieren, damit ich später 'nen besseren Durchblick habe, nä? Und das hab ich ja jetzt gemacht, oder? Na also.

Blöder Perfektionismus. (Hab ich das jetzt richtig geschrieben?) Hanna hatte mal wieder Recht. Sie hat ja eh immer Recht. Sie meint, ich gehe noch mal an meinem Perfektionismus (echt 'n schwieriges Wort) zu Grunde. Es gäbe nichts, was perfekt ist, außer Gott. Und weil ich nicht Gott bin (Gott sei Dank! Mir würden Menschen wie ich total auf den Keks gehen!), kann ich auch nicht perfekt werden. Ich bräuchte mich gar nicht weiter abzumühen, es würde eh nix draus werden, wenn ich alles ohne ihn machen würde. Das Einzige, was ich wohl machen kann, ist, Gott darum zu bitten, dass er mir hilft, mit meinem Drang nach Perfektion klarzukommen. Immer locker be! Dann werde ich wahrscheinlich ganz automatisch Gott ähnlicher, und das auf 'ne ganz entspannte Art und Weise. Ich und entspannen! Wer's glaubt, wird selig! Na gut, wenn ich's glaube, werde ich wohl auch selig.

Also: Herr, bitte hilf mir, dass ich entspannter leben kann und nicht immer versuche, perfekt zu sein. Bitte hilf mir beim Tagebuchschreiben. Hilf mir, dass ich einfach so ohne Stress das aufschreiben kann, was mich bewegt, damit nichts verloren geht. Danke. Ach so: Und hilf mir, das zu finden, wonach ich suche. Jawoll. Amen. Komisch. Jetzt hab ich genau das aufgeschrieben, was mich heute beschäftigt hat. Einfach so. Schon seltsam, wie Gott so was macht ... Aber dass immer Hanna alles besser wissen muss! Warum kann *ich* nicht auch mal so 'n Lichtblick haben? Aber ist ja klar: Meine Eltern haben mit Gott nix am Hut. Hannas Eltern schon. Da ist das schon logisch, dass ich nicht so 'n Durchblick habe ... (22.15 h)

Dienstag, 28. Dezember

Yeah! Meine Eltern haben es tatsächlich (nach fünf Wochen betteln) erlaubt, dass ich mitfahren darf. Man kann also noch an Wunder glauben. Ich sitze gerade mit Hanna und Betty in Bettys pinkem Corsa. Wir sind auf dem Weg ins Sauerland. Bettys Eltern haben da ein Ferienhaus in einem kleinen Dorf in der Nähe von Meschede und da werden wir jetzt die Woche abhängen. Obwohl ich mich manchmal frage, warum sich Betty überhaupt mit uns abgibt. Sie ist zehn Jahre älter! Wenn ich schon fünfundzwanzig wär, hätte ich echt keinen Bock, mit solchen albernen Teenies wie uns rumzuhängen. Na ja, vielleicht liegt es daran, dass Betty selbst noch wie ein alberner Teenager ist ...

Ich hätte sie im Auto echt umbringen können! Normalerweise genieße ich längere Autofahrten. Da kann man wegdämmern und träumen. Ich hatte mir wieder vorgestellt, wie es wohl wäre, endlich einen Freund zu haben, bis Betty ihre Jugendmucke ins Autoradio geschoben hat. Ihre Jugendmucke! Das ist dieselbe Musik, die meine Mama hört! *Flashdance!* Betty liebt *Flashdance*, weil sie früher selbst mal getanzt hat. Doch bei ihrem Umfang nehme ich ihr das nicht so ab. Tschuldigung, das war 'n bisserl fies. Betty ist eben ein bisschen viel korpulent. Sie sagt, sie hätte das Ballett wegen ihrer Knie aufgeben müssen. Also, entweder ist sie so dick geworden, dass sie deshalb Knieprobleme bekommen hat und dann aufhören musste zu tanzen, oder sie hat Knieprobleme bekommen, musste mit dem Tanzen aufhören und hat deshalb angesetzt.

Auf jeden Fall war Betty mal wieder ganz in den frühen Achtzigern versunken und fing aus lautem Halse an mitzusingen. Betty hat zwar eine begabte Stimme, aber warum musste sie Gott so schrill machen? Gott ist schon seltsam ... Aber ich hab ihn lieb, und Betty auch. Trotzdem ist ihre Stimme oft grausig, besonders dann, wenn sie davon überzeugt ist, dass sie jetzt supergut den Ton getroffen hat oder genauso gut singen kann wie *Whitney Houston* bei dem Uraltsong *I will always love you*. Wenn sie die olle Kamelle mit voller Leidenschaft mitsingt und zum Schluss *versucht*, die höchste Stelle zu treffen, müssten eigentlich die Fensterscheiben vom Auto zerspringen. „Ei uill olluyes low-ä juuuuuuuhuuuuu!" Wie ein jaulender Köter. Gut, dass die Scheiben extra dickes Glas haben. Der Hersteller muss Betty vorher singen gehört haben.

Bin ich wieder hinterhältig heute, so völlig unchristlich. Ist aber auch schwer, Betty so was klarzumachen. Wenn man ihr im lieben Ton sagt, dass ihr Gesang jetzt 'n bisschen stört, lacht sie nur fett vor sich hin und hält das für 'n Scherz. Ärgert man sie damit, ist sie total beleidigt und singt noch lauter und höher. Wir haben Betty einfach nicht zum Schweigen gebracht. Wie so 'n Teenager in der tiefsten Pubertät. Schrecklich!

Auf der Rückfahrt muss ich mit Hanna den Platz tauschen. Dann darf sie sich freiwillig nach vorne setzen und ich hab hinten ein bisschen mehr Ruhe vor Bettys Gesangsattacken. Außerdem sollte ich jeden Tag mit Hanna dafür beten, dass Gott Betty neue Stimmbänder schenkt oder dass sie auf der Rückfahrt heiser wird. Hähä. (13.11 h)

Nachtrag: Schnee! Schnee in Massen! Mindestens fünfzig Zentimeter! Das glitzert und funkelt wie nicht knirschende Watte. Da vergisst man alle Gesangsattacken von Betty und dankt Gott für seine Schöpfung und für Betty gleich mit. Auch wenn sie mich mal wieder mitten aus meinen Träumen gerissen hat. Ich stellte mir grade vor, wie ich in der Schweiz in den Skiferien bin und rein zufällig Chris auf seinem Snowboard treffe, der mich aus Versehen umgefahren hat und mir beim Aufhelfen ganz tief in die Augen blickt, während ich in seinen versinke und ... und dann meint Betty in ihrer nüchternen, unsensiblen Art: „Dat taut sich sowieso allet wieder in 'n paar Tagen wech – brauchst dich gar nich erst dran zu gewöhnen." Schwupps! Und schon bin ich wieder mit Hanna und Betty im Auto, vor dem Ferienhaus angekommen und weg ist die Schweiz, die Skipiste und Chris. Aber der Schnee ist noch da. Danke Jesus – wenigstens das bleibt mir noch. (14.00 h)

Nachtrag 2: Nachdem wir angekommen waren, sind wir auch schon wieder losgefahren und haben für die Woche was eingekauft. Zwei Wagen voll für 195,–! Dabei war der eine Wagen für Hanna, mich und Attila – der zweite für Betty. Dass ihr da nicht mal was auffällt ...

Betty hat eben im Switzerland angerufen. Mara, Bettys beste Freundin, ist vor einem halben Jahr mit ihrer Familie in die Schweiz gezogen. Maras Papa war unser Pastor und hatte sich vor einem halben Jahr entschieden, in Hausen, einem Dorf in der

Nähe von Zürich, in einer kleinen Freikirche zu arbeiten. Die ganze Familie ist dabei auf Spenden angewiesen. Stell ich mir ganz schön hart vor mit sieben Kindern. Aber die heißen ja nicht umsonst Kaiser. Gott wird sie kaiserlich behüten. Da muss ich schon wieder an Chris denken ... Chris ist Maras jüngerer Bruder. Ach ja ...

Ich weiß noch, als ich Christian das erste Mal richtig gesehen hab. Da war ich noch 'n Konfi und wir haben in der Kirche irgendwas besprochen. Auf einmal klopfte es an der Seitentür und Chris kam reingeschlurft. Im wahrsten Sinne. Er war nicht in der Lage, die Füße richtig anzuheben, und machte ziemlich laute Schlurfgeräusche, die in der ganzen Kirche widerhallten. Ich hab ihn gesehen und es hat „Ping" gemacht. Eigentlich nichts Besonderes, bei mir hat's vorher schon oft gepingt. Ich pinge immer bei denselben Typen: groß, sportlich, cool, schicker HipHop-Style. Aber 'ne Chance krieg ich bei diesen Jungs sowieso nie. Die stehen auf Weiber mit 'ner großen Fresse und natürlich sportlich müssen die Tussen sein. Dazu am besten noch gut gestylt und *Orsay*-Sachen. Ich hab kein Geld für Klamotten, noch nicht mal für *H&M*, lebe aus Resten und Secondhand, fast wie ein Hippie, bin schüchtern, still und ein absoluter „Sport ist Mord"-Typ. Falle bei den Jungs also sofort durch.

Aber zurück zu Chris: Das Schlurfen war echt süß, ist mir absolut im Gedächtnis hängen geblieben. Alle Mädels haben ihn sofort angegafft, also hab ich auch hingeguckt – is ja eh nicht weiter aufgefallen. Blonde, große Naturlocken hat er und braune Augen. Eine himmlische Kombination, finde ich. Und diese Sommersprossen! Irgendwie hatte er trotz seines coolen Auftretens etwas Liebes an sich, in seinem Blick. Sonst sind die meisten Typen dieser Art richtige Arschlöcher, absolut arrogant und von sich eingenommen. Wenn sie was brauchen, Hausaufgaben oder 'ne Kippe oder was auch immer, bist du der beste Freund, obwohl sie deinen Namen nicht mal kennen – siehst du sie drei Stunden später in der Fußgängerzone an dir vorbeigehen, trifft dich höchstens ein verächtlicher Blick, meistens aber noch nicht mal das, sondern einfaches Ignorieren. Bei Chris konnte ich von Anfang an spüren, dass er nicht so war. Eben nur äußerlich, innerlich ist er ... Ja, wie eigentlich? Auf jeden Fall kein Arschloch. Sehr nett, witzig und tiefsinnig.

Chris ist echt 'n Mädchenschwarm. Jede hat ihn angeglotzt, es hätte nur noch ein brünstiges Raunen („Ahhhhh!") und der Sabber in den Mundwinkeln gefehlt. Wie soll ich da jemals seine Freundin werden können? Ja sicher, wir haben uns später ziemlich gut angefreundet, zusammen mit Attila, Hanna, Ronny und Sam eine Clique gebildet, aber ich bin ja sowieso immer nur der gute Kumpel. Jungs sehen in mir nie die weibliche Person, obwohl daran körperlich kein Zweifel aufkommen kann – finde ich. Liegt wohl an meinem unscheinbaren Auftreten. Als hässlich würde ich mich zwar auch nicht bezeichnen (darf ich nicht – Gott wäre beleidigt, der hat mich ja schließlich gemacht), aber eben als unauffällig, wie eine Pfütze.

Das ist der eine Grund, warum ich eigentlich nicht mehr an Chris denken wollte: Es tut mir weh zu wissen, dass er mich niemals lieben wird. Er mag mich nur als seine Schwester. Der zweite ist, dass es sowieso keinen Sinn macht, eine Beziehung über so eine riesige Entfernung zu führen. Dafür sind wir viel zu jung. Gut, wenn Gott das will, dann würde das auch gehen, aber ... Nee, ich will mich nicht mehr in dieser Traumwelt verlieren ...

Auf jeden Fall hat Betty herausgefunden, dass Mara im Moment bei Rüdiger, ihrem Freund, in Bochum ist und deshalb werden wir drei morgen so bescheuert sein und zurück nach Hause fahren, damit wir Mara und Rüdiger ins Auto verfrachten können. Die werden dann einen Tag bei uns im Sauerland bleiben und am nächsten Tag wieder zurückfahren, weil Mara dann schon wieder ihren Zug nach Zürich erwischen muss. Wie schaffen Rüdiger und Mara das bloß über diese Entfernung? Ob Rüdiger das so toll findet, dass er von seiner knappen, kostbaren Zeit mit Mara jetzt noch was abzwacken muss, nur damit Betty Mara mal kurz sehen kann? Wahrscheinlich haben sie Bettys quengelndem Betteln nicht standhalten können. Erstens, weil Betty über ein „Nein" wieder nur fett gelacht und es für einen Scherz gehalten hätte, und zweitens, weil sie bei einem nachdrücklichen „Nein" wieder tierisch beleidigt gewesen wäre.

Gehen jetzt ins Bett. Versuche krampfhaft, nicht an Chris zu denken. Werde ich auch nicht. Ganz bestimmt nicht. Bitte Gott, hilf mir! Ich kann nicht anders, ist schon 'n Zwang. Muss Mara morgen mal ausquetschen. Vielleicht erzählt sie ja was von ihm. (23.43 h)

Mittwoch, 29. Dezember
Nichts hat sie von ihm erzählt. Sie hat überhaupt sehr wenig erzählt. Ist ja auch egal. Ich will ja eh nix mehr damit zu tun haben. Mara sah müde aus. Kann ich verstehen. Immer diese dauernde Hin- und Herreiserei. Würde mich auch fertig machen. Rüdiger tut mir echt Leid. Er sieht jetzt schon wieder ganz traurig aus. Muss schlimm sein, wenn der Mensch, den man liebt, so weit weg wohnt.

Aber Gott ist ja auch noch da, der gibt den beiden Kraft. Machste doch, Herr, oder?

Hanna schien heute auch 'n bisschen daneben zu sein. Aber das sagt sie mir nicht. Sie ist oft so unnahbar. Dabei kennen wir uns jetzt schon so lange. Wir haben heute zusammen „unser" Lied, *Freunde* von *Pur* gesungen. Betty war nicht im Zimmer, sie hätte sonst alles zergrölt. Sie steht auf *Pur*, vor allem auf die alten Lieder, genauso wie Hanna und ich. Hanna schien das alles ernst zu meinen, und es ist auch so: Wir sind Freunde, durchschauen uns durch und durch, aber irgendwas trennt uns auch. Irgendwas macht es unmöglich, dass Heucheln und Lügen sinnlos ist. Manchmal glaube ich, dass sie Angst davor hat, mir zu vertrauen. Sie sagt mir zwar schon, wenn es ihr mal schlecht geht, und ich spüre, dass ich ihr wichtig bin, doch da ist irgendwo ein Punkt in ihr, an dem sie mich, vielleicht sogar sich selbst, nicht teilhaben lässt. Gott schenkt ihr Freude, hat sie mir heute gesagt. Aber ihr Gesicht sagt mir was ganz anderes.

Letzte Nacht hab ich geträumt, dass Hanna und Attila zusammengekommen sind. Ach, wär's doch so, dann würde Hanna nicht andauernd so eine Fleppe ziehen und könnte in Wahrheit sagen: „Mir geht's gut." Das vertraut sie mir an, das mit Attila.

Ach Hanna, ich hab dich lieb. Dich nicht zu mögen, ist nicht leicht. Vertrau mir und benutz mich. Wozu sind denn schließlich Freunde da? Aber du bist ein Einzelkämpfer. Obwohl du so herrlich schwach und beruhigend weich bist. Oder vielleicht auch gerade deswegen. (19.03 h)

Donnerstag, 30. Dezember
Seit gestern ist es nur noch grau draußen. Der Schnee ist zwar noch da, aber die sinkenden Temperaturen und die dicke, graue Wolkendecke lassen nichts Gutes erahnen. Nicht ein Sonnenstrahl hat sich durchgekitzelt.

Mara und Rüdiger sind wieder gefahren. Traurig, matt und leer sahen sie aus. Mara hat zwar noch lieb gelächelt und versucht uns vorzumachen, wie gut es ihr geht, aber das Lächeln ist ihr im Gesicht irgendwie verrutscht. Sah aus wie eine verzerrte Maske. Genauso wie bei Hanna gestern. Obwohl es der schon wieder besser geht. Sie freut sich wie eine Wilde auf Attila. (11.53 h)

Nachtrag: Das war eine Nacht! Wir sind die absoluten Zerstörer! Die graue Wolkenmasse hat keinen Regen, sondern noch mal Schnee herunterrieseln lassen. Und dann plötzlich kristallklarer Himmel mit tausend Sternchen über uns.

So gegen Mitternacht haben wir drei noch einen Spaziergang im Schnee gemacht. Gott ist wundervoll! Wir waren ganz allein auf den Straßen und konnten den Neuschnee betrachten und in ihm baden. Er war noch ganz unberührt, ohne Straßenmatsch und Fußtritte und so. Das hat geblinkt! Es schien überhaupt nicht dunkel zu sein – überall war es weiß und hell.

Gott, ich danke dir dafür. Danke, dass du dieses Kunstwerk von Schnee immer wieder zu uns schickst. Danke, dass du dadurch die Macht der Dunkelheit zurückweist.

Alles lag perfekt da – bis Betty sich mit einem lautem Jauchzer in die Schneemassen warf und Hanna und mir der Schnee um die

Ohren pulverte. Da lag unsere Betty nun und machte im fünfzig Zentimeter hohen Schnee ein paar Ruderfiguren, um einen Engelabdruck hineinzudrücken. Ist ihr gelungen, auch wenn der Engel eher wie eine Weihnachtskugel aussah. Trotzdem hat Betty was Engeliges an sich. Vielleicht liegt das an ihrer wasserstoffblondierten 80er-Jahre-Minikringel-Dauerwelle.

Hanna und ich taten es Betty nach und warfen uns bäuchlings in die weiße Masse. Nachdem wir wieder aufgestanden und uns den Schnee von den Klamotten geklopft hatten, konnten wir unser Produkt anschauen: drei tiefe, mit Erde verschmierte Gruben anstelle der unberührten, weißen Schneefläche. Vorbei war's mit Gottes herrlichem Kunstwerk. Der Mensch hat's mal wieder zunichte gemacht. Eva, Hanna und Betty, die drei Zerstörer des weißen Paradieses.

Aber wo ist Adam?

Hach, Chris ... Hast du in der Schweiz auch Schnee? Was sagst du immer, wenn wir mal wieder miteinander reden? „Und fall nicht in den Schnee, Kleines, ja?"

Tja, bin voll reingeplumpst, und das auch noch absichtlich! Vor dem Ferienhaus haben Hanna und ich angefangen, uns mit Schnee zu befeuern. Betty ist schnell geflüchtet. Sie meinte, das wäre ihr zu kindisch.

Jetzt hocken wir zusammengekrümelt unter dicken Decken im Schlafzimmer und wärmen uns auf, während Betty sich über einen Witz kaputtlacht, den nur sie versteht. Sie wiehert und wiehert und wenn Betty erst mal damit anfängt, dann hört sie so schnell nicht mehr auf. Da fällt mir mein Lieblingsfilm *Notting Hill* ein. Die Schwester von *Hugh Grant*, alias William, erinnert mich ein wenig an Betty. Die ist auch manchmal so schräg. Und William erinnert mich irgendwie an Chris. Aber auch nur ein bisschen. Nee, eigentlich ist er eher

Freitag, 31. Dezember
Konnte nicht weiterschreiben, weil Betty einfach das Licht ausgeknipst hat. Manchmal ist ihr Verhalten echt krank. Im ersten

Augenblick gackert sie wie ein Eier legendes Huhn herum und im nächsten Augenblick mosert sie schon wieder.

„Wir müssen doch morgen früh raus! Daran denkt ihr natürlich wieder nicht! Eva – hör auf zu schreiben! Du wirst es eh nie zu einer Poetin bringen!"

Das saß. Obwohl ich diesmal gar kein Gedicht geschrieben und sowieso noch nie jemand eins gelesen hat. Aber wahrscheinlich hat sie Recht. Meine Lyrikversuche sind echt zum Heulen! Entweder reim dich oder ich fress dich oder absolut übertriebene Wortspielereien, die jeder sofort durchschaut oder die niemand versteht. Fühl mich jetzt echt beschissen. Und das am letzten Tag im Jahr! Wenn Chris jetzt hier wäre . . .

Blöde Betty! Sie hat mich geweckt, indem sie schnarchend die Morgenruhe durchsägt hat. Werde ihr irgendwann mal den Kopf absägen . . . Nee: Gott sägne sie! So! (7.30 h)

Nachtrag: Betty hatte Recht. Äh, nicht die Sache mit der Poetin, sondern den Schnee. Auf dem Weg zum Bahnhof ist meine Stimmung auf den absoluten Nullpunkt gesunken – im Gegensatz zu den Temperaturen. Die rückten nämlich weit jenseits von Null auf fast 7 °C und unsere drei Gruben waren heute nicht mehr zu sehen. Über Nacht ist fast der ganze Schnee weggetaut, nur noch graubraune Matsche lag da herum. Hatte jegliche Ähnlichkeit mit dem Wunder von gestern Abend verloren.

Aber wenigstens Hanna hatte gute Laune, trotz des fiesen Nieselregens. Supernervös war sie. Wie eine Maus, die neues Land inspiziert. Attila wirkt dagegen wie ein gelassener, gemütlicher Elefant. Einzig die hohe Stimme lässt Zweifel daran aufkommen, dass er tatsächlich einer ist. Für mich ist er wie der Bruder, den ich nie hatte. Ich sehe ihn gar nicht als Mann an, aber das liegt wohl daran, dass er so ein kleines Sensibelchen ist. Er ist ein bisschen viel gefühlvoll manchmal, eher wie eine Frau. Immerhin besser als die coolen, harten Kerle, die meinen, jedes Mädchen müsste sich ihnen an den Hals hängen. Attila ist nicht so. Wäre er kein Christ, würde ich sagen, er ist schwul. Obwohl mir Chris mal erzählte, dass er einen schwulen Christen kennen gelernt hat. Ja, ja, der Chris ...

Aber nee: Ich war ja jetzt bei Attila und Hanna. Hanna ist schon seit Ewigkeiten in ihn verliebt, aber er sieht sie nur als gute Freundin (kennen wir das nicht irgendwo her? Seufz!) und schwärmt in ihrer Gegenwart für andere. Das tut ganz schön weh, aber darüber spricht sie ja nicht. Echt verzwickt, wenn er sich dann wegen anderen Mädchen bei ihr ausheult und sie an nichts anderes denken kann, als seine Freundin zu sein. Attila und Hanna sind ziemlich gut befreundet und reden über alles, aber dass Hanna ihn mehr als nur gern hat, weiß er nicht. Attila ist ja sonst ein schlauer Mann, aber da sieht er den Wald vor lauter Bäumen nicht. Hab ich ihm letztlich auch gesagt, aber er tat so, als hätte er's nicht verstanden. Hatte eher so das Gefühl, dass er es sehr wohl verstanden hat, aber darüber nicht nachdenken will.

Was soll's: Die beiden werden eh mal heiraten. Da bin ich mir sicher. Manchmal zeigt Gott mir so was, dann hab ich so 'ne absolute Gewissheit in mir und bei Attila und Hanna hör ich die Hochzeitsglocken läuten. Braucht zwar vielleicht noch 'n bisschen was, aber wenigstens kommen sie überhaupt mal zusammen. Bei Chris und mir ... Ich weiß gar nicht, warum ich da dauernd dran denken muss! Kann ich mir wirklich nicht erklären. Auf jeden Fall haben wir Attila vom Bahnhof abgeholt und Hanna hat gestrahlt wie die klarste Wintersonne. Er hat auch so 'n bisschen im Gesicht gefunkelt. Ob's bald funkt?

Jetzt hängen wir vier im Wohnzimmer ab und schauen uns olle Kamellen an. Das kommt öfter vor: Denn wenn Betty die Filme besorgt, dann sind die aus ihrer Generation. Meistens so fünf bis zehn Jahre alt. Eigentlich könnte man genauso gut den Fernseher einschalten, da laufen die Filme auch, aber so was darf man Betty nicht sagen, sonst ist sie wieder beleidigt. Außerdem ist es schön zu sehen, wie sie mit leuchtenden Augen ihre Jugend wieder aufleben lässt. Nicht, dass sie alt wäre ...

Im Moment gucken wir *Ghost* und ich lümmele zusammengekrümmt auf der Couch herum. Gut, dass Sam nicht hier ist, der würde wieder stundenlange Debatten darüber halten, dass der Film okkult ist, und dann würden wir Ewigkeiten mit ihm diskutieren, bis zum Erbrechen. Die beiden Kampfgewichte hocken auf dem Boden. Sehr ungewöhnlich, da Betty und Attila sonst unnatürlich schnell ins Wohnzimmer flitzen, nur um noch einen Platz auf dem Sofa zu ergattern und sich ja nicht ihr Fett vom Boden aufreiben zu lassen! Egoistische, faule Schweine! Könnten ruhig öfter mal so einen kleinen Dauerlauf durch die Wohnung machen, dann würden sie nicht gleich bei jeder Stufe anfangen zu schnauben und zu schwitzen!

Äh ... Tschuldigung. Verzeih, Herr, ich liebe sie doch. Es ist nur, dass ich heute meine Tage gekriegt habe und deshalb arge Schmerzen und Stimmungsschwankungen habe. Warum muss das auch ausgerechnet heute sein? Der letzte Tag im Jahr! Über die kleinsten Dinge rege ich mich auf, dann bin ich wieder euphorisch und wenn ich an Chris denke, kommen mir sofort die Tränen. Ich bin voll aggressiv, das nervt mich. Ich hasse mich, wenn ich so bin, weil ich mich dann nicht unter Kontrolle habe und mir nur zugucken kann, wie ich reagiere. So als wäre ich gar nicht ich selbst. Wir Frauen haben da auch ein Los zu tragen! Und die Männer ... sind sowieso alle Schweine, genau! Grrrrrrr ... (18.53 h)

Januar

Samstag, 1. Januar
Hey! Prost Neujahr! Mir geht's wieder gut. Wir haben voll gut reingefeiert. Aber ich vermisse Ronny. Schade, dass sie nicht hier sein kann. Ihr Vater ist echt gemein! Jetzt muss sie ausgerechnet mit ihm zusammen ins neue Jahr reinfeiern. Die Arme! Echt blöd, dass er ihr das Telefon verboten hat. Sonst hätte ich sie angerufen und sie sprachlich in meine Arme genommen.

Dafür hat Betty telefoniert. Sie musste um Mitternacht an Mara denken und hat geheult. Also haben wir in der Schweiz angerufen. Betty hat erst mit Mara telefoniert und dann ich mit ihr, bis mir plötzlich Chris ins Ohr flüsterte: „Na, Kleines? Schon in den Schnee gefallen? Ach übrigens (das hat er dann geschrien): Frohes neues Jahr, schöne Toilettenfrau!"

Er hat mich total zugelabert und ich hatte so das Gefühl, dass er den Hörer gar nicht mehr weitergeben wollte. Oh, ist er süß! Hat zwar nur wieder Witzchen gerissen, aber ich liebe seinen Humor. Er erzählt immer irgendwas total Beknacktes, was überhaupt nicht lustig ist, wie das mit der Toilettenfrau, und dann sagt er in so einem tiefen Basston: „Scherz!" Alle anderen finden das total nervig, aber ich muss immer drüber lachen.

Ich träum mich schon wieder weg, wäre am liebsten auch in der Schweiz und hätte mit ihm gefeiert. Nicht, dass ich in ihn verliebt wäre! Bin ich ehrlich nicht! Ich liebe nur *eine Art* Mensch wie ihn. Nicht ihn an sich. In ihn verliebt zu sein ist zu blöd, das weiß ich ja. Man macht sich Hoffnungen und träumt sich in seine Arme, aber in Wirklichkeit weiß man ganz genau, dass das sowieso nichts wird. Deshalb bin ich auch nicht in ihn verliebt, nicht mehr! Ich hab mich halt einfach nur gefreut, mal wieder mit ihm gesprochen zu haben. Betty unterstützt mich übrigens. Sie meinte, ich hätte ganz rote Ohren gehabt, nachdem ich mit ihm telefoniert hatte, und das Verliebtsein könnte ich mir gleich von der Backe schminken, bei ihm hätte ich sowieso keine Chancen. Recht hat sie. Bin ja auch gar nicht in ihn verliebt. (12.55 h)

Nachtrag: Kann es vielleicht sein, dass Liebe wirklich blind macht? Attila ist im Moment so albern und kindisch! Er wiederholt andauernd dieselben alten Schoten und lacht sich darüber kaputt. Der geht mir so was von auf den Keks. Betty hat sich eben grummelnd aufs Klo verzogen und ist jetzt schon fast 'ne Stunde da drin, um sich das nicht mehr anzuhören. Nur Hanna amüsiert sich köstlich. Jemand sagte mal, wenn man verliebt ist, findet man alles schön und lustig, was der andere macht, egal, wie doof das ist. Bei Hanna stimmt das total. Die beiden kriegen schon keine Luft mehr vom Lachen und Attilas Körper bebt unter seinem übertriebenen Gekicher. Ich hab ja Gott sei Dank mein Tagebuch, hinter dem ich mich verstecken kann, dann muss ich mir das nicht weiter antun. Ich werde nie so, wenn ich mal verliebt bin, das versprech ich mir aber! Mach mir ein bisschen Sorgen um zu Hause. Hoffentlich ist nichts passiert. Paps hat ja extra keinen Alkohol gekauft. Trotzdem ... (19.43 h)

Sonntag, 2. Januar
Bin wieder zu Hause. Alles ist gut gegangen. Puh! Danke, Herr. Danke, dass meine Mama bis jetzt nichts mehr getrunken hat. Vielleicht erhörst du ja doch noch mal meine Gebete und lässt das für immer so friedlich bleiben. Vielleicht sollte ich Chris mal was über meine Mama schreiben. Hier kann mich deshalb sowieso keiner verstehen. Ich weiß gar nicht, warum ich Hanna das anvertraut habe, sie schüttet mir ihr Herz ja auch nie aus! Ja, ich glaube, ich sollte das vielleicht wirklich mal Chris schreiben. Der ist

weiter weg und kann mir so vielleicht besser helfen als die Leute um mich herum. Manchmal hat man aus der Ferne einen besseren Blick für Probleme. Liebe ich ihn? (0.54 h)

Nachtrag: Hab eben noch mal gebetet, auch über Chris, und denke, dass ich in vier Jahren heiraten werde. Hab nämlich ein Brautkleid gesehen. Mal abwarten ... Klingt sehr surreal, wie *Hugh Grant* alias William in *Notting Hill* sagen würde, aber „Hopsala!", man weiß ja nie. Bei Gott ist alles möglich. Aber wenn Chris mich nicht liebt, ist das sowieso egal, weil Gott ihm die Liebe zu mir nie aufs Auge drücken würde. Gott lässt uns die Entscheidungen. Fänd ich auch blöd, wenn's anders wäre. Ich will schließlich, dass mich jemand wegen mir liebt und nicht, weil es Gott so will. Beides zusammen wäre natürlich perfekt, aber ich hab ja noch vier Jahre Zeit und bis dahin ... (1.20 h)

Montag, 3. Januar
Huhu! Heute lange ausgeschlafen und dann Faulenztag. Hab deshalb auch keinen Bock, so viel zu schreiben. Nur das hier: Hanna hat mir erzählt, dass Ronny gestern mit Mara telefoniert hat. Also hat Ronnys Vater die Telefonsperre endlich aufgehoben und ich kann mich wieder bei ihr melden. Auf jeden Fall soll Mara ihr erzählt haben, dass Chris nie jemanden aus der Gemeinde geliebt hat. Jetzt weiß ich mit Sicherheit Bescheid. War ja auch zu blöd von mir, da immer wieder von zu träumen. Brautkleid – pah! Ich werde ihn in Zukunft vergessen. Diesmal aber richtig! (22.55 h)

Dienstag, 4. Januar
Hanna hat uns zum Videolooken eingeladen. Da konnte ich Ronny endlich wiedersehen. Sie kommt auch aus einer Stressfamilie, fast so wie ich, und deshalb können wir uns gegenseitig besser verstehen. Da tut es schon gut, wenn man den anderen nur mal kurz in den Arm nimmt. Man weiß dann ganz genau, dass man mit seinem Mist doch nicht ganz alleine leben muss. Wir sind so was wie Seelenverwandte, auch wenn ich sie nicht so oft sehe wie

Hanna. Ronny und ich vertrauen uns eben gegenseitig, wir haben uns unsere nackten Seelen schon oft gezeigt – Hanna distanziert sich innerlich von mir. Da ist die Freundschaft zu Ronny schon um einiges tiefer und persönlicher.

Später ist Ronny noch mit zu mir gekommen. Als sie mich gefragt hat, wie die Sauerlandwoche war, hab ich echt keine Lust gehabt, das alles noch mal zu wiederholen, also hab ich ihr einfach mein Tagebuch zu lesen gegeben.

Bei Hanna hab ich das nur ein einziges Mal bei meinem alten Tagebuch gemacht. Nachdem sie es gelesen hatte, hat sie es einfach ohne was zu sagen weggelegt und das Thema gewechselt. Ronny reagiert da völlig anders: Sie lacht sich schief, schaut traurig aus der Wäsche, schüttelt mit krausgezogener Stirn den Kopf oder motzt mit mir, wenn ich mal wieder was völlig Hirnrissiges geschrieben habe. Sie hat so ein mitreißendes Temperament, einfach klasse! Ronny kann einen mit ihrer Art gefühlsmäßig total mitnehmen, egal ob sie jetzt Depris hat oder sich totlacht. Ihr Temperament ist wenigstens etwas Gutes, was ihr Vater ihr mitgegeben hat. Ich bin echt froh, dass der Rest von ihrer Mutter ist, sie wahrscheinlich auch.

Auch diesmal hat sie sich keine Gefühlsregung beim Lesen erspart. Ich hab wohl irgendwo geschrieben, dass Attila ja sonst ein ganz schlauer Mann wäre. Daraufhin gluckste sie: „Attila und ein Mann?" Dann hat sie sich erst mal auf meinem Bett herumgewälzt und sich kaputtgekringelt. Mit Lachtränen in den Augen meinte sie dann: „Er ist wohl eher ein Bürschchen, aber doch kein Mann! Der ist doch so was von unreif! Tut immer so erwachsen und selbstsicher, aber eigentlich ist er nur ein kleiner Angeber." Ronny fing wieder an zu lachen: „Wie diese piepsenden Plastikwürstchen für Hunde: sehen echt aus, aber dahinter steckt nur quietschende Luft!"

Ich meinte etwas ernster: „Du hast Recht. Ich sehe Attila überhaupt nicht als Mann. Das ist ja auch nicht weiter schlimm. Nur dass er immer so tut, als wäre er einer! Das macht ihn lächerlich, oder? Andauernd ist er in irgendwelche Mädels verschossen und macht einen auf Sensibelchen – und dann spielt er wieder den ganzen Kerl. Attila ist ein Bürschchen mit 'nem eingekniffenen Würstchen!"

Wir mussten wieder lachen. „Oh Eva, und du behauptest, du wärst keine Poetin! Das war doch perfekt: Bürschchen und Würstchen!"

Und dann haben wir uns weiter darüber ausgelassen. Mit Ronny ist es so entspannend! Man muss nicht andauernd aufpassen, dass man nichts Unchristliches sagt. Wir können einfach so daherwitzeln, weil wir beide wissen, dass wir Attila lieb haben. Was sich liebt, das neckt sich. Hanna würde wieder sagen, dass sie das nicht richtig findet, und uns eine Predigt über Nächstenliebe halten. Vielleicht macht sie das auch nur, weil sie in Attila verliebt ist, aber vielleicht hat sie ja auch Recht damit. Denn Hanna hat immer Recht. Aber ich brauch das einfach manchmal!

Herr, ich weiß nicht, was da richtig oder falsch ist. Ich liebe dich und meine zweite Familie, aber manchmal muss ich auch mal ein bisschen übersprudeln. Ist das so falsch? Wir lästern ja nicht, es bleibt unter uns.

Was Hanna erzählt hatte, stimmt übrigens. Ronny war ziemlich niedergeschmettert, als sie mir von dem Gespräch mit Mara erzählte. Sie wünscht sich nämlich, dass ich und Chris zusammenkommen, und hat bisher ganz fest dran geglaubt. Maras Mitteilung hat aber alle Träume zunichte gemacht. Ist aber besser so. Träume machen Hoffnungen, Hoffnungen werden zu Enttäuschungen. Also, was Chris angeht, ist die Sache jetzt gelaufen! Ich mach mir da keinen Kopf mehr drum ...

Ronny hat mal wieder eine halbe Stunde dazu gebraucht, ihr Portemonnaie zu finden, bevor sie gegangen ist. Immer dasselbe. Sie lässt es irgendwo liegen und findet es später nicht wieder. Total nervös und hippelig flitzt sie dann durchs Zimmer und durchwühlt alles nach ihrem „Poatmonnäh!" – so spricht sie das aus. Ich muss mir jedes Mal das Grinsen verkneifen und mitsuchen, sonst wird sie sauer, mein kleines Temperamentbündelchen! (22.15 h)

Mittwoch, 5. Januar
Kurz nachdem ich gestern aufgehört hatte zu schreiben, kam meine Mama angetrunken nach Hause. Sie meinte, sie habe nichts getrunken, hatte aber wieder wässrige, lahme Augen und taumelte durch die Wohnung. Ich kenne die Symptome, da nützt kein Abstreiten. Sie hat mich über meinen Tag ausgefragt und als ich meinte, dass ich ihr in ihrem besoffenen Kopf überhaupt nichts erzähle, ist sie mal wieder ausgeflippt und hat rumgebrüllt. Mein Paps hat sich im Badezimmer eingeschlossen und war völlig fertig. Er hat keine Kraft mehr und würde sich am liebsten scheiden lassen, aber das sind sowieso nur wieder leere Versprechungen. Sie ist dann abgehauen und die ganze Nacht nicht nach Hause gekommen. Eben hab ich mit Ronny telefoniert und sie hatte einen Satz für mich: „Man soll auf das Innere achten – nicht auf die Verpackung."

Bin jetzt zu müde, um darüber nachzudenken. Hab die Nacht damit verbracht, Chris mit einem grünen Stift einen Brief über meine Mama zu schreiben. Die Farbe hat sich über meine ganze Hand verteilt. Werde mir das Zeug erst mal runterwaschen und dann pennen. (11.30 h)

Nachtrag: Penne heute bei Hanna und hab ein schlechtes Gewissen, weil ich meinen Paps zu Hause alleine lasse. Meine Mama ist immer noch nicht aufgetaucht, aber Paps meinte, ich soll noch mal meine Ferien genießen und mir keine Sorgen machen. Verstehe jetzt, was Ronny mit dem Spruch von gestern meinte. Wenn ich meine Mama in diesem Zustand sehe, dann fange ich fast an sie zu hassen. Sie ist dann nicht sie selbst, noch nicht mal Mitleid erregend, einfach nur widerlich. Ich weiß ja, dass diese Sucht eine Krankheit ist. Aber sie gesteht sich das nicht ein. Wenn sie wieder nüchtern ist, tut sie so, als wäre nichts gewesen. Ich verabscheue sie richtig, wenn sie am nächsten Morgen stinkfreundlich in der Küche aufkreuzt. Das ist die Verpackung, das Bild vor ihrem Gesicht, und dahinter das Innere: Meine Mama denkt, sie müsste unsere Familie beschützen und dürfte keine Schwächen zeigen. Da können wir ihr noch sooft sagen, dass eine Familie eben mehr dazu da ist, sich fallen zu lassen und schwach sein zu dürfen, als sie zu diktieren – es nützt nix.

Bei uns sind irgendwie die Rollen vertauscht: Meine Mama geht arbeiten, ist den ganzen Tag unterwegs und das Familienoberhaupt. Mein Paps bleibt zu Hause, kümmert sich um den Haushalt, um mich und ist der Gefühlvollere von beiden. Nicht, dass meine Mama so kühl wäre wie Hanna, sie gibt sich nur selbstbewusst und stark, was sie halt nicht ist. Wenn sie Probleme oder Sorgen hat, will sie uns damit nicht belasten und geht in die Kneipe. Und das Resultat? Genau das Gegenteil von dem, was sie sich für unsere Familie wünscht – Stress, Wut, Trauer.

Wenn ich darüber nachdenke, was hinter der Fassade steckt, dann ist das wirklich zum Heulen: eine kaputte Seele eines kleinen Mädchens, das nur das Beste wollte. Manchmal komme ich mir so vor, als wäre *ich* die Erwachsene und nicht meine Mutti. Deshalb ist es auch so blöd, heute Nacht nicht zu Hause zu sein. Doch ich muss mir immer wieder sagen, dass ich das Kind in unserer Familie und nicht für meine Eltern verantwortlich bin. Von außen scheint unsere Familie perfekt zu sein und außer den Nachbarn, die meine Mutter öfter mal rumtoben hören, würde niemand auch nur annähernd daran denken, dass meine Mama Alkoholikerin ist. Klar, sie ist es ja auch nicht. Denn wie gesagt – am nächsten Tag ist alles vorbei und das „normale" Leben beginnt wieder. Wie ein Werwolf. Moment – es hat geklingelt.

Sam ist eben hier gewesen und hat mir erzählt, dass meine Mama gestern Abend an ihm vorbeigetorkelt ist. Scheiße! Jetzt weiß ausgerechnet *er* das und wenn Sam mal was weiß, dann weiß es bald die halbe Gemeinde! Er meinte sofort, dass wir einen Gebetsaufruf starten müssten, um die Dämonen aus dem Körper meiner Mama zu vertreiben. Satan hätte sie ganz schön unter seiner Knute.

Wenn Sam erst mal anfängt über den Teufel, die Hölle und Okkultismus zu sprechen, dann nimmt das kein Ende mehr. Klar weiß ich, dass es den Teufel gibt und seine Macht nicht zu unterschätzen ist, aber wenn man nur über ihn und nicht mehr über Gott redet, dann frag ich mich, wen er schließlich unter seiner Knute hat. Tschuldigung, aber das hatte mir grade noch gefehlt! Sams Gelaber kann ich an anderen Tagen mit einem Schmunzeln hinnehmen, aber heute? Wie kann Ronny das nur mit ihm aushalten? Sam kennt doch gar kein anderes Gesprächsthema! Aber wo die Liebe hinfällt ... (21.54 h)

Donnerstag, 6. Januar
Waren heute Morgen zusammen im *Antriebsshop* in Essen. Blöd, dass man erst so weit fahren muss, um gute christliche Mucke und Bücher zu kriegen. Die Bahnfahrt hat mal wieder drei Stunden gedauert, weil Sam und Attila meinten, sie würden den Weg auswendig kennen – Pustekuchen. Hanna hatte den korrekten Weg zwar schon vorher auf einem Plan nachgeschaut, hat dann aber nichts mehr gesagt und Attila Recht gegeben. Ja, ja, die Liebe ... Hätte Hanna also wieder mal Recht gehabt. Bald hat Attila – Gott sei nach diesem Tag wirklich Dank – seinen Führerschein und dann brauchen wir mit dem Auto nur noch eine halbe Stunde dahin.

Die Hinfahrt war höchst anstrengend. Irgendwie hatte Sam rausgefunden, dass wir im Sauerland *Ghost* geguckt haben, und hat sich mal wieder tierisch aufgeregt. Er bekam von seinem Rumgemotze eine ganz rote Birne und eine heisere Stimme. Uns blieb nichts anderes übrig, als seine Predigten seufzend und schweigend über uns ergehen zu lassen und darauf zu warten, dass er irgendwann so heiser wird, dass er nix mehr rausbekommt. Denn eins haben wir schon gelernt: Wenn wir Sam widersprechen, bricht er gleich die nächste Diskussion vom Zaun und man bekommt kein Wort mehr dazwischen. Sam hatte Glück – Ronny hat ihm die Stimme gerettet und sein Gelaber einfach mit einem Kuss unterbrochen.

Leider hat das nicht lange angehalten, denn als er bemerkt hatte, dass wir uns schon wieder verfahren hatten, meinte er: „Das ist ein Angriff! Satan will nicht, dass wir beim *Antriebsshop* ankommen, und ihr wisst, dass das allein eure Schuld ist, weil ihr ihm durch den Film letzte Woche einen Freiraum in euren Seelen gewährt habt."

Der Typ hat echt 'n Schaden! Dass er und Attila auf diesen Weg bestanden hatten, hatte er wohl aus seinem Gedächtnis gestrichen. Gott sei – wirklich, ich meine es absolut ernst – Dank, dass wir dann angekommen sind, bevor Sam vielleicht noch dahinter gekommen wäre, dass der Geist in dem Film auch Sam heißt. Puh! Auf dem Rückweg war er mit seinen Gedanken – Gott sei noch mal von Herzen Dank – in einen Schmöker vertieft, der *Okkulte Kulte* hieß.

Im *Antriebsshop* hab ich mal wieder mein ganzes Taschengeld für diesen Monat gelassen und der hat gerade erst angefangen! Oje. Anschließend hatte ich eben noch genug Geld für eine Briefmarke, um den Brief an Chris abzuschicken.

Meine Mama ist wieder da. War die ganze Zeit in unserem Gartenhäuschen und schämte sich, nach Hause zu kommen. Hat sie jetzt endlich bemerkt, was mit ihr los ist? (23.25 h)

Freitag, 7. Januar
Waren heute bei Attila. Hatte ich's mir doch gedacht! Sam hat seine Klappe mal wieder nicht halten können! Elendige Labertasche! Das mit meiner Mutter hatte sich schnell zu Hanna und Attila durchgesprochen – Sam hat sie gestern, nachdem wir im *Antriebsshop* waren, noch angerufen. Ein Wunder, dass er es nicht gleich in der ganzen Bahn herumerzählt hat! Attila hat Sam dann am Hörer sanft (denn hart kann er es gar nicht, höchstens angehaucht hart) damit gedroht, dass er etwas ganz Bestimmtes, von dem Sam schon wüsste, was er meinte, ausplaudern würde, wenn er das mit meiner Mama noch anderen weitererzählen würde.

Guter, alter Attila! Auf ihn ist echt Verlass und ich bin froh, ihn als Freund zu haben. Es tut mir schon wieder richtig Leid, dass ich mit Ronny letztens so über ihn hergezogen bin. Da hätte Hanna also wieder Recht gehabt, hat sie ja immer. Die beiden haben mich gefragt, warum ich ihnen nicht schon eher von meiner

Mama erzählt hätte. Ich solle meine Probleme nicht immer alleine mit mir herumtragen und mir helfen lassen. Hanna meinte, wenn sie das schon vorgestern gewusst hätte, hätten wir beten können und mir wär danach bestimmt besser gewesen. Da hatte sie wohl auch wieder Recht, aber das Problem ist, dass jemand wie Hanna, die aus einer christlichen, intakten Familie kommt, sich in so etwas überhaupt nicht hineinversetzen kann. Ich bin alleine mit meinem Glauben, meine Eltern teilen das nicht mit mir und Hanna kann mir dann mit ihren klugen, weisen Sprüchen wie: „Es wird schon wieder alles gut – Gott ist ja bei dir!" sowieso nicht viel weiterhelfen. Außerdem ist Hanna so kühl, dass ich mich frage, wer hier wem mal seine Probleme anvertrauen sollte. Was bei anderen richtig ist, gilt bei ihr nicht, oder was? Ich komme mir schon wieder ganz nackig vor, weil sie *das* auch noch von mir weiß und ich von ihr so gut wie nichts.

Gut, dass ich noch Ronny hab, die mich versteht und auch nackt ist – zumindest mir gegenüber. Sie kam später auch noch bei Attila vorbei und war ganz schön sauer, weil Sam alles ausgeplaudert hatte. Sie konnte sich kaum beruhigen. Das wird noch was geben, wenn Ronny Sam 'ne Standpauke hält! Sam braucht das aber auch mal. Gut, dass er so eine temperamentvolle Freundin wie Ronny hat, die ihm sagt, wo's langgeht. Dann guckt nämlich ausnahmsweise mal *er* doof aus der Wäsche und kann nichts erwidern. Denn, wenn Ronny mal richtig wütend ist, dann ... Oha!

Attila war eben mal aufs Klo verschwunden, also hab ich den beiden Mädels von meinem Brief an Chris erzählt. Ronny meinte, dass die Nachricht von Mara sie nicht davon abbringen könne, zu wissen, dass ich mal mit Chris zusammenkommen würde, und Hanna, oje, stimmte ihr zu! Hanna hat immer Recht und wenn sie damit auch Recht hat, dann ...

Ganz schön fies – jetzt, wo ich mich gerade durchgerungen hatte, die ganze Sache abzuhaken. Kriege Chris seitdem nicht mehr aus meinem Kopf und wenn ich daran denke, dass er bald meinen Brief in seinen Händen hält, dann überfällt mich voll so ein nervöses Magenziehen.

Versuch mich jetzt mal abzulenken und an was anderes zu denken. Ja, genau! Die Frage hab ich mir nämlich auch gestellt: Was weiß Attila bloß über Sam, was wir nicht wissen? Ronny konnte auch nur ratlos mit den Schultern zucken. Ich bin tierisch neugierig darauf, herauszubekommen, was Sam wohl für eine Leiche in seinem Keller hat. Muss ich wenigstens nicht immer an Chris denken ... Oh nein – schon wieder! (20.52 h)

Samstag, 8. Januar
Heute: Treffen bei Sam. War ziemlich kleinlaut der große Meister! Ronny war schon da, als ich kam. Sie muss ihn vorher schon ziemlich runtergemacht haben. Die Stimmung war etwas kühl und oberflächlich. Sam und ich wussten nicht so richtig, was wir sagen sollten, und Ronny versuchte krampfhaft ein Gespräch zu entfachen, was dann in einem Monolog endete.

Als schließlich Hanna und Attila zusammen (!) auftauchten, wurde es langsam besser, allerdings nach 'ner gewissen Zeit ein bisschen zu gut. Sam wollte uns mit ein paar Flaschen Bier beeindrucken, die er, wie er stolz verkündete, heimlich an seinen Eltern vorbei geschmuggelt hatte. Er machte mit gekonnter Bewegung (sechs oder sieben Versuche pro Flasche) fünf Flaschen auf, aber wir lehnten ab. Ich sowieso, weil ich von zu Hause mein Fett weg habe, und die anderen aus Solidarität zu mir und aus Überzeugung.

Gut, ich mag auch mal einen Likör – am liebsten Eierlikör, Baileys oder Batida, die Süßen eben –, aber nur als kleines Häppchen zu irgendwelchen Anlässen und nicht als Durstlöscher, Langeweilekiller oder Seelentröster. Der Rest schmeckt mir auch gar nicht. Bei Feten aus der Schule verweigere ich das total, weil ich weiß, was aus einer einmaligen Saufnacht werden kann: Bei meiner Mama hat das auch so „harmlos" angefangen. Außerdem finde ich, dass man auch ohne Alkohol Spaß haben kann, vielleicht sogar noch mehr als mit. Denn was die Leute alles im besoffenen Kopf machen, ist echt ätzend. Müssen sich erst Mut antrinken, um die Hemmungen fallen zu lassen, anstatt von Anfang an selbstbewusst und offen zu sein, und tun dann Dinge, die sie eigentlich nicht wollen. Ich mach das nicht mit und deshalb gehöre ich ja auch nicht dazu, aber was soll's?

Außerdem habe ich Gott, was brauch ich da Alk? Jesus hat zwar auch mit den Jüngern Wein getrunken, aber zum Feiern und in Maßen und nicht als Ersatz für irgendwas. Ich könnte mich darüber noch mehr auslassen, aber ich muss mal so langsam ins Bett. Der Tag war ziemlich ereignisreich und ich bin davon echt müde. Außerdem will ich noch was anderes schreiben.

Wo war ich denn? Ach ja – Sam und das Bier. Die Stimmung war dann noch echt gut, mal wieder einer dieser Tage, wo man nur Unsinn labert und sich totlacht. Irgendwann wies Attila uns darauf hin, dass Sam die ganze Zeit über so untypisch still gewesen war.

Kein Wunder! Der war nämlich damit beschäftigt gewesen, die fünf Flaschen alleine auszutrinken. Als wir ihn dann ziemlich besorgt musterten, meinte Sam leicht säuselnd: „Aber scho-o gut, wie Evas Mami bin i-ich noch nich." Und dann kam's! Denn wenn Sam erst mal redet, dann ... Die Wirkung des Alkohols hatte seinen Redeeifer nur verstärkt und, na ja, heraus kam dann ungefähr das hier: „Verschteh auch gar nich, wasch ihr da für ein Theater raus macht! Wenn jemand wasch Falschä-äs macht, sollte man es mö-ö-ö-glichst vielen Leuten erzählen, damit sie abgeschreckt werden, das nicht auch zu waschen, äh: machen. So als Warnung sozschu-schagen! Kannste froh drüber sein, Eva! Isch wollte doch nur, dass die alle für deine Mama be-e-e-ten! Die soll frei werden von ihren Hünden, äh: Sünden und mal kräftig Busen tun! Außerdem gehören solche Leute auch absssoluht an den Panzer, äh, Pranger – Jawoll! Die sind die Einfahrt der Hölle, die Überbringer der Mormonen, äh: Dämonen, undischtschiplinie, unsistzplizitierterte, genau! verweichte, unwürdige Menschenchenschen, die ... Äh, ja, esch nich würdig halt, öh, ja ... Und einss kannsse mir glauben! Die kommt nich ungestraft davon! Die wird vor dem Gericht noch böse Augen machen, wenn wir alle verrückt oder entrückt, äh: nee – entzückt werden, dann ..."

Attila presste verbissen und kalkweiß im Gesicht die Lippen zusammen, Ronny hatte einen hochroten Kopf und schnaufte schon wie ein Hengst im Winter, Hanna stiegen die Tränen in die Augen und dann musste ich einfach lachen! Das war alles zu komisch! Sam verurteilte meine Mama und zog über sie her, war aber jetzt genau in der gleichen Situation, Ronny und Attila waren kurz davor zu platzen, Hanna, die Friedensstifterin, konnte die Situation einfach nicht ertragen und fing fast an zu heulen und ich fand das alles zum Brüllen komisch. Ich lachte fast Tränen, besonders als mich alle mit einem Blick der Verwunderung – Ronny stand sogar der Mund ein Stück offen – anstarrten und Sam verstummte, mich mit glasigen Augen anglotzte, sich langsam von seinem Stuhl erhob, zum Klo torkelte und in die Toilette reiherte.

Ronny stürmte dann von ihrem Sitzplatz hoch und wollte so schnell wie möglich nach Hause. Das ist echt ungewöhnlich, denn normalerweise ist sie froh, wenn sie nicht bei ihrem Vater abhängen muss. Auf jeden Fall suchte sie mal wieder wie wild nach ihrem „Poatmonnäh". Ihre Wangen waren feuerrot und die Fäuste straff geballt. Sie war so wütend, dass sie die Kissen von Sams Schlafcouch durch das Zimmer schleuderte, die Bierflaschen umwarf und dann fast hysterisch wurde, weil sie ihr „Poatmonnäh" nicht so schnell finden konnte, wie sie sich das gewünscht hätte. „Ich halte es bei diesem Idioten von Hirnnase nicht mehr aus!", brüllte sie und dann in Richtung Klo: „Ich weiß gar nicht, warum ich mich mit dir überhaupt abgebe! Du unsensibler Hobelmann, du stinkendes Fischmaul, du modernde Brechbüchse, du ...!"

Dann ging ihr die Puste aus – vorerst. Nachdem sie ihre Beschimpfungsarie beendet und ihr „Poatmonnäh" endlich gefunden hatte, hat sie dann wortlos, aber nicht ohne eine Umarmung für mich, Sams Bude verlassen und die Tür laut hinter sich zugeschmissen. Ein wirklich filmreifer Abgang war das.

Irgendwie echt witzig, das alles. Selbst jetzt muss ich wieder grinsen. „And isn't it ironic, don't you think?" Spätestens heute hab ich das Lied von *Alanis Morissette* verstanden. Gute Nacht und sei dir vergeben, Sam. Lege deine beruhigenden Hände auf Ronny und ihr „Poatmonnäh", Jesus. Gott segne uns alle. (22.05 h)

Sonntag, 9. Januar
Als ich den Eintrag von gestern gelesen hab, ist mir aufgefallen, dass der Tag so ereignisreich war, dass ich nicht einen Gedanken an Chris verschwendet habe. Bin richtig stolz auf mich, wo ich doch Freitag gar nicht mehr von ihm losgekommen bin. Ich hätte auch bestimmt nicht wieder so schnell an ihn gedacht, wenn ich heute Morgen nicht so ein Schlurfen hinter mir gehört hätte, das mich an ihn erinnert hat. Mir war natürlich klar, dass er das nicht sein kann, aber für eine kleine Sekunde hab ich mein Herz klopfen gespürt, oben im Hals irgendwie, weil ich doch einen Moment lang hoffte, Chris würde jetzt hinter mir stehen, mich mit seinen Augen anschauen, sein Grübchenlächeln aufsetzen (Ich liiiieeebe Grübchen! Wenn ich mal heirate, muss das ein Mann mit Grübchen sein!) und mich umarmen.

Stattdessen kam Sam ziemlich kleinlaut, geduckt und mit verquollenem Gesicht die Treppen zur Kirche hochgeschlichen und flüsterte mir zu: „Ich weiß, dass du enttäuscht bist. Kann ich dich nachher mal sprechen?"

Ich brachte grade noch so ein hüstelndes „Ja" zustande, denn so etwas Ernstes, Tiefsinniges war absolut nicht Sam-mäßig. Seitdem ich ihn kenne, hat er nie über persönliche Sachen gesprochen, außer sich über andere Leute aufzuregen. Das muss hier wirklich festgehalten werden, denn wer weiß, wann Sam das nächste Mal so eine menschliche Haltung annimmt ... Hätte er gewusst, dass ich deshalb so enttäuscht aus der Wäsche geglotzt habe, weil ich gehofft hatte, er wäre Chris, dann hätte er sich die beiden Sätze wohl erspart.

Nach dem Gottesdienst drängte Sam mich unauffällig hinter eine Eingangssäule und wisperte sehr verlegen: „Hier. Das hab ich dir mitgebracht, als Versöhnungsgeschenk."

Das Wort „Entschuldigung" hat er zwar nicht über die Lippen gebracht, aber er sah so mitgenommen aus, dass ich ihm die Wahrheit sagte, und vielleicht hat das ja ein bisschen Licht in seinen okkulten Dschungel gebracht. Ich meinte: „Sam, das war nicht in Ordnung. Aber Gott liebt dich und er liebt auch meine Mama, das weiß ich. Jesus ist auch *dafür* am Kreuz gestorben. Ich hab dir vergeben und Gott wird es auch tun, wenn es dir Leid tut. Mach's nur nicht nochmal, okay?"

Dann meinte er: „Okay, ich rühr das Zeug nicht mehr an", und ist abgedackelt. Dass ich mit dem Vergeben nicht seine Saufeskapade von gestern meinte, hat er trotzdem nicht kapiert. Denn was stört es mich, wenn er trinkt? Ist doch sein Leben! Das, wofür ich ihm vergeben habe, war, dass er meine Mama verurteilt hat. Gott richtet, aber nicht Sam oder sonst wer!

Egal, auf jeden Fall hat er mir seine Lieblings-CD geschenkt: *Bride*. Steh ich ja eigentlich überhaupt nicht drauf, auf Metal. Aber so weiß ich wenigstens, dass Sam etwas, was ihm wichtig war, für mich geopfert hat. Wozu wird er jetzt seinen halb abrasierten Kopf mit den langen schwarzen Haaren und dem vielen Haarspray bangen? Ich glaube, ich hör mir die CD trotzdem mal an und geb sie ihm dann wieder zurück. Muss jetzt unbedingt mittagessen. (13.22 h)

Nachtrag: Der Sam ist echt 'n Grashalm! Hat der sich doch tatsächlich die CD *gebrannt*! Meckert darüber, dass sich unser Küster Raubkopien von Videofilmen macht, und tut selbst nichts anderes. Tz, tz, tz ... Hab mir die CD angehört und finde sie gar nicht so schlecht. Eigentlich steh ich ja mehr auf HipHop, Alternativ-Rock und 'n bisschen Soul, aber der Metal von *Bride* ist auch ganz okay. Vielleicht sollte ich donnerstags doch mal zum *White-Metal-Treff* gehen ... (21.10 h)

Montag, 10. Januar
Heute erster Schultag. Kotz. Würg. War aber auch schön, alle anderen mal wieder zu sehen. Nehme mir vor, hier ins Tagebuch nicht so viel darüber zu schreiben – finde eh, dass die Schule viel zu viel Platz in meinem Leben einnimmt. Die Lehrer hauen schon wieder voll rein. Lassen uns nicht die kleinste Verschnaufpause. Hab jetzt schon wieder Bammel vor der Infoarbeit am Donnerstag und der Mathearbeit am Freitag. Ist eben überhaupt nicht mein

Ding, so Theoriemist. Ich bin eher der Künstler. Wie soll ich das bloß schaffen?

Ach, soll Gott sich um meine Sorgen kümmern, nä? „Denn all eure Sorgen werft auf ihn." Ich werde einfach genug lernen und um den Rest kümmert er sich, denn schließlich bin ich ja „free at last". Oh, da fällt mir ein: Hab heute meine Englischarbeit zurückbekommen. War nur 'ne 3+. Shit! Jetzt hab ich doch die ganze Zeit wieder über Schule geschrieben! Aber das mit dem Tagebuchschreiben wird ja sowieso immer kürzere Ausmaße annehmen. Während der Ferien kann ich ja viel schreiben, aber wenn ich Schule hab ... Jetzt aber mal endlich Schule beiseite. Denn schließlich gibt es ja noch viel schönere, aufregendere Dinge zu berichten:

Vorhin hab ich mich durch die Glotze gezappt. Es lief nichts Besonderes und so bin ich bei irgendwelchen superalten Wiederholungen vom *Bergdoktor* hängen geblieben. Musste natürlich gleich an Chris denken, weil die genauso einen Bernhardiner haben wie der Bergdoktor. Der Hund ist so lieb und durchgeknallt, genauso wie Chris. Ach, allein schon wegen Faith (so heißt Kaisers Hund) würde ich Chris sofort heiraten. Beim Bergdoktor hat auch irgendwer geheiratet und gerade als die Tussi „Ja" sagen wollte, kam meine Mama mit dem Telefon rein. Wer da genau am Telefon wäre, wüsste sie nicht. Ich hab die Kiste ausgeknipst und in den Hörer gelabert: „Ja hallo? Ich hier beim Bergdoktor, wer da?"

Als Antwort kam: „Ja hallo, hier auch beim Bergdoktor, allerdings auf einer anderen Alm, beim Kaiserhof!"

Da hab ich erst mal geschluckt und in meine Bettdecke gebissen. Chris! Chris ruft mich aus der Schweiz an!

„Hallo, bist du noch dran?"

Mit zu trockenem Mund (das Bettzeug war nicht so die Welle ...) meinte ich dann heiser, aber souverän: „Hämhäm, klar! Sicher bin ich noch dran! Bin nur mal eben vom Bett gefallen, äh, vor Schock, dass du noch lebst!"

„Ja, äh: ich hab deinen Brief bekommen und ich wollte dich fragen, wie es dir jetzt geht."

Daran hatte ich gar nicht mehr gedacht. Der Brief! Oh, wie

peinlich! Und dann hatte er ausgerechnet noch meine Mama am Telefon gehabt! Im ersten Moment hatte ich keine Ahnung, wie ich reagieren sollte. Coole und witzige Sprüche waren jetzt nicht angesagt. Doch das Gefühl der Unsicherheit war schnell vorbei. Wir haben uns das erste Mal, seit wir uns kennen, auf eine persönliche Gesprächsebene gewagt, wenn auch sehr unsicher. Aber ich war noch nie so sehr ich selbst! Ich hab mich so frei gefühlt!

Oh, Herr, ich danke dir dafür, echt! Chris war eben dabei, mir einen Brief zurückzuschreiben, als ihm einfiel, dass er mich ja auch anrufen kann. Das hast du wirklich voll gut hingekriegt, Jesus. Aber, um ehrlich zu sein, hab ich mir auch gewünscht, dass er anrufen würde. Es hat sooo gut getan, seine Stimme zu hören, sooo gut. Ich war ich selbst, das hat mich so überrascht, dass ich jetzt schon wieder vor Glück heulen könnte.

Ach so, und zum Schluss meinte er etwas lockerer: „Ich muss jetzt Schluss machen, meine Mutter bringt mich sonst wegen der Telefonrechnung um. Und du – fall nicht nur nicht in den Schnee, Kleines, sondern auch nicht nochmal vom Bett, ja? Ich bin es wirklich nicht wert, dass jemand wegen mir auf die Schnauze fällt."

Haha, sehr witzig. Als ob ich wegen ihm aus dem Bett fallen würde! So sehr bin ich ja auch wieder nicht verliebt! Eigentlich überhaupt nicht. Es hat halt nur gut getan, mit jemandem zu reden, der mich versteht und bei dem ich ich selbst sein kann. Mit Liebe hat das nicht das Geringste zu tun. (21.52 h)

Dienstag, 11. Januar
Na ja, bin vielleicht doch ein bisschen verliebt. Hab den ganzen Tag an ihn gedacht. Warum musste er mich auch anrufen? Seine Stimme hat mir echt den Rest gegeben. Sanft und trotzdem ein bisschen rau. Ach, weiß auch nicht ... Ich mag seine Stimme einfach. Das ist alles.

Heute war ein Scheißtag. Ekliges Nieselwetter, nichts Ganzes, nichts Halbes. Nieselregen ist ein Regen, der eigentlich keiner ist. Man kriegt die Tropfen stundenlang ins Gesicht, ohne richtig nass zu werden, und dann, später irgendwann, sind die Haare unbemerkt total durchweicht. Aber wahrscheinlich bin ich sowieso die Einzige, die auf so was achtet.

Nach dem Gespräch mit Chris hab ich mich bemüht, das „Ich selbst sein" beizubehalten. Ist schon schwierig. Ich bin irgendwie überall anders. Nicht nur Schule und Gemeinde, einfach bei allen Menschen, mit denen ich zu tun habe. Mal selbstbewusst und große Sprüche um mich werfend, mal die kleine stille, schüchterne Maus, mal gemein und fies, mal seicht und überempfindlich. Jemand sagte mal, dass das zum Teil normal ist, weil man auf unterschiedliche Menschen unterschiedlich reagiert. Das finde ich aber absolut traurig, weil mich dann ja keiner richtig kennt! Manchmal weiß ich doch selbst nicht mal, wer ich bin! Aber wenn ich es weiß und versuche, aus meiner Rolle auszubrechen, scheitere ich kläglich und falle sofort wieder in die „alte Eva" zurück. Ich komme mir so vor, als würde ich ständig schauspielern. Vielleicht fühle ich mich deswegen zu Chris hingezogen? Weil ich bei ihm ich sein kann?

Bei Betty merke ich besonders, dass ich nur eine Rolle spiele. Sie sprüht so eine grobe Autorität aus, dass ich mich nicht traue, mich ihr zu widersetzen. Da spiele ich die Rolle des schüchternen, immer alles duldenden Mädchens, das sich verprügeln lässt, ohne sich zu wehren. Ich war noch nie ein Profi im „Die Meinung sagen", aber bei Betty gebe ich noch nicht mal ein Wort von mir. Vielleicht, weil sie dann wieder beleidigt ist oder es für einen Scherz hält ...

Heute nach dem Hauskreis wollte sie mich nach Hause fahren. Ich wollte lieber laufen, weil ich noch ein bisschen mit Gott reden wollte über das alles, und außerdem wohne ich sowieso gleich um die Ecke. Aber das hat sie gar nicht interessiert. Erst hat sie nur den Kopf in den Nacken geworfen und gelacht: „Na, komm schon! Ich fahr dich. Es regnet doch. Und außerdem muss ich noch mit jemandem reden."

„Ich möchte heute wirklich nicht, Betty. Bitte versteh das doch", meinte ich müde.

Daraufhin hat sie sich mit zusammengekniffenen Lippen in ihr

Auto plumpsen lassen, die Tür zugeschmissen und durch das Metall nach draußen geschrien: „Dann eben nicht!" Danach ist sie abgebraust.

Da sieht man ja, was passiert, wenn man man selbst ist. Der blöde Nieselregen hat noch nicht mal meine albernen Tränen weggewischt. Die kleben immer noch irgendwo an meinen Wangen. Warum muss ich auch wegen solchen kindischen Sachen heulen? Andere denken noch nicht mal darüber nach! Warum kann ich nicht auch ein bisschen oberflächlicher sein, wenigstens manchmal? Fühl mich furchtbar. (21.55 h)

Mittwoch, 12. Januar
Stressiger Tag. Die Schule macht sich im Alltag breit und ich hab immer weniger Zeit für andere Dinge. Wenigstens hat der Nieselregen aufgehört. Es ist zwar immer noch grau draußen, aber immerhin trocken.

In der Teestube hat mich Attila beiseite genommen und gemeint, dass Gott mal Großes mit mir vorhat. Ich solle mir nur nicht immer so viele Sorgen machen. Gott würde sich drum kümmern, wenn ich ihm das anvertrauen würde. Komisch, woher wusste Attila, dass ich mir Sorgen mache? Was meint er damit, dass Gott mal Großes mit mir vorhat? Groß ist relativ. Groß wie eine Sonnenblume, groß wie ein Pferd? Und in welchem Zusammenhang? Körpergröße? Geistesgröße? Seelengröße? Erfolg im Beruf? Erfolg im Glauben? Erfolg allgemein?

Tataaa: Da haben wir es ja wieder – ich mach mir schon wieder Gedanken. Ich bin eine richtige Grübelmaschine. Vielleicht sollte ich ein Patent anmelden und in Produktion gehen: „Evas Sorgenmaschine! Wenn Sie zu oberflächlich sind für tiefere Gedanken, lassen Sie sich von Eva inspirieren – die hat genug davon!"

Nach der Andacht bin ich alleine zum Kanal gegangen und hab Gott alles gegeben: Dass ich mich wie ausgekotzt fühle, dass ich das Gefühl habe, dass mich niemand kennt, dass ich nie ich selbst bin, die Sache mit Betty, dass ich ich sein will, dass ich Stress mit der Schule hab und Chris. Am Kanal kann ich voll gut mit Gott reden. Ich stell mir vor, meine Sorgen würden in den Kanal zu Gott fließen, weil Jesus der Kanal ist.

Mit der Zeit wurde es dunkel und die Lichter rund um die Schleuse gingen an. Das Licht spiegelte sich im Wasser und das verwischte seine Konturen, bis es sich im dunklen Wasser verlor. Genauso möchte ich in Gott sein. Wie ein kleines Licht, das mit dem Wasser tief verflochten ist, neben ganz vielen, anderen, helleren, dunkleren, orangenen, grünen, blauen, größeren, kleineren, breiten, schmalen Lichtern. Alle gleich und verbunden im Wasser.

Jetzt fühle ich mich wieder im Gleichgewicht. Bleibt nur noch die Frage, ob ich Chris liebe und ob sich das lohnt. Die Antwort krieg ich auch noch ... (22.45 h)

Donnerstag, 13. Januar
War heute zum ersten Mal im *Metal-Treff* und hab da Ronny getroffen. Die war darüber genauso verblüfft wie ich. Sam hatte sie mitgeschleppt. Ronny war froh, mich zu sehen, weil sie mal mit jemandem reden musste. Seit der Saufgeschichte von Sam hat es sich zwischen den beiden nicht mehr richtig eingerenkt. Andauernd streiten sie sich, weil Sam nie reden, sondern nur rumknutschen will. Schöne Beziehung. So vielseitig!

Das ist ja mal wieder typisch Mann! Immer nur das Eine im Kopf! Tolle Liebe!

Ich hab Ronny geraten, ihm ein Ultimatum zu setzen. Denn so kann es nicht weitergehen! Liebt er sie denn überhaupt, wenn er nicht darauf eingeht, dass sie auch mal mit ihm reden will? Was ist das für eine Beziehung, in der man nicht miteinander redet? Okay, ich hatte noch nie eine Beziehung, aber so stell ich mir das bestimmt nicht vor! Ich würde mich ausgenutzt fühlen.

Die arme Ronny! Sie hat mich gebeten, sie ein bisschen abzulenken und von mir zu erzählen. Also hab ich von Betty erzählt. Ronny meinte, Betty könnte keine Kritik oder Widerworte ertragen. Aber genau das ist ja das Problem! Wenn ich versuche, mit Betty darüber zu reden, ist sie noch länger beleidigt! Richtige Aussprachen sind bei ihr fast unmöglich. Außer es geht ihr richtig dreckig, so nach drei, vier Wochen oder sogar Monaten, dann kommt sie angekrochen und will darüber reden. Das ist wirklich dumm! Hat Betty zu wenig Selbstbewusstsein, um sich ihrem Verhalten zu stellen? Bedeutet das einen Machtverlust für sie, wenn ihr jemand widerspricht?

Ach, keine Ahnung. Ich bin ja kein Psychologe. Aber *du* kennst sie in- und auswendig, Vater. Du hast sie gemacht. Herr, bitte segne Betty. Segne sie, dass sie ein gesundes Selbstbewusstsein von dir bekommt und unverkrampft leben kann. Danke.

Themenwechsel: Ronny hat mir die neue *Mädchen* gezeigt. Wir finden die ziemlich ätzend, aber manchmal kaufen wir sie trotzdem, um uns darüber lustig zu machen. Vor allem über die Sexleserbriefchen ziehen wir her. Aber diesmal hat Ronny sie extra für mich gekauft, weil da ein Gedicht drin war, unter dem die Initialen C.K. standen. Wie Chris Kaiser.

Dann hab ich Ronny von dem Telefonanruf am Montag erzählt und sie hat sich gefreut wie ein Hund im frisch gefallenen Laub. Es hätte nur noch gefehlt, dass sie sich im Kreis um sich selbst gedreht und ihren Schwanz gejagt hätte. „Das ist ja absolut irre! Das ist doch ein Zeichen! Direkt, als beim Bergdoktor geheiratet wurde. Yeah! Yeah!"

Und dann ist sie wie ein Flummi vor der Tür auf und ab gehüpft. Sam hat sogar drinnen mit dem Bangen aufgehört und nach draußen geglotzt. Ich sagte nüchtern: „Aber er hat doch nur angerufen, weil ich ihm den Brief geschrieben habe. Bei den Problemen mit meiner Mama *muss* er ja Mitleid bekommen haben. Das hat nichts mit Liebe zu tun. Und denk mal dran, dass Mara gesagt hat, dass er nie jemand aus der Gemeinde geliebt hat."

Ronnys Gesichtszüge wurden plötzlich hart und wütend. Mit schmalen Augen hat sie mich angeblitzt und gezischt: „Jetzt hör auf mit dem Mist! Ich bin mir absolut sicher, dass ihr mal zusammenkommt. Mir ist egal, was Mara sagt. Ich hab da so ein Gefühl, so ähnlich wie du es bei Attila und Hanna hast. Also hör auf, dich zu wehren, und lass deine Gefühle zu. Du kannst doch sowieso nicht aufhören, an ihn zu denken, oder?"

Das war 'ne Standpauke. So deutlich hatte Ronny das noch nie ausgedrückt. Aber ich hab Angst. Angst, darauf zu bauen. Ich bin doch sowieso so ein Träumer. Ich träum mich fort, wache irgendwann auf und muss feststellen, dass es nicht der Realität entspricht. Deswegen will ich nicht mehr so viel spinnen, dann bin ich hinterher nicht so enttäuscht. Und außerdem weiß ich nicht, ob Gott so was planen kann. Ich meine: Sicher kann er alles. Er ist ja Gott. Aber ob Gott den perfekten Partner für jeden hat? Ich weiß nicht. Wahrscheinlich hat er mehrere Modelle für einen, wenn der eine dann nicht will oder so. Also ...

Gut, mit Attila und Hanna bin ich mir absolut sicher, da stell ich das überhaupt nicht in Frage. Aber bei mir fällt mir das schon ziemlich schwer. Chris und in mich verliebt sein? Wie soll das gehen? Dann müsste er ja schon in mich verliebt gewesen sein, als er noch hier gewohnt hat, und das war er ganz bestimmt nicht. Diese Träumereien in den letzten Wochen waren schon wieder der größte Fehler. Ich hätte Chris den Brief nie schreiben dürfen. Das hat mich wieder mehr runtergezogen als aufgemuntert.

Hier ist übrigens das Gedicht, was Ronny mir mitgebracht hat. Sie meinte, das sei wie für meine Augen geschrieben:

Deine Augen
Deine Augen sind wie das Blau des Meeres,
wenn sich die Abendsonne darin spiegelt.
Sie glitzern
wie das Wasser
und kleine dunkle Punkte tanzen darin,
wenn du lachst.
In deinen Augen liegt so viel Fröhlichkeit,
die mich immer wieder ansteckt.
Aber deine Augen können auch ernst sein.
Und dann liegt in ihnen
aller Schmerz der Welt,
so viel Wehmut
und so viel Traurigkeit.

In deinen Augen kann ich lesen und versinken.
Wenn ich in deine Augen schaue,
erfüllt Wärme meinen Körper,
und ich bin so glücklich.
Deine Augen sind wie der Vollmond am schwarzen Himmel
und verführen mich zum Träumen.
Ich liebe dich.
Von C. K.

So was Schönes möchte ich auch mal schreiben können. Ich armseliger, poetischer Anfänger. Muss schon wieder weinen. Wie sehr wünsche ich mir einen Freund, der mich so liebt, dass er mir solche Gedichte schreibt! Wer weiß? Vielleicht hat Chris ja sogar das Gedicht geschrieben. An ein Mädchen, das wir nicht kennen und das er liebt. Und ich bin es nicht. (23.40 h)

Freitag, 14. Januar
Ich hätte gestern nicht so spät ins Bett gehen sollen, hab heute 'ne Mathearbeit gründlich in den Sand gesetzt. Was soll's? Jetzt ist erst mal Wochenende. Und wieder Regen. Ich krieg 'ne Krise!

Wir hingen heute mal wieder bei Attila rum. Alle außer Sam, der musste unbedingt sein neues Buch *Okkulte Kulte* zu Ende lesen. Das Buch würde sein Leben verändern, meinte er und hat ganz schnell wieder aufgelegt, als wir ihn gefragt haben, ob er auch kommt. Konnte es wohl kaum erwarten weiterzulesen. Schon seltsam, denn normalerweise liest Sam nie was. Die einzigen Bücher, die in seinem Zimmer rumstehen, sind Schulbücher, nicht mal 'ne Bibel.

Irgendwie kamen wir auf Chris zu sprechen. Ausgerechnet! Ich hab nur genervt die Augen gerollt, geseufzt und geschwiegen. Attila meinte, er wüsste ganz genau, dass Christian nicht mehr hierher zurückzieht, und Ronny flüsterte mir sofort ins Ohr: „Was nicht gleich bedeutet, dass ihr nicht zusammenkommt!", und Hanna, die an Attila angelehnt auf dem Boden (!) saß, meinte mit einem Augenzwinkern: „Genau! Das denke ich auch."

Attila hat dann stirnrunzelnd von einem zum anderen geschaut und ich hab nur kopfschüttelnd mit den Achseln gezuckt. Die machen mich noch ganz wahnsinnig! Hab Gott gebeten, mir zu sagen, woran ich eigentlich bin. Liebe ich C.K? Werde ich je mit ihm zusammenkommen? Alle Dinge sprechen dagegen, nur meine beiden Laienpropheten Ronny und Hanna nicht. Man kann sich auch viel einbilden, wenn man sich etwas wünscht.

Als ich heute Abend zu Hause war, hab ich ein bisschen mit den Sternen rumgesponnen. Ich hab mir einen Stern rausgesucht, den ich im Moment von meinem Bett aus gut sehen kann. Er ist nicht besonders groß, aber schön. Dann meinte ich: „Der du jetzt irgendwo auf dieser Welt genauso wie ich auf diesen Stern schaust und ihn zu deinem Lieblingsstern erklärst, du und ich, wir werden uns lieben." Kitschig, nä? Aber auch irgendwie romantisch. Ein Stern, der einen verbindet, von Gott geschickt. Ich kann das Träumen einfach nicht sein lassen. (20.31 h)

Samstag, 15. Januar
War heute bei Ronny. Sie hatte sturmfreie Bude. Haben angebrannten Apfelstrudel mit Vanilleeis gegessen. Sam wollte eigentlich auch kommen, ist aber nicht aufgetaucht. Hätte wenigstens mal Bescheid sagen können, der Blödsack. Ronny war schon ganz fertig. Abends: mit Ronny und Attila bei mir, *Tetris* spielen. „Professionelles Zusammenbauen von Komplexitäten", nennt es Attila mit fachmännischem Ernst. Musste mich krampfhaft zusammenreißen, um nicht laut loszulachen. Zum Abendbrot gab's nämlich heiße Würstchen, die jedes Mal quietschten, wenn man hineinbiss. Ronny musste wohl auch an „Attila ist ein Bürschchen mit 'nem eingekniffenen Würstchen" denken und hat mit roten Apfelbäckchen verbissen auf den Monitor gestarrt und sich sichtlich auf das Spiel konzentriert. Ich hab dann abgelenkt und vorgeschlagen, Kaisers mal ein Fax zu schicken. Mara hat geantwortet, Chris nicht. Egal. Ronny hat ihr „Poatmonnäh" in meinem Bett vergessen. Gute Nacht. (22.50 h)

Sonntag, 16. Januar
Hab nicht viel Zeit, muss noch lernen. Die Gornmert hat für morgen 'ne Deutscharbeit angesetzt. Ronny hat sich ihr „Poatmonnäh" abgeholt. Erschien mir etwas verwirrt. Gar nicht aufgebracht wegen ihrem „Poatmonnäh". Seltsam, seltsam. War wohl nicht ganz bei sich. Wahrscheinlich in Gedanken woanders. Bin sauer, dass Chris nicht auf das Fax zurückschreibt. Blöd, ich weiß. Liebe ich ihn doch? (21.15 h)

Montag, 17. Januar
Deutscharbeit mittelmäßig gewesen. Hab mich mal wieder in meinen verschachtelten Sätzen und Wortspielereien verloren, hab aber trotzdem ein gutes Gefühl dabei. Danke Jesus, fürs Dabeisein, hat wohl geholfen!

Ronny kam heute total verheult zu mir. Hatte mir's doch gedacht. Sie war ja gestern schon so seltsam gewesen. Aber über gestern wollte sie gar nicht reden. Hat immer wieder das Thema gewechselt.

Sam hat mit ihr Schluss gemacht. Angeblich deshalb, weil in *Okkulte Kulte* steht, dass manche Beziehungen einfach nicht gut für die Seele eines Menschen sind. Und ihre Beziehung wäre so eine. Ronny würde ihn nur von Gott ablenken. Was ist das eigentlich für ein Spinner? Nur, weil Ronny zur Abwechslung mal nicht mit ihm rumknutschen und was weiß ich noch was wollte? Nur, weil sie ihm als Mensch nahe sein wollte? Ganz toll, wenn man den Glauben als Ausrede benutzt. Da kommt ihm dieses blöde Buch ganz recht, oder was?

Oh, ich hab sooo einen Hals! Was glaubt der eigentlich, wer er ist? Ronny hätte mit *ihm* Schluss machen sollen. Das hat sie echt nicht verdient. Sie hat ihn geliebt, auch wenn ich nicht so ganz nachvollziehen kann, was sie an einem Typen mit hochgradiger Akne, rasiertem Hinterkopf und einer Sucht nach den teuersten Markenklamotten findet, den noch nicht mal ein zwischenmenschliches Gespräch mit seiner Freundin interessiert. Der Wunsch von Ronny, mehr miteinander zu reden, lenkt ihn von Gott ab? Weiß der eigentlich, was Liebe ist? Kann er überhaupt so etwas Tiefes nachempfinden? Unlackierter Deckenbalken! Ätzbacke!

Ich wusste gar nicht, was ich machen sollte. Ronny war ein richtiges Häufchen Elend. Hat fast hyperventiliert und keine Luft mehr vor lauter Schluchzern bekommen. Das Einzige, was ich tun konnte, war, sie still in den Arm zu nehmen und ein bisschen zu schaukeln. Anschließend ist sie auch noch zu spät nach Hause gekommen und hat garantiert Ärger von ihrem Vater gekriegt. Herr, bitte hilf Ronny. Tröste du sie, denn du bist der mit dem größten Taschentuch für die Seele. Bitte trockne ihre Tränen ab und packe sie warm in deinen Arm ein. Amen.

Ich werde nur noch ein oder zwei Wochen auf ein Fax von Chris warten. Dann schreibe ich ihm noch 'ne Karte zum Geburtstag und wenn dann nix kommt, reißt der Kontakt ab! Ich tu mir das nicht länger an. Männer sind Schweine! (22.07 h)

Dienstag, 18. Januar
Hab eben Gymnastik gemacht. Machen wir im Moment in Sport und ich alter Sportmuffel hab sogar eine 2- gekriegt! Das grenzt schon an ein Wunder, denn normalerweise hasse ich Sport und der Sport hasst mich. Ich leide unter einer echten Sportphobie, schon seitdem ich klein bin. Mein Körper ist für Sport einfach nicht ausgerüstet: ungelenkig, tollpatschig und langsam. Dass ich zu Hause freiwillig Sport gemacht habe, ist wirklich sonderbar. Aber – oh Wunder! – es hat tatsächlich Spaß gemacht. Und außerdem nehme ich dadurch auch ein bisschen mehr ab.

Sam war heute nicht beim Hauskreis, was auch gut so war. Ronny war immer noch völlig am Ende, hat aber den anderen nicht erzählt, wieso. Würde ich auch nicht jedem auf die Nase binden. Sie hat die ganze Zeit starr auf einen Punkt auf der Tapete geglotzt und nur ganz kurz angebundene Antworten gegeben, wenn man sie angesprochen hat. Betty war auch nicht da. Ist wohl immer noch beleidigt, aber das ist mir egal. Soll sie doch ruhig! Es wird Zeit, dass ich mal zu mir stehe. Außerdem hab ich keine Lust, mich wegen so einer Kinderkacke aufzuregen. Ronny ist jetzt wichtiger.

Sie will sich ablenken und mit mir freitags Gymnastik machen, um auch ein bisschen was abzunehmen und Sam zu zeigen, was er an ihr verspielt hat. Nicht, dass sie ihn zurückhaben möchte! Sie möchte ihm und sich einfach nur beweisen, dass sie etwas wert ist, glaube ich. Eigentlich ziemlich blöd, wenn man bedenkt, dass Gott uns wertvoll macht, aber vielleicht braucht sie das jetzt einfach. Trotzdem Mist, wegen so einem Blödmann so viel Energie zu verschwenden! Ich finde Ronny wirklich nicht dick. Sie hat eben nur ein bisschen mehr als andere, ist ein wenig mollig. Aber das steht ihr total! Wenn sie jetzt abnimmt, ist sie gar nicht mehr Ronny. Okay – wenn sich im Leben irgendwas drastisch verändert, möchte man meistens auch sein Äußeres verändern, um zu demonstrieren, dass das Alte ein für allemal gegessen ist. Also soll Ronny sich verändern, wenn sie möchte. Sie hat ihr „Poatmonnäh" diesmal gar nicht verlegt. Das ist ein gutes Zeichen. Oder?

Hab mir vorgenommen, zusätzlich samstagsmorgens joggen zu gehen, wenn es etwas wärmer ist, jeden Tag ein bisschen Gymnastik zu machen und keine Süßigkeiten mehr zu essen. Hoffentlich schaff ich das! (22.05 h)

Mittwoch, 19. Januar
Die Sonne scheint heute schon den ganzen Tag an einem blauen Himmel ohne Wolken. Herrlich! Es ist zwar noch Januar, aber ich kann schon den Frühling in der Luft riechen.

Seitdem ich ein bisschen Sport mache, kann ich mich selbst besser leiden. Die ganzen Macken sind gar nicht mehr so schlimm. Ich liebe meinen Bauch, meine fettigen Haare, meine Pickel und meine viel zu dunkle Brille – ich liebe mich! Yeah! Komme allmählich von Chris los ... (22.20 h)

Donnerstag, 20. Januar
Hab in der Deutscharbeit 'ne 2+! Jesus ist echt irre! Hilft mir überall! Interessiere mich langsam wieder für andere Jungs! Denk aber trotzdem noch manchmal an Chris ... Aber ich vergesse ihn langsam a bisserl – gut?

Hab heute verfrüht meine Tage gekriegt und konnte deshalb keine Gymnastik machen. Außerdem hatte ich so einen Heißhunger auf Schokolade, dass ich 'ne ganze Milka aufgefuttert habe. Schokolade bin ich echt verfallen. Wenn ich schon daran denke, läuft mir das Wasser im Mund zusammen. Ich könnte das wegfressen wie andere Leute Brot. Komm mir jetzt schon wieder ganz fett vor. (22.10 h)

Freitag, 21. Januar
Supertag! Fühle mich zum Zerspringen gut! Die Sonne scheint, es wird langsam wärmer. Was will man mehr?

Hab kaum noch Schmerzen. Gott sei Dank. So konnte ich heute mit Ronny Gymnastik machen. Sie ist noch sportbesessener geworden als ich. Nach der Gymnastik sind wir wegen des guten Wetters noch 'ne Runde am Kanal lang gejoggt. Mir ging ziemlich schnell die Puste aus, aber Ronny wollte unbedingt noch zwei Runden weiterjoggen. Sie hat zwar genauso schlimm geschwitzt wie ich und war unnatürlich weiß im Gesicht (Ronny ist sonst immer irgendwie um die Wangen gerötet, total goldig!), aber das war ihr gleichgültig. Mir nicht. Ich war müde. Bin dann langsam nach Hause getrottet und hab mir zur Belohnung einen Schokopudding reingezogen, während Ronny noch weitergehetzt ist. Diese Sportbegeisterung grenzt wirklich an ein Wunder, denn Ronny und ich sind eigentlich die sportfeindlichsten Gegner, die es gibt. Na ja, man wird sich ja wohl auch mal verändern dürfen, oder?

Auf jeden Fall hab ich gespürt, wie sehr ich Ronny lieb habe. Gott hat etwas Besonderes mit ihr vor. Sie wird in die Welt gehen und den Menschen von ihm erzählen oder so was Ähnliches. Jedenfalls was Außergewöhnliches. Ich bleibe zu Hause und gebe den Leuten hier von meiner Flamme ab. Gott schäumt in mir über und will raus. Ich werde den Menschen von Jesus erzählen, ob mit oder ohne Chris! Ein „Leck-mich-am-Arsch-Gefühl" stellt sich so langsam bei mir ein. Liebe ich ihn trotzdem? Ach was! (22.15 h)

Samstag, 22. Januar
Hab heute Nacht von Chris geträumt. Wir waren alle zusammen in meinem Zimmer und nach und nach sind alle ins Wohnzimmer gegangen. Zum Schluss waren nur noch ich und Chris im Raum. Ich saß auf dem Bett und hatte mir eben ein Riesenstück Kokosschokolade in den Mund geschoben, als er aufstand, sich langsam auf mich zu bewegte, sich vor mir niederkniete und mich leise fragte: „Was würdest du dazu sagen, wenn ich dich jetzt küssen würde?"

Ich hab mich in dem Moment so überfahren gefühlt, dass ich nur noch panisch mit vollem Mund sagen konnte: „Abba üch hab doch Schokolade üm Mund!"

Dann hat er meine Hände genommen. Ich hab hastig die Schokolade runtergeschluckt und wurde plötzlich ganz ruhig. Ja, und dann hat er mich geküsst! Es war so schön, ich weiß sogar jetzt noch, wie es sich angefühlt hat. Alle erzählen von ihren Küssen und den ersten Berührungen und mir bleibt nichts anderes übrig, als davon zu träumen.

Mein Gott! Ich bin bald 16 und hab immer noch nicht geküsst, höchstens mal Händchen gehalten, und das mach ich ja mittlerweile schon mit Attila! Ich werde wahrscheinlich eine alte, unangetastete, verschrobene Sextherapeutin, die von dem, was sie redet, keine Ahnung hat und nur in ihren Träumen lebt.

Ich mach mir jetzt ein paar Kerzen an, schmeiß mir die letzte *Kuschelrock* in den CD-Player, knuddel mich in mein Bett und versuch die Situation aus dem Traum noch mal aufleben zu lassen. Vielleicht hab ich ja Glück und träum heute Nacht noch mal was. (23.20 h)

Sonntag, 23. Januar
Regnerischer Tag, schlechte Stimmung. Hanna zieht sich immer mehr in sich zurück und Attila war auch unglücklich. Hab ihm in die Augen gesehen und gemeint zu spüren, dass er innen drin total erschüttert ist. So wie ein kleiner Junge, der auf der Suche nach Liebe ist.

Prima war auch das erste Aufeinandertreffen von Sam und Ronny nach der Trennung. Sam hat so getan, als wäre nichts passiert, und hat Attila total in Beschlag genommen, um nicht mit uns anderen reden zu müssen. Ronny saß mit komisch eingefallenem Gesicht neben der schweigsamen Hanna und hat mit ihr zusammen den Altarraum anvisiert und kein Wort gesagt. Ich saß direkt daneben, aber irgendwie weit abgeschlagen.

Dann kam Betty in die Kirche. Nachdem sie bemerkt hatte, dass sie sich nicht zwischen den Redeschwall von Sam drängen konnte, den der arme Attila über sich ergehen lassen musste, setzte sie sich neben uns, ohne mich eines Blickes zu würdigen. Nachdem auch Hanna und Ronny nur apathisch und mehr höflich als lebendig auf ihre Bemühungen, ein Gespräch anzufangen, geantwortet hatten, saß auch sie da, den Blick strikt geradeaus zum Altar gerichtet. Ich konnte nichts anderes tun, als Gott zu bitten, unsere Gruppe zu segnen und sie wieder eins zu machen.

Bei der Predigt hab ich gar nicht richtig zugehört und Gott einfach nur noch angefleht, bitte, bitte etwas zu machen. Irgendwann hat Ronny angefangen zu schluchzen und danach nicht mehr aufgehört. Scheinbar war das ansteckend, denn auch bei Hanna sind ein paar kleine Tränen still die blassen Wangen runtergerollt. Ich kam mir so hilflos vor, ich konnte nichts tun, außer zu beten, und wurde selbst schon ganz traurig.

Mir fiel das Elend in Ronnys Seele ein, die blöde Sache zwischen mir und Betty, Chris, Attilas Schmerz in seinen Augen, Hannas Unnahbarkeit, Sams Beschränktheit, meine Mama, Ronnys Papa und dann ist alles über mir zusammengebrochen und ich musste auch heulen.

Und dann ist es passiert.

"Our God is an awesome God, he reigns from heaven above. With wisdom, power and love – our God is an awesome God."

Eine leise, glockenhelle, sanfte Frauenstimme umhüllte uns mit diesem Lied und hat sofort meine Tränen gestoppt. Es war so ermutigend. Zu wissen, dass wir einen mächtigen Gott haben, der alles hat, was wir brauchen: Weisheit, Liebe und Kraft. Auch

Ronny hörte auf zu schluchzen und bei Hanna bildete sich sogar ein kleines Lächeln auf den Lippen.

Das Größte aller Wunder war, dass die Stimme von Betty kam. Unsere Betty, die sonst alles mit ihrer schrillen Stimme zergrölt, konnte tatsächlich so wunderschön singen! Ich drehte mich zu Betty und lächelte ihr zu. Sie lächelte verlegen zurück und nahm unbeholfen meine Hand, indem sie sich quer über Hannas und Ronnys Schoß beugte. Dann sang sie weiter und schon war sie wieder da, die alte Schreckensstimme! Auf einmal war nichts mehr daran sanft, nur noch hoch, schrill, laut, aus vollem Hals, jaulend mit völlig falschem Englisch: „Auaaaaa Gaaaaaaaaaaaatt isän Osterngott, hiiii reisst vom häwänä boff!"

Ronny, Hanna und ich konnten Betty nur noch total überrascht mit krausgezogener Stirn angaffen, worauf Betty das Singen unterbrach und uns fragend anschaute. Dann musste sie laut loslachen, weil wir drei wohl ziemlich bescheuert ausgesehen haben müssen, mit unseren vor Verwunderung halb herausfallenden Augen. Und wenn Betty erst mal lacht, dann nimmt das so schnell kein Ende mehr. „Hähähähähähähä!"

Das fette, laute, lustige Lachen hallte an den Kirchenwänden wider und riss uns drei mit, bis wir wieder Tränen heulten, diesmal vor Lachen. Gut, dass der Gottesdienst fast zu Ende war, die Leute haben vielleicht blöd geglotzt. Deren Blicke haben dem Ganzen noch ein i-Tüpfelchen aufgesetzt und dann konnten wir erst recht nicht mehr aufhören zu wiehern.

Am Ende des Gottesdienstes hatten wir uns einigermaßen beruhigt und der Bauch tat mir tierisch weh. Gute Bauchmuskelübung – hab ich mal wieder was abgenommen. Irgendein Presbyter sagte später, dass er sich sehr darüber gefreut habe, dass der Heilige Geist uns so berührt hat. Na ja, ich weiß nicht ... Ich hab Gott ja um ein Wunder gebeten, aber ... Wie auch immer, auf jeden Fall bin ich Gott riesig dankbar für das alles. Nur der arme Attila musste immer noch die Labersalven von Sam über sich ergehen lassen und wurde selbst während des Gottesdienstes nicht davon verschont.

Was das Träumen angeht: Hab nichts mehr von Chris geträumt. Aber ich kann einfach nichts dafür, muss es mir wohl wirklich eingestehen: Ich liebe Chris immer noch. Das heißt: Ich bin in ihn verliebt. Denn verliebt sein und lieben ist ja schon ein Unterschied. Um ihn zu lieben, kenne ich ihn noch zu wenig, auch wenn ich ihn recht gut zu kennen glaube. Aber er wohnt im Switzerland! Wie soll das gehen? Außerdem liebt er mich nicht. Ich verliere immer wieder die Hoffnung. Soll ich Gott etwa auch *darum* bitten? Werde langsam verrückt. (21.45 h)

Montag, 24. Januar
Heute ist Weihnachten schon wieder einen Monat her. Oh Mann! Ich sag's ja: Die Zeit rennt nur so davon. Was in den letzten Wochen so alles passiert ist ... Und schon wieder fängt eine neue Woche an. Eine neue Woche und eine neue Zeit. Zumindest für mich. Hab nämlich überlegt, dass ich Gott ruhig darum bitten kann, dass Chris und ich zusammenkommen. Schaden kann's ja nicht. Die Entscheidung liegt dann bei Gott. Und bei Chris natürlich. Denn wie gesagt, Gott wird uns keine Gefühle aufzwängen, die wir nicht haben. Aber wer weiß? Vielleicht ist Gott ja derjenige, der zwei Menschen füreinander bestimmt? Wie bei Hanna und Attila. Oder ist doch alles nur Einbildung, weil man sich was wünscht und dann behauptet, dass Gott das so will?

Ach, keine Ahnung. Diese ganze Hin- und Herdenkerei macht mich noch total meschugge. Aber vielleicht hat Ronny Recht. Ich kann einfach nicht aufhören, an Chris zu denken, da sollte ich wenigstens nicht so naiv sein und mir das Gegenteil einreden. Gebet kann nie schaden. Und wenn es nur für mich ist. Gott soll mir zeigen, was ich machen soll. Genau. Dafür werd ich beten.

Neue Woche und alte Gewohnheiten. Meine Mama trinkt wieder und ich hab meine Mathearbeit zurück. Wusste ich doch, dass ich sie in den Sand gesetzt hab. 'Ne 4-. Ich muss echt mehr für die Schule machen. Am Freitag gibt's Zeugnisse und ich glaub, ich hab mich nicht gerade verbessert – eher im Gegenteil. (21.35 h)

Dienstag, 25. Januar
Meine Mama kam gestern Abend schon wieder besoffen nach Hause. Was soll's. Sich da drüber den Kopf zu zerbrechen, bringt mich auch nicht weiter.

War heute mit Attila am Kanal spazieren. Ich hab ihn richtig gern, so als guten Freund. Wir haben uns über Zahlen unterhalten. Voll rumgesponnen. Haben die Buchstaben unserer Nachnamen gezählt. Dabei kam raus, dass Hannas Nachname, Schmidt, genauso viele Buchstaben hat wie Attilas, nämlich sieben. Hat mich nicht sehr verwundert. Die kommen ja eh zusammen. Dafür hab ich jetzt nämlich 'nen Beweis, jawoll!

Obwohl ich am Anfang etwas irritiert war, als mir Attila heute wie so oft erzählt hat, dass er sich verliebt hätte. Ich konnte ein seufzendes: „Ach? Schon wieder?" nicht unterdrücken.

Attila war daraufhin ein bisschen eingeschnappt, drehte den Kopf weg und murmelte mit untypisch tiefer Stimme: „Ich kann ja auch nichts dafür, dass Gott mir so 'n ausgeprägtes Gefühlsleben geschenkt hat!"

Ja, ja – alles wieder schön Gott in die Schuhe schieben, schon klar. Sicher hat Gott Attila eine sensible Gefühlslage gegeben, aber trotzdem ist Attila mit für sie verantwortlich. Ich denke eher, dass Attila nur gerne 'ne Freundin hätte und es ihm egal ist, wer das Mädchen ist, Hauptsache, sie schenkt ihm Liebe. Deshalb verknallt er sich alle naselang. Aber ich kann mich auch irren. Wir machen so was wohl ziemlich gerne, Herr. Tut mir Leid, dass wir dich oft für alles verantwortlich machen. Wenn ich mal so blöd sein sollte, dann sag mir bitte Bescheid, ja?

Ich musste sofort an Hanna denken und ließ meinen berüchtigten Spruch ab, den ich mittlerweile schon oft benutzt habe, wenn Attila wieder in irgendeine verschossen war. „Attila, du siehst den Wald vor lauter Bäumen nicht."

Ja, und dann hat Attila mich breit grinsend angeschaut und meinte: „Neeee, Eva. Diesmal nicht. Ich hab den Wald endlich erkannt. Ich weiß jetzt, was du die ganze Zeit andeuten wolltest."

Da war ich echt platt. Endlich hatte es was gefruchtet. Nur in wen er sich verliebt hatte, das wollte er mir auf keinen Fall verraten. Komisch. Normalerweise erzählt er mir das immer. Aber vielleicht liegt es daran, dass Hanna unsere Freundin ist. Sonst kannte ich die anderen Mädels ja nie. Deswegen braucht er es auch gar nicht zu verraten, die Antwort kennen wir logischerweise auch ohne es auszusprechen. Ha! Dann hatte *ich* ja diesmal Recht. Juchuuu! Endlich mal Recht gehabt. Mensch, da hat mich mein Gespür doch nicht im Stich gelassen. Danke, Herr.

Attila meinte dann noch, Chris' Nachname, Kaiser, hätte sechs Buchstaben, genauso wie Specht. Chris Kaiser und Eva Specht. Klingt doch gut, oder? Oh, Jesus. Ich spinne schon wieder rum. Ich kann doch auch nichts dafür, wenn ich in Chris verliebt bin. Die Liebe für ihn musst *du* mir ins Herz gepflanzt haben. Genau, du bist schuld! (21.55 h)

Nachtrag: Eben beim Beten hat Gott zu mir gesagt:„Ich hab ein Wort für dich, Eva: Bescheid!" Hä? Was meint er damit? Gott ist schon seltsam.

Mittwoch, 26. Januar
Hohler Tag. Regen. Teestube war leer. Sam war nicht da. Ronny auch nicht. Hatten wohl beide Angst, sich zu begegnen. Die Stimmung war auch irgendwie leer. Hanna wird immer schweigsamer, weiß auch nicht warum. Sie hockt in einer Ecke auf einem Kissen und sagt kein Wort. Von sich aus fängt sie kein Gespräch an und wenn man sie anspricht, antwortet sie nur in kurzen Sätzen. Selbst Betty konnte sie mit ihrer guten Laune nicht aufwecken. Sie warf mir die alte (was sonst?) *Pur – live*-CD zu und rief überschwänglich: „So, Leute! Dann lasst uns hier mal ein bisschen Stimmung machen! Los, Eva! Schmeiß die Platte an!"

Gesagt, getan. Kaum fing die Musik an, nahm das Unheil seinen lauf: Betty sang begeistert wie noch nie ihre Schauerarien und tanzte dazu wie ein Brummkreisel durch den Laden. Als *Freunde* anfing, haben Attila und ich mit Betty mitgegrölt. Aber Hanna saß immer noch still da, den Kopf gesenkt. Ich mach mir ernsthafte

Sorgen. Das ist unser Lied. Das zaubert sonst immer ein Lächeln auf ihr Gesicht und sie singt immer mit, egal, wie schlecht es ihr geht. Ich hätte ihr so gerne das von Attila gesagt, um sie zu trösten, aber ich musste ihm versprechen, es niemandem zu erzählen.

Der ging mir heute sowieso auf den Senkel. Dass Betty, solange es ihr gut geht, nicht merkt, dass es jemand anderem schlecht geht, ist nichts Neues, aber Attila hat Hanna noch nicht mal begrüßt! Er hat sie überhaupt nicht beachtet! Wahrscheinlich war er zu nervös, um mit ihr zu sprechen, aber wenn er sich immer so verhält, wenn er verliebt ist, ist das auch kein Wunder, dass seine Liebe nie erwidert wird. Wenn er sich seinem Schwarm nicht nähert, woher soll sie dann wissen, dass er in sie verliebt ist? Attila war total überdreht, hat ein Witzchen nach dem nächsten gerissen, worüber keiner lachen konnte, und wollte mich permanent zulabern. Hiiiiilfee!

Irgendwann hat Hanna angefangen, still vor sich hin zu weinen und keiner hat's bemerkt. Ich hab es auch erst gesehen, als sie aufstand und wortlos den Laden verließ. Das war ein Bild! Hanna stand noch kurz vor dem Fenster und schaute von draußen herein, aber weder Attila noch Betty hatten davon Notiz genommen, dass sie gegangen war. Da stand sie, die Tränen auf den Wangen und die vor Regen tropfenden, kurzen, schwarzen Haarsträhnen im Gesicht. Ich wollte ihr noch hinterherhechten, aber da war sie schon verschwunden. Was, um Gottes willen, ist bloß mit ihr los?

Meine Mama ist jetzt schon die dritte Nacht nacheinander betrunken nach Hause gekommen. Übermorgen gibt's Zeugnisse, ich hab diese Woche nicht einmal Gymnastik gemacht und mir zu allem Überfluss auch noch 'ne ganze Tafel Kokosschokolade reingehauen. Hab vor Frust über diesen beschissenen Tag erst mal ein Deprigedicht geschrieben. Und das war dann auch total beschissen. Wie immer. Bin eben doch keine Poetin. Ich halt's echt nicht mehr aus. Chris, wo bist du? Ach, ich weiß ja: weit, weit weg. Viel zu weit weg. (22.24 h)

Donnerstag, 27. Januar
Hab heute keinen Bock, viel zu schreiben. Es ändert sich eh nix. Es regnet immer noch, meine Mama trinkt weiter die Nächte durch, mein Paps ist deshalb fix und alle. Ich hab wieder keine Gymnastik gemacht, konnte mich nicht aufraffen. Wollte mich bei Ronny auskotzen, aber die war nicht da. Ihr Vater meinte, sie wäre wie jeden Tag joggen. Mensch, ist die diszipliniert (richtig geschrieben?)! Und das bei dem Wetter. Hanna will mit keinem sprechen, Attila nervt mich, ruft jeden Tag an. Und morgen gibt's Zeugnisse. Jesus, ich will Chris! (21.40 h)

Freitag, 28. Januar
Ich sag's doch, das Zeugnis ist daneben! Nur Durchschnitt 3,0. Mein Paps meinte, ich würde meine Erwartungen mir gegenüber zu hoch schrauben. Blödsinn! Ich bin auf einem Gymnasium, bald geht's in die Oberstufe – da muss ich eine gute mittlere Reife abkriegen. Die muss besser sein als 3,0 im Durchschnitt. Man weiß ja nie – vielleicht packe ich die Oberstufe nicht und brauch das Zeugnis dann dringend. Ab Montag wird gebüffelt. Da ist nicht mehr so viel Zeit fürs Tagebuchschreiben und Chris-Träumereien. Der hat mir immer noch nicht gefaxt, war ja klar. (Uhr ist stehen geblieben.)

Samstag, 29. Januar
Mama kam erst heute Morgen nach Hause. Kommen ist übertrieben – sie ist gekrochen. Auf allen vieren die Treppe hoch. Ihre Klamotten waren dreckig und hingen ganz schief an ihr herunter. Die Fahne stank abscheulich und reichte mehrere Meter weit. Im Vorbeikrabbeln auf dem Weg zur Couch hat sie mich blöd angemacht, was ich denn so glotzen würde und ob ich Probleme hätte.

Ja, ich hab ein Problem. Du bist mein Problem, Mama! Paps ist Gott sei Dank gestern Abend für dieses Wochenende zu Oma und Opa gefahren, tapezieren helfen. Jetzt darf ich mir das hier alleine antun. Wie kann Gott nur solche Menschen lieben, wenn sie so sind? Also, ich kann keine Liebe für dieses stinkende Etwas auf dem Sofa empfinden. Zumindest jetzt nicht. Ich liebe meine Mama, aber ich kann das alles nicht mehr sehen.

Ich würde mich so gerne mal irgendwo ausheulen. Aber Ronny ist wieder nicht da, Hanna ist übers Wochenende zu ihrer Oma nach Bayern gefahren und Attila nervt mich. Sam und Betty kommen für so was nicht in Frage. Ich wünschte, jemand wäre hier, würde mich in den Arm nehmen und mich trösten. Jemand, außer Gott, eine menschliche Person, die mir sagt, dass sie mich liebt, so wie ich bin, die mir sagt, dass alles wieder in Ordnung kommt, die mir die Tränen vom Gesicht streicht ...

Oh Chris! Warum kannst du jetzt nicht hier sein? Du hast am Telefon gesagt, dass es dich traurig macht, was mit mir in meiner Familie geschieht, aber dafür kann ich mir nichts kaufen. Ich brauche dich jetzt, wenigstens ein Fax! Aber ich bin wie immer alleine. Es war sowieso nie anders. Ich war immer diejenige, die mich in den Arm genommen hat, mir die Tränen abgewischt hat und mir gesagt hat, dass alles irgendwie gut wird. Gott, wenigstens du bist bei mir. (22.40 h)

Sonntag, 30. Januar
War heute nicht im Gottesdienst. Musste mal ausschlafen. Immer noch kein Fax von Chris. Dafür hat Attila schon wieder angerufen. Was will der bloß von mir? Hanna ist noch nicht zurück. Ronny hat Stress mit ihrem Vater gekriegt, weil ich andauernd angerufen habe. Jetzt hat sie Hausarrest und darf weder telefonieren noch angerufen werden. Und ich bin mal wieder schuld. Diese neue Woche hat nichts verändert. Aber jetzt ist sie ja auch schon wieder alt. Vielleicht bringt die nächste was Besseres. Schlimmer kann's ja nicht werden. (23.00 h)

Montag, 31. Januar
Es kann schlimmer werden! Jetzt geht's erst richtig zur Sache. Die Gornmert hat uns heute mehrere Zettel mitgegeben, wo alle literarischen Stilmittel draufstehen. Wir bräuchten zwar nicht alle zu kennen, aber die wichtigsten, die sie angekreuzt hätte, sollten wir

schon für die Oberstufe können. Ein Wunder, dass sie nicht gleich alle angekreuzt hat. Höchstens drei von vierundzwanzig können wir uns pro Zettel ersparen. Oh Mann! In Mathe schnall ich im Moment gar nichts mehr – vielleicht kann Hanna mir das erklären, die ist in Naturwissenschaften ein Ass.

Sie war heute in der Schule wieder ganz die Alte. Als ich sie gefragt habe, was am Mittwoch mit ihr los war, hat sie nur gelächelt und gemeint: „Alles in Ordnung. Wieso? Was soll denn gewesen sein?"

Das kam zwar überzeugend raus, aber in die Augen konnte sie mir dabei nicht sehen. Und genau das meine ich! Ich ziehe mich dauernd aus und sie teilt ihre Probleme nie mit mir. Echt ätzend. Aber was soll ich machen? Ihr sagen, dass ich ihre Tränen gesehen hab? Da würde sie nur lachend sagen: „Ach, Eva! Du machst dir immer zu viele Gedanken. Ich hab draußen nur darauf gewartet, dass meine Mama mich abholt. Ich hab nicht geheult, das war der Regen."

Mama war heute auch wieder die liebe Frau Specht, die keine Probleme hat. Hat wie immer so getan, als wenn nichts gewesen wäre. Der Vollmond ist vorbei und der Werwolf ist wieder zum Mensch geworden. Ich sag da nichts mehr zu. Bringt ja eh nichts.

Die Gymnastikgeschichte hat auch nichts gebracht. Bin eben doch ein Sportmuffel. Ich schaff das einfach nicht regelmäßig und Spaß macht's mir auch nicht mehr. Ich geb's auf. Alles, was ich anfange, bring ich nicht zu Ende. Paps hat Recht damit, wenn er sagt, dass ich mir zu viel Druck mache. Liegt am Perfektionismus. Und auch du hast wieder mal Recht gehabt, Hanna: Ich gehe an meinem Perfektionismus zu Grunde. Ihr habt alle Recht. Ich nicht. Alles, was ich sage oder mache, bringt doch sowieso nichts. Chris ... Warum schreib ich das eigentlich noch auf? Hat sich natürlich immer noch nicht gemeldet. Das bringt auch nichts, das ganze Hoffen. Muss aufhören, Mathe ruft. (20.45 h)

Dienstag, 1. Februar
Neuer Monat und doch alles beim Alten. Weiß gar nicht, warum ich noch hier rein schreibe, es passiert sowieso nichts, was sich lohnt, der Nachwelt zu hinterlassen. Scheiß Wetter, Scheiß Mutter, Scheiß Schule, Scheiß Männer (Attila ruft immer noch jeden Tag an, Chris meldet sich nicht und Ronnys Vater lässt sie immer noch nicht telefonieren), Scheiß Eva, dass du mit diesem Tagebuch überhaupt angefangen hast. (22.16 h)

Mittwoch, 2. Februar
Ich höre auf. Hat keinen Sinn mehr. Durch das Tagebuch wühl ich alles nur noch mehr auf. Außerdem gibt es nichts Neues zu berichten und die Schule braucht meine ganze Aufmerksamkeit. Ciao, Tagebuch. Tschüss, ihr Träume oder besser Schäume. Tschüss, du magere Poesie. Tschüss, Chris. Adios, Amigos. (22.00 h)

März

Mittwoch, 9. März
Hier bin ich wieder. Ich konnte es doch nicht mehr aushalten, so ganz ohne das Tagebuchschreiben. Außerdem möchte ich mir selbst auch mal beweisen, dass ich was zu Ende bringen kann. Jawohl – ich werde dieses Buch voll schreiben, bis zur letzten Seite. Aber vielleicht nicht immer jeden Tag. Ich muss meinen Perfektionismus (so langsam krieg ich das Wort auch ohne Probleme aufgeschrieben) mit Gott zusammen in den Griff kriegen. Ich nehme mir einfach ein Ziel vor Augen, das ich auch schaffen kann, wie das Tagebuch voll zu schreiben, aber ich setz mir mein Ziel nicht zu hoch, wie, dass ich jeden Tag festhalten muss. Ist ja nicht unbedingt nötig, wenn nicht gerade was Wichtiges abgeht. Damit komm ich ganz gut zurecht, denke ich.

Was so im Nachhinein auch typisch Perfektionswahn war, war die Sache mit dem Abnehmen. Kann überhaupt nicht nachvollziehen, warum ich unbedingt regelmäßig Sport machen und weniger Süßigkeiten essen wollte. Schokolade ist himmlisch und Sport höllisch für mich und ob ich jetzt dick oder dünn bin, spielt doch nur für die Welt eine Rolle, aber nicht für Gott. Der mag mich auch mit ein paar Kilos mehr. Ist gut, das mal aufzuschreiben, damit ich das später immer nachlesen kann, wenn ich mal wieder so 'ne Abnehmphase kriege.

Ich glaube, dass Gott möchte, dass ich schreibe. Ich glaube immer noch, dass mir das Tagebuch dabei helfen wird, meiner Suche irgendwann ein Ende zu setzen. Denn dass ich auf der Suche nach was auch immer bin, spür ich in bis in die tiefste Faser meiner Seele. Irgendwas ist hohl in mir und das muss gefüllt werden. Und ich weiß irgendwie, dass Gott mir dabei helfen möchte, es zu finden. Also Jesus, auf ein Neues und danke, dass du mir gezeigt hast, wie blöd ich war. (22.07 h)

Donnerstag, 10. März
Schule ist immer noch stressig und mopst mir die Zeit. Ich muss mich jedes Mal dazu überwinden zu pauken. Das Lernen und die Homeworks schieb ich immer bis zum Gehtnichtmehr vor mich hin. Meistens fange ich erst abends an und sitze dann bis in die Nacht daran, aber es hat sich gelohnt. Heute hab ich die letzte Mathearbeit wiedergekriegt. Eine 2+, die Klassenbeste! Eva und in Mathe die Klassenbeste! Das soll mir mal einer nachmachen! Wo ich doch mit Mathe so wenig anfangen kann wie eine Rose mit 'nem Stück Bockwurst. Bravo, da darf ich mir selbst auf die Schulter klopfen. Und natürlich dir, Gott! Denn ohne dich würde ich das alles gar nicht packen.

Trotzdem ist das Ackern für die Schule auf Dauer echt schlauchig. Meine Freundschaften leiden ziemlich darunter. Die Einzige, die ich noch regelmäßig sehe, ist Hanna, weil sie in meine Stufe geht, aber die anderen ... In letzter Zeit hab ich's voll selten geschafft, mal zur Teestube oder zum Hauskreis zu gehen. Die anderen fehlen mir total. Besonders der Austausch über den Glauben. Betty treffe ich manchmal im Gottesdienst, aber Ronny und Sam habe ich schon seit Ewigkeiten nicht mehr gesehen.

Sam macht jetzt in Recklinghausen ein Vollzeitpraktikum, aber er hat keinem verraten, wo genau. Ob in einem Krankenhaus, in einem Kindergarten, einem Altenheim oder so. Macht voll das Geheimnis draus. Als ob er nicht wollte, dass wir ihn da, wo auch immer er arbeitet, besuchen. Hätten wir nämlich bestimmt gemacht. Seit Anfang Februar hab ich schon nichts mehr von ihm gehört. Echt verrückt. Hätte nie gedacht, dass ich diese nervige Schnattergans mal vermissen würde.

Aber am meisten fehlt mir Ronny. Logo, wir telefonieren

manchmal, doch gesehen hab ich sie lange nicht mehr. Ist bestimmt schon 'nen Monat her. Sie ist andauernd unterwegs. Ich weiß ja, dass sie es nie lange zu Hause aushält, wegen ihrem Vater. Aber sie könnte ja auch mal zu mir kommen. Hab ich ihr schon öfter gesagt und sie meint, dass ich ihr auch fehle, aber trotzdem hat sie nie Zeit. Früher haben wir uns zwar auch nicht so oft gesehen, aber wenn wir mal Zeit hatten, haben wir uns sofort getroffen. Jetzt ist Ronny andauernd joggen oder lernt für die Schule. Sie ist da noch verbissener als ich und das muss bei meinem Perfektionswahn schon was heißen!

Ronny ist auf der Realschule und möchte ihr Zeugnis möglichst gut abschließen, weil sie danach aufs Gymnasium wechseln will. Dabei muss gerade sie sich keinen Kopf um gute Noten machen. Ihr fliegt alles nur so zu. Sicher hat sie auch Fächer, mit denen sie weniger klarkommt, aber selbst da muss sie nicht viel lernen, um gute Noten zu kriegen. Letztens hat sie mich angerufen und geheult, weil sie in Physik, ihrem, wie sie sagt, Problemfach, nur eine 2 geschrieben hat. Ich wär total froh über 'ne 2, aber sie ist nur mit einer 1 zufrieden, bei einer 1- kriegt sie schon den absoluten Wahn. Ich weiß gar nicht, wie das bei ihr so extrem ausarten konnte. Sie war doch früher nie so.

Und da wär noch Attila. Der ruft mich treu jeden Tag an und erzählt mir von seinen Gedanken. Mittlerweile hab ich mich dran gewöhnt. Er geht mir gar nicht mehr so auf die Nerven, im Gegenteil. Da ich im Moment wenig Kontakt zu meinen Freunden habe und schon Angst hab, dass unsere Clique bald auseinander bricht, freue ich mich richtig über Attilas Anrufe. Das Einzige, was mich noch nervt, ist, dass er sich immer mit mir treffen will. Manchmal geh ich zwar schon mit ihm weg, aber ich kann mir doch nicht jeden Tag für ihn Zeit nehmen, schließlich bin ich nicht seine Freundin!

Ach ja – von wegen Freundin: Hanna ist schon ganz eifersüchtig auf mich, weil ich so oft mit Attila rumhänge. Dass Attila sich aber auch nicht traut, Hanna öfter mal anzurufen! Bei mir hat er ja auch keine Probleme damit. Seitdem er den Wald sieht, geht er ziemlich selten drin spazieren und selbst das ist noch übertrieben. Er macht 'n großen Bogen um den Wald. Ganz schön panne. Eigentlich müsste Attila mutiger sein, wo er weiß, dass Hanna in ihn verliebt ist. Ich würde Hanna am liebsten alles erzählen – dass Attila auf sie steht und sich nur nicht traut, es ihr zu sagen –, aber ich musste Attila immer wieder versprechen zu schweigen. Dabei spiele ich doch so gerne die Kupplerin!

Mama hat übrigens schon einen Monat lang nichts mehr getrunken. Ich freu mich zwar riesig, trau dem Ganzen aber nicht so ganz. Umso länger die Pausen, desto wahrscheinlicher ein Rückfall. Der Werwolf lässt sich nicht so schnell abschütteln.

An Chris musste ich immer seltener denken. Wahrscheinlich, weil ich so viel zu tun hatte. Noch eine Woche und dann fangen die Osterferien an, hoffentlich krieg ich da wegen der vielen Zeit nicht wieder 'nen Rückfall. Ha! Klingt ja schon fast so, als wäre ich „Chris-süchtig". Morgen ist Wochenende! Jippieh! Da wollen wir uns bei Hanna treffen. Endlich mal wieder alle auf einem Haufen. Hoffentlich geht das mit Ronny und Sam gut. Die haben sich seit ihrer Trennung nicht einmal miteinander unterhalten. Weekend, weekend, ich komme! (22.32 h)

Freitag, 11. März
Von wegen alle mal wieder auf einem Haufen! Das Treffen bei Hanna fällt ins Wasser. Sie ist krank geworden. Eigentlich seltsam, denn in der Schule war sie noch topfit. Was sie genau hat, konnte mir Attila auch nicht sagen. Hanna hat nämlich zuerst bei ihm angerufen und er dann bei mir, um eine Telefonkette zu starten, die bei mir versackt ist.

Hab als Erstes Sam angerufen. Seine Ma war am Apparat und hat mich mal wieder mit ihrem seichten Stimmchen zugelabert. Sam ist eindeutig ihr Sohn. *Die* kann vielleicht reden, stundenlang! Ich meinte nur: „Hallo, ich bin's, Eva. Ich ...", und weiter kam ich nicht.

Sie hauchte dann so was wie: „Ja, hallo! Hallo Eva. Hallo, Evalein! Wie geht es dir denn? Du klingst so fröhlich. Das ist ja schön.

Das freut mich aber für dich. Jaaa. Schönes Wetter draußen, nicht wahr? Muss man wenigstens keine Aromatherapie mehr machen, um die Winterdepression abzuschütteln. Ich hab da neulich einen Ratgeber drüber gelesen und finde, da ist wirklich was dran. Und mit dem Glauben schließt sich das ja auch nicht aus, weißt du? Das Buch war sogar theologisch fundiert, jaaa. Es gibt nämlich verschiedene Wettertypen unter den Menschen und gerade wir Christen können, wenn wir dann mithilfe des Buches gelernt haben, welcher Typ wir sind, mit der Aromatherapie besonders gut auf unsere Stimmung einwirken, je nachdem, was für ein Wetter herrscht. Ja, und du, Eva, du bist bestimmt ein Frühjahrssonnentyp mit der Neigung zum herbstlichen Licht. Sonst wärst du jetzt auch nicht so glücklich und ..."

Bla, bla, bla, danach hat mein Hirn den Sinn von ihrem Geschwafel nicht mehr aufgenommen. Nach zwanzig Minuten ging ihr endlich mal die Puste aus, weil sie das Buch holen und mir daraus zitieren wollte. Ich hab dann schnell meine Frage in die Pause gequetscht: „Das ist ja alles ganz schön, Frau ..."

„Nenn mich doch einfach Renate!"

„Äh, ja. Renate. Ähm, was ich eigentlich fragen wollte: Ist der Sam da?"

„Oh, Eva. Das tut mir Leid. Wirklich. Das trifft mich jetzt im Besonderen, aber Samuel ist noch nicht von der Psychiatrie zurück."

Schock! „Wa-a-a-s? Bitte? Psychiatrie?"

„Ja, Psychiatrie, mein Kind. Jaha, unser Samuel macht doch ein Praktikum, wusstest du das nicht? Heute muss er unerwartet über Nacht bleiben, auch wenn das eigentlich nicht erlaubt ist. Aber sie haben im Moment so wenig Leute da. Ist ja gleichgültig. Ich hol dann mal schnell das Buch, Eva, ja? Nicht auflegen!" Und weg war sie schon.

Ich hab den Hörer dann doch aufgelegt und später noch mal – Gott sei mal wieder Dank – nicht mit ihr persönlich, sondern auf den Anrufbeantworter gesprochen und mich entschuldigt. Ich wär aus Versehen mit dem Kinn auf den „Aus-Knopf" gekommen, hab ich gesagt. Was nur eine halbe Notlüge ist, denn ich hab tatsächlich das Funktelefon mit dem Kinn ausgeschaltet.

In der Psychiatrie macht er also sein Praktikum, so so. Ich werd's keinem verraten, auch wenn ich nicht kapiere, warum Sam uns das nicht einfach erzählt hat. Ist doch nichts dabei. Ich hab schon 'n Schock gekriegt, weil ich dachte, Sam wäre als Patient da. Das hätte mich nämlich nicht sehr gewundert. Ooops, das war mal wieder unnett von mir. Und die halbe Notlüge auch. Sorry, Jesus.

Hab anschließend noch Ronny angerufen, aber die hatte unser Treffen wohl total vergessen. Sie war mal wieder joggen. Das dehnt sich bei ihr abends schon über drei Stunden aus. Oh Mann. Bewundernswert. Wenn ich nur ans Laufen denke, verknoten sich schon meine Gelenke. Und ich krieg Appetit auf Schokolade. Mjam, mjam. Hihi. Hab ich mir heute Abend also 'nen Faulen vor der Glotze gemacht. Auch mal wieder schön. Aber nicht auf Dauer. Für Morgen hat mich Betty zu sich eingeladen. Sie meinte, sie hätte 'ne Überraschung für mich. Na, da bin ich ja mal gespannt. Gute Nacht. (01.34 h)

Samstag, 12. März
The sun is shining down on me. Wunderwunderschönes Wetter draußen. Die Sonne hat schon richtig Kraft – kein Wunder: Montag ist Frühlingsanfang. Der Kirschbaum vor unserem Haus kriegt die ersten Blüten und der Himmel ist mit süßen Minischafswölkchen übersät. Herrlich! Ich liebe dich, Gott! Du hast alles so schön gemacht, danke.

Betty hat mich wirklich überrascht, oder sagen wir: Mara. Die war nämlich das Wochenende bei Rüdiger. Und wie immer hat sich Betty Mara sofort unter den Nagel gerissen. Dass sich Rüdiger und Mara da nicht mal durchsetzen! Aber vielleicht denken sie, dass sie wenigstens den Sonntag für sich alleine haben, wenn sie schon den Samstag für Betty opfern. Ich kam mir erst 'n bisschen doof vor, so unter den ganzen älteren Leuten. Mara ist fünf Jahre älter als ich, Rüdiger acht und Betty zehn. Da kam ich mir mit meinen „Schulgeschichtchen" schon irgendwie albern vor, wenn die alle über ihr Leben reden. Nach 'ner Zeit ging's aber schon besser. Sie haben mir gar nicht das Gefühl gegeben, dass ich das Küken bin. Im Gegenteil – Rüdiger hat sich mit mir über die Oberstufe unterhalten, weil er im Moment in der Abendschule sein Abi nachholt.

Betty hat mal wieder den albernen Teenager raushängen lassen. Hat irgendeine olle *Bravo*-CD rausgekramt und gemeint: „Hey! Kennt ihr dieses geile Lied hier schon?" Dann ertönte *Britney Spears* aus den Boxen und ich musste fast kotzen! (Ha! Das hat sich gereimt.)

Sorry, aber ich kann die Tusse und ihre Musik absolut nicht ab. In meiner Stufe finden fast alle die Tante geil, selbst die Mädels. Kann ich echt nicht nachvollziehen. Bah! Den Musikstil gab's schon vor zehn Jahren (weshalb Betty wohl auch so drauf abfährt) und soo toll sieht die Frau auch wieder nicht aus. Ist nur gut vermarktet. Macht einen auf Lolita, mit ihren engen Klamotten, dem schief gehaltenen Kopf und den glänzenden Lippen. Außerdem kann sie gar nicht singen. Die trötet wie Duffy Duck nach einer Geschlechtsumwandlung und stöhnt so komisch, als hätte sie Schmerzen. Da singt ja selbst Betty besser!

Obwohl ... Na ja ... Die drehte die Scheibe voll auf und grölte entsetzlich hoch: „Iiiiiiisänt schi laaaawlii, sis hooolliwuuuudörl!" Noch schlimmer war es dann, als sie versuchte, dieses Stöhnen mit einzubauen, und sich erotisch in den Hüften wiegte.

Rüdiger und ich haben uns schnell in die Küche verzogen, um weiter zu reden, und Mara ist aufs Klo gehüpft. Da Betty beim Singen die Augen zu hatte, ist ihr erst spät aufgefallen, dass wir sie allein gelassen hatten. Als das Lied vorbei war, kam sie in die Küche geschnaubt und war mal wieder total beleidigt. Hat sich neben uns auf die kleine Eckbank katapultiert und keinen Ton mehr gesagt. Rüdiger und mich hat das aber nicht sehr gestört, weil wir uns in einer recht guten Unterhaltung befanden. Als Mara wiederkam und meinte, das Lied sei aber schon uralt, hat Betty empört nach Luft geschnappt, die Arme vor der Brust verschränkt und gebrummelt: „Bin ja auch nicht so hip wie ihr."

Mara hat dann nur mit den Achseln gezuckt und wohl dasselbe gedacht wie ich: „Die kriegt sich schon wieder ein."

Und tatsächlich. Nach 'ner Viertelstunde Schweigen war sie wieder ganz die Alte. Betty wollte mich also mit Mara überraschen. Ist ihr gelungen. Obwohl die eigentliche Überraschung für mich eher darin bestand, dass Mara mir was mitgebracht hatte. Als sie eine Karte mit 'ner *Diddl-Maus* im Schnee aus ihrer Tasche gekramt hatte, war Bettys Schweigen gebrochen und sie rief entzückt: „Oh, wie süüüüüß! Die kleinen Viecher sind ja soooo niedlich", während ich dachte: „Na, Eva, aus der ‚Diddl-Phase' biste ja wohl schon lange raus." Diesen Gedanken hab ich aber schnell wieder verscheucht, als Mara meinte: „Hier, Eva, soll ich dir von Christian geben."

Die Karte zeigt eine völlig verschneite Diddl-Maus, mehr nicht. Kein Spruch vorne drauf – aber dafür hinten. Da hat Chris hingeschrieben: „Fall nicht in den Schnee, Kleines", das ist alles. Schlicht und einfach.

Ich hab Mara fragend anguguckt und sie meinte: „Keine Ahnung, was das soll. Ich hab ihn gefragt, aber er meinte, du wüsstest schon, was das heißt."

Ich wüsste schon, was das heißt? Hä? Ich weiß gar nichts. Null Ahnung, was er damit meint. Ja sicher, er sagt das immer, wenn wir miteinander sprechen, aber woher soll ich wissen, was für eine tiefe Bedeutung dahinter steckt? Ach, da steckt gar nichts dahinter. Er wollte mich damit einfach nur grüßen. Das wird's wohl sein. Er wollte mir nur mal „Hallo" sagen. Genau.

Trotzdem zittern meine Hände ein bisschen, wenn ich die Karte festhalte. Warum tut er mir das an? Ich hab in letzter Zeit ganz selten an ihn gedacht und jetzt? Jetzt ist alles wieder da, die Gefühle, die Wünsche, die Träume.

Oh Jesus – warum kannst du mir nicht einfach sagen, dass das mit Chris sowieso nichts wird? Dann könnte ich sofort abschalten, sofort! Aber so? Wenn du wenigstens irgendwie Stellung dazu beziehen würdest! Stattdessen lächelst du nur still vor dich hin, als wolltest du sagen: „Wart's ab, Schätzchen. Vertrau mir und ich bring dich da durch." Mein Gott, manchmal verstehe ich dich echt nicht. Du bist so seltsam. Aber ich hab dich lieb. Danke für den Tag und gute Nacht, Herr. Amen. (00.37 h)

Sonntag, 13. März
Immer noch herrliches Wetter.

Mara und Rüdiger saßen heute Morgen ziemlich zerknautscht in der Kirche. Betty hatte sie belatschert, die Nacht bei ihr zu pennen. Oh Mann! Wann sollen die beiden sich eigentlich mal zurückziehen und ein bisschen für sich sein? Mara hat mir nach dem Gottesdienst von einer Überraschung erzählt, die mich auch überrascht hat. Chris wird in zwei Wochen 18 und seine Familie ist auf die Idee gekommen, für ihn eine Überraschungsparty zu geben. Tja, und deswegen hat mich Mara gefragt, ob ich und noch ein paar Leute nicht Lust hätten, in zwei Wochen in die Schweiz zu kommen. Rüdiger hätte gerne für uns den Chauffeur gespielt, aber gerade an diesem Wochenende kann er nicht.

Betty hat sofort in die Kirche gekreischt, so laut, dass es an den Wänden widerhallte: „Hey! Ich kann doch fahren! Mara, dann sehen wir uns schon in zwei Wochen wieder! Wer will außer Eva noch mitkommen?"

„Halt, halt!", hab ich sie dann lachend beschwichtigt. „Ich muss erst mal meine Eltern bearbeiten. Du weißt doch, wie eng die das mit Freizeiten und Wegfahren und so sehen. Kannst du dich daran erinnern, wie lange ich betteln musste, bis ich mit ins Sauerland durfte?"

Betty hat daraufhin nur wieder ihr fettes Lachen aufgesetzt und gemeint: „Ach was, Eva! Das kriegen wir schon hin. Wenn die wissen, wer die Strecke fährt, dann haben sie bestimmt nichts dagegen. Die kennen mich doch."

„Eben", hab ich dann still in mich reingeseufzt.

Und jetzt sitz ich hier rum und überlege mir 'ne Taktik, wie ich das meinen Parents beibringen soll. Am besten muss vorher alles bin ins Detail geplant sein, sodass sie gar keine Chance für Einwände haben, und dann muss ich mir nur noch 'nen günstigen

Zeitpunkt aussuchen. Aber der muss möglichst bald sein, sonst sagen sie wieder, das wäre alles zu spontan. Ha! Dann sehe ich Chris in zwei Wochen wieder! Nur noch zwei Wochen! Yeah! Dann kann ich endlich sehen, ob ich immer noch in ihn verknallt bin oder ob das alles nur Wunschdenken war. Nur noch zwei Wochen! (21.50 h)

Montag, 14. März
Frühlingsanfang und schon hat sich die Sonne wieder verpisst. Von einem Tag auf den anderen gab's voll den Wetterumschwung. Es regnet und regnet und regnet und regnet. Zum Kotzen!

Das mit der Schweiz hat sich gegessen. Seitdem Mama nichts mehr trinkt, sind sie und Paps ein Herz und eine Seele. Das ist ja ganz schön, aber müssen die ihre neu gewonnene Einheit gleich gegen mich richten?

Ich hab heute Mittag einen ziemlich günstigen Zeitpunkt erwischt, sie zu fragen. Dachte ich zumindest. Sie waren beide voll gut drauf und haben mit mir rumgespäßelt. Ich kam mir vor, wie in 'ner ganz normalen Familie. Nachdem ich sie gefragt hatte, kamen aber auch die Einwände ganz normaler Eltern. Mist. Sie meinten, sie würden es Betty nicht zutrauen, die ganze Strecke alleine hinunterzufahren. Wenn noch jemand zum Abwechseln dabei wäre, hätten sie vielleicht weniger was dagegen. Gut. Den Einwand kann ich verstehen, bis nach Zürich ist es wirklich weit, beinahe tausend Kilometer, schätz ich mal. Aber wer könnte noch mitfahren? Von uns hat doch keiner 'n Führerschein.

Tja, können wir das Ganze also schon nach einem Tag Vorfreude knicken. Von wegen nur noch zwei Wochen! Was soll's, muss ich wenigstens nicht mehr so oft an Chris denken ... (22.01 h)

Dienstag, 15. März
Attila geht mir so was von auf den Senkel! Hat mich wie immer angerufen und war total beleidigt, weil er mich übers Wochenende nicht erreicht hat. Hab ihm erzählt, dass ich Samstag bei

Betty war und Sonntag und Montag einfach keinen Bock aufs Telefonieren hatte. Danach war er noch mehr eingeschnappt. Ich hätte ihn am Samstag ja auch fragen können, ob er mit zu Betty will, und ich solle es nur sagen, wenn ich keinen Bock mehr hätte mit ihm zu telefonieren, dann würde er sich nie wieder melden.

Wollte gerade anfangen, mich zu entschuldigen, als mir einfiel: „Wofür denn eigentlich? Wozu rechtfertigst du dich? Du hast ihm nicht versprochen, jeden Tag für ihn Zeit zu haben."

Das hab ich ihm dann auch gesagt und dass ich finde, dass er unsere Freundschaft ein bisschen zu eng sieht. Danach hat er gar nichts mehr gesagt. Ich dachte schon, gleich fängt er an zu flennen, aber dann hat er sich geräuspert und kühl gepiepst: „Okay. In Ordnung. In Ordnung, Eva. Ist gut. Dann weiß ich ja jetzt, woran ich bin."

„Ja, wenne meinst ...", hab ich verwirrt gemurmelt.

Dann hat er sich verabschiedet und aufgelegt. Versteh ihn nicht, echt nicht. Was sollte denn das wieder? Viel zu sensibel, der Typ. Obwohl sensible Männer eigentlich klasse sind. Wenn sie nicht gerade so übertrieben sensibel sind wie Attila. So wie Chris müsste mein Traummann sein, so ein bisschen sensibel und ein bisschen cool, nicht zu weich und nicht zu stark. Er müsste mir alle Wünsche von den Augen ablesen und gleichzeitig nicht immer gleich springen, wenn ich was von ihm will. Genau. So einen will ich. Ich glaube, Chris kommt dem schon recht nahe, oder? Neiiiii-in! Fang ich schon wieder damit an! Schluss jetzt! (22.54 h)

Mittwoch, 16. März
War nicht in der Teestube, war zu deprimiert. Hab meine Eltern noch mal versucht zu überreden, hat aber nichts genützt. Attila hat mich nicht angerufen, ist wohl immer noch eingeschnappt. Hanna ist schon den dritten Tag nicht in der Schule gewesen, weil sie immer noch krank ist. Zum Telefonieren geht's ihr zu schlecht, sagt ihre Mutter und draußen regnet es noch immer zum Überlaufen. Aaaaaaaahhhhhh! (21.32 h)

Donnerstag, 17. März
Regen, einsam, keine Freunde, keine Liebe, keine Schweiz. (21.57 h)

Freitag, 18. März
Letzter Schultag, Regen, einsam, keine Freunde, keine Liebe, keine Schweiz. (23.04 h)

Samstag, 19. März
Erster Ferientag, Wochenende, freie Zeit, Regen, einsam, keine Freunde, keine Liebe, keine Schweiz – aber Gott. (23.21 h)

Sonntag, 20. März
Gott ist toll! Gott ist zum Abknutschen super! Gott ist irre! Er ist fantastisch, perfekt, so lieb, immer da, klasse, jippiehmäßig jeah! Die Sonne scheint wieder und das so warm wie noch nie in diesem Jahr. Die Blüten vom Kirschbaum vor unserem Haus gehen so langsam auf und schauen aus wie Schnee mit kleinen roten Küsschen drin.

Die Predigt war ausnahmsweise mal gut: Über Frühlingsgefühle im Glauben, dass man einen Neuanfang machen sollte, neu in Gott erwachen sollte. Hab mich voll angesprochen gefühlt und kam mir vor wie unser Kirschbaum. Ich hab Gott mein Leben noch mal neu gegeben, aber so richtig, mit all meinen Sorgen und Träumen und Wünschen, die ich so habe. Beziehungsweise: hatte! Hab dann so einen echten Frieden in mir gespürt. Ich musste nicht mehr darum kämpfen, dass mir alles am Arsch vorbei geht oder meine Gefühle herunterdrehen, um so was wie Sorgen nicht mehr zu empfinden. Es kam alles ganz automatisch. Gott hat mir voll die Ruhe geschenkt. Ich seh jetzt alles viel lockerer und fühl mich nicht mehr so alleine. Und dann hat er mich noch mehr überrascht.

Nach dem Gottesdienst hat mir jemand auf die Schulter getippt und sich entschuldigt. Der große kleine Attila meinte, er hätte sich echt „infantil" benommen und ich solle ihm sein blödes Klammern verzeihen. Mit „infantil" konnte ich zwar nichts anfangen, aber klar hab ich ihm verziehen. Ich war so glücklich, einen Freund zurückzuhaben, dass ich mich ihm um den Hals geschmissen und ihn gedrückt habe.

Attila war auch glücklich, glaube ich. Er hat gestrahlt wie ein Elefant, der 'nen Sonnenbrand auf'm Rüssel hat. Ha! Vielleicht hat das ja was mit „infantil" zu tun? Elefant und infantil klingt doch recht ähnlich. Ich sollte mir das für ein Gedicht merken: Attila ist wie ein Elefant, hat auf'm Rüssel 'nen Sonnenbrand.

Hanna kam dann auch noch in die Kirche und weil ich so gut drauf war, bin ich gleich auf sie zugepest und hab sie umarmt. So richtig feste, dass ihr gar nichts anderes übrig blieb, als sich von mir drücken zu lassen. Danach hat sie ziemlich blöd aus der Wäsche geguckt, musste aber über mein „verliebtes Gesicht", wie sie es nannte, lachen und hat mich zurückgedrückt.

Ich hab sie dann nach ihrer Krankheit gefragt. Was sie genau gehabt hatte, wollte sie uns nicht so recht verraten, hat sich rausgewunden mit Sätzen wie: „War halb so wild. War eben 'n bisschen daneben. Hab im Bett gelegen und viel gelesen."

Na ja, wenn sie eben nicht will ... Hat meinen Gefühlen keinen Abbruch getan. Ich muss Hanna so lieben, wie sie ist. Wenn sie sich verschließen will, ist das ihre Entscheidung. Ich mag sie jedenfalls.

Und dann kam der absolute Hammer! Ich hatte mich schon gewundert, warum Attila und Hanna erst nach dem Gottesdienst gekommen waren, aber Betty, die mit ihrem pinken Corsa um die Ecke gehustet kam, hat mich dann aufgeklärt. Sie schmiss elegant die Autotür hinter sich zu und hüpfte wie ein mit Luft gefüllter Medizinball auf uns zu.

„Hey! Habt ihr Eva schon von dem Attentat erzählt?", fragte sie außer Atem.

Attila und Hanna grinsten wissend und ich lachte unwissend. „Was denn?"

Ich kam gar nicht dazu, die zwei Wörter richtig auszusprechen, als Betty losprudelte: „Es geht alles klar, Eva. Attila hat am Freitag auch die praktische Prüfung bestanden und darf jetzt Auto fahren."

„Schande, das hab ich ja total vergessen! Entschuldige, Attila. Gratuliere!"

Dann hab ich ihn noch mal gedrückt und er hat wieder so komisch gestrahlt, während mir Hanna einen Blick zuwarf, den ich nicht deuten konnte. Doch bevor ich sie deshalb fragen konnte, hat Betty schon weitergeschwafelt: „Ja, und Attila würde am nächsten Wochenende gerne mit in die Schweiz fahren."

Meine Stimmung ist dann trotz Gottes Frieden ein bisschen gekippt und ich meinte monoton: „Na, dann viel Spaß."

„Und weil Attila seinen Führerschein hat, sind wir nun zwei Fahrer. Wir können uns abwechseln."

Wow! Daran hatte ich überhaupt nicht gedacht. Aufgeregt meinte ich: „Mensch! Jetzt müssen wir nur noch meine Eltern bequatschen!", bis mir resigniert einfiel: „Aber das ist ja schon in vier Tagen! Das wird ihnen zu schnell gehen. Das können wir vergessen."

Dann haben die drei den Kopf geschüttelt und gelacht. Betty meinte dann: „Höhöhöhö, Quatsch! Was meinste denn, wo wir drei eben waren, während du im Gottesdienst gehockt hast? Höhöhöhhöhö!"

„Wir waren bei deinen Eltern und haben sie so lange bekniet, bis sie Ja gesagt haben. Es ist alles geritzt. Donnerstag geht's los und dann siehst du, äh, sehen wir Chris wieder", meinte Hanna breit lächelnd.

„Ja – und Mara sehen wir auch wieder!", rief Betty begeistert.

Was für ein Tag! Ich fass es immer noch nicht. Unglaublich! Was habe ich doch für einen wunderbaren Gott! Und hinterhältig ist er auch ein bisschen. Lässt mich ihm erst mein Leben neu geben und schenkt mir dann eine Fahrt in die Schweiz. Ich bin richtig verliebt in Gott.

Und wunderbare Freunde hab ich auch. Jetzt sind es nur noch vier Tage und dann fahren Betty, Hanna, Attila und ich in die Schweiz! Dieselbe Besetzung wie im Sauerland. Sam wär auch gerne mitgekommen, muss aber übers Wochenende arbeiten. Die drei haben sich mal wieder drüber ausgelassen, dass sie es echt panne finden, dass Sam keinem verrät, wo er arbeitet. Betty meinte in ihrer nüchternen, prolligen Art, Sam hätte echt 'ne Macke und müsste mal in psychiatrische Behandlung, worauf ich still vor mich hin grinste und Attila komischerweise auch. Wollte gerne Ronny von all dem erzählen, aber sie ist ganz spontan mit ihrer Oma weggefahren. Wohin konnte mir ihr Vater nicht sagen. Das ist 'ne Flocke! Hätte mir ja vorher mal ihre Adresse geben können, damit ich ihr wenigstens schreiben kann. Yeah, yeah, yeah! Nur noch vier Tage. Chris, ich komme! (00.13 h)

Montag, 21. März
Nur noch drei Tage. Dann komme ich. Hallo Schweiz, hallo Chris! (23.57 h)

Dienstag, 22. März
Nur noch zwei Tage. Werde langsam nervös. Mit was für einer Einstellung soll ich da eigentlich hinfahren? (23.09 h)

Mittwoch, 23. März
Nur noch ein Tag, dann isses so weit! Ich werde einfach ich sein und mit Gott zusammen da durch gehen. Ich mach mir keine Hoffnungen, erwarte nichts als Freundschaft und freue mich, mal wieder mit Chris abzuhängen. Keine Träumereien mehr. (00.11 h)

Donnerstag, 24. März
Morgen! Morgen geht's los. Oder besser heute. Ist ja schon nach zwölf Uhr. Bin so nervös, dass ich nicht schlafen kann. Noch vier Stunden, dann fahren wir. Oh je, oh je, oh ja! Trotzdem keine Träumereien mehr. Jawoll. Locker bleiben, Mädel, locker bleiben! (0.07 h)

Freitag, 25. März
Es ist jetzt vier Uhr und etwa vor zwei Stunden sind wir hier bei Kaisers angekommen. Wir sind so was von am Ende! Die Fahrt war anstrengend und auch ein bisschen witzig. Wenn Betty nicht

gerade selbst gefahren ist und permanent „Ei uill oll ueyyyyss laaaahw-ä-juhhhhh" gesungen hat (sie hat sich das Lied gleich mehrmals hintereinander auf eine Kassettenhälfte aufgenommen), hat sie im Beifahrersitz gehangen und so laut geschnarcht, dass ich meinen Schlaf unmöglich nachholen konnte.

In Bayern haben wir zwei Stunden Pause bei Hannas Omi gemacht, da konnte ich dann ein bisschen dösen. War auch ganz gut für Attila, der so eine lange Fahrt ja noch nicht gewöhnt ist. Den Rest der Strecke hat er uns chauffiert, während Betty weiter geschnarcht hat. Hoffentlich ist ihr Vorrat an Schnarchen langsam zu Ende, denn wir werden uns jetzt aufs Ohr legen. Betty, ich und Hanna schlafen im Gästezimmer und Attila bei Chris im Zimmer. Weil wir Chris aber erst abends überraschen, pennt Attila den Nachmittag über bei uns. Und der schnarcht auch nicht gerade wenig. Oh je!

Chris' Eltern sind echt supernett und lieb. Haben uns erst mal bewirtet und dann das absolut bequem und gemütlich eingerichtete Haus gezeigt, während Faith, das bekloppte Tier, uns schwanzwedelnd und völlig aus dem Häuschen hinterhergerannt ist. Die Einrichtung besteht aus einer Mischung von alten Möbeln und Ikea-Design, mit kleinen Ecken zum Hinsetzen und Entspannen. Viele Kissen, viele Bücher, viele Pflanzen, viele große Fenster, viel helles Holz, hohe Decken, knarrender Fußboden. Bis später dann, du schönes Haus. (16.11 h)

Nachtrag: Und dieser knarrende Fußboden hat mich verraten. Ich wusste zwar, dass Chris gegen halb sechs von der Arbeit nach Hause kommen würde und wir uns dann noch 1½ Stunden verstecken müssten, bis die Überraschungsfete anfangen sollte, aber wir hatten keine Uhr im Gästezimmer und alle anderen haben noch geratzt, als ich aufgewacht bin und dringend mal aufs Klo musste. Noch total verpennt hab ich vergessen, wo das Klo war (direkt nebenan), und konnte mich nur noch an das Bad eine Etage höher bei den Kinderzimmern erinnern. Da hab ich mich dann auch seufzend hingequält, genervt über die seltsamen Stufen der langen

Treppe. Die Stufen sind so schmal, dass man die Füße seitlich draufstellen muss, sonst legt man sich lang.

Also hab ich mich vorsichtig hochgeschlichen und mich im Bad erst mal im Spiegel gemustert. „Toll. Du siehst einfach umwerfend aus!"

Meine Haare, die ich beim Schlafen eigentlich immer flechte, weil ich sie sonst nicht mehr bürsten kann, hatte ich natürlich offen gelassen und durch meinen unruhigen Schlaf und mein Herumgewühle völlig verknotet und fast toupiert. „Na, is ja egal. Chris siehst du sowieso erst später, bis dahin kriegst du das schon wieder hin", hab ich mich beschwichtigt.

Dann fiel mein Blick auf meine Klamotten. Ich hab nicht viele schöne Sachen, meistens bin ich eine Königin im Kombinieren und Zusammenwürfeln von Dingen, die eigentlich nicht zusammenpassen, aber für Chris hatte ich heute extra meine einzigen einigermaßen „normalen" Klamotten angezogen. Meine weite, grüne Baggyhose (von Aldi) war ein bisschen viel zerknittert und mein weißes, enges T-Shirt von Esprit (im Sommerschlussverkauf – nur 19,95 DM) hatte einen fetten Schlafsabberfleck mitten auf der rechten Brust. „Gut – das kriegst du auch noch in den Griff, bis du Chris siehst. Das trocknet wieder", hab ich mich beruhigt.

Dann musste ich mit Entsetzen feststellen, dass meine linke Socke rechts von meinem großen Zeh durchbohrt wurde. „Okay, okay, du ziehst einfach andere Socken an oder Schuhe drüber. Cool bleiben, Eva, cool bleiben."

Und dann hab ich mir ins Gesicht geguckt. Nicht dass meine viel zu dunkel getönten Gläser von meiner schwarzen Nickelbrille meine tiefen Augenringe noch betont hätten – nein! Sie machten erst recht auf die verschmierte, schwarze Wimperntusche aufmerksam, die ich durchs Augenreiben vor dem Schlafen schön um meine Glubscher verteilt hatte. „Na ja, das lässt sich regeln – jetzt biste schon mal im Bad, da kannste dich auch gleich waschen."

Gesagt, getan. Aber so einfach ging das Zeug ohne Creme nicht weg. Ich musste stundenlang reiben und rubbeln, bis es runter war. Dafür hatte ich jetzt ein krebsrotes, verquollenes Gesicht.

„Hmmmm ... Besser als vorher", brummelte ich zu mir selbst und beruhigte mich damit, dass die Schwellungen schon wieder abklingen würden, bis ich Chris treffen würde.

Genauso müde wie vorher wollte ich dann die Treppe wieder runterkriechen, um mich noch mal lang zu machen, als ich eine Stimme hörte, die mir sehr wohl bekannt vorkam. „Hallooo, Leute! Bin zu Hause! Wo bleibt die Geburtstagstorte? Man wird nicht alle Jahre achtzehn! Ey! Wo seid ihr denn alle?"

Die Haustür fiel zu und nichts rührte sich, die ganze Family war damit beschäftigt, im Erdgeschoss alles für die Fete klar zu machen.

„Mist", murmelte ich zu mir selbst. Dabei muss ich mein Gewicht geringermaßen auf einen anderen Fuß verlagert haben, denn der Fußboden fing an zu knarren.

„Ach? Seid ihr oben? Ihr werdet doch wohl keine Feier in meinem Zimmer anzetteln, hä? Das ist mein Privatbereich, ihr Frettchen! Aber was soll's – dann mal her mit der Geburtstagstorte."

Ich konnte deutlich hören, wie er seine Jacke und die Schuhe auszog. Ich musste schnell handeln. Das Einzige, was ich machen konnte, damit er mich nicht vor der Überraschungsfeier zu Gesicht bekam, war: so schnell wie möglich die Treppe runter stürmen, im Gästezimmer verschwinden und die Tür abschließen. Klar würde er das hören, aber vielleicht würde er mich für Mara oder sonst wen halten, die sich mit einem Geschenk im Gästezimmer versteckt.

„Jetzt oder nie!", dachte ich und rannte auf die Treppe zu. Blöderweise hatte ich aber vergessen, dass die Stufen so schmal sind, und kam bei meinem Dauerlauf über die Treppe schnell ins Schleudern.

„Ha! Hab ich euch!", hörte ich es noch und dann seine rennenden Füße, während ich die Treppe herunterschlingerte.

„Ich kann's noch schaffen!", motivierte ich mich, aber ausgerechnet bei der drittletzten Stufe verhakte sich mein Fuß und ich sah mich schon in Zeitlupe auf dem Holzboden vor seinen Füßen landen. Stattdessen rannte er um die Ecke, direkt auf die

Treppe zu, nahm gleich zwei Stufen auf einmal und wir knallten voll ineinander.

„Wummms!"

Chris brachte nur ein „Hoppla" heraus, während ich aus vollem Herzen tonlos „Scheiße!" sagte.

„Das ist ja 'ne schöne Geburtstagstorte!", meinte er völlig verdattert und rieb sich die Rippen.

Mir wurde bewusst, was eben passiert war, und ich hob den Zeigefinger an meine Lippen. „Pssssscht!"

Irritiert flüsterte er: „Was machst du denn hier?"

Ich flüsterte seufzend zurück: „Die Treppe runterfallen, siehst du doch."

Wir saßen beide immer noch auf dem Boden, wo wir nach unserem Zusammenprall gelandet waren. Ich stand auf und er schaute grinsend zu mir hoch: „Ich sag dir doch immer wieder, du sollst nicht in den Schnee fallen."

Ich warf ihm scherzhaft einen bösen Blick zu: „Blödbacke! Hier liegt kein Schnee." Dann erklärte ich ihm ernster: „Hör zu, eigentlich sollte ich Teil einer Überraschung sein, aber die hab ich jetzt vollends versaut."

In diesem Moment rief Chris' Mutter von unten: „Alles klar, da oben? Chris, bist du schon zu Hause? Wir haben dich gar nicht kommen gehört. Happy Birthday, mein Schatz. Komm aber bitte erst um sieben Uhr runter, wir haben eine kleine Überraschung für dich."

„Ist gut, Mama."

„Ist auch wirklich alles in Ordnung? Da war doch eben so ein Knall. Du bist doch nicht etwa die Treppe runtergefallen?"

„Ich nicht", sagte er lachend, während er sich wieder aufrappelte. Dann sah er mein flehendes Gesicht und meinte: „Äh, ich meine: *Ich* doch nicht. Ich kenne die Treppe doch in- und auswendig. Das war wohl die Haustür, die so geknallt hat."

„Gut, Schatz, dann bis später."

Puh! War ich erleichtert. „Danke. Und äh: Herzlichen Glückwunsch", flüsterte ich ihm entgegen.

Er zwinkerte mir zu und flüsterte zurück: „Na, bis später dann, du Geburtstagstorte. Scherz!" und verschwand die Treppe hoch.

Ich sah ihm hinterher und – tut mir ja wirklich Leid, aber ich musste einfach gucken – er hat sich wirklich zum Positiven verändert: Sein Körperbau ist nicht mehr so schlaksig wie noch vor einem Jahr, er ist richtig eckig geworden und sein Po ... äh ja: ist halt auch ausgebildeter als vorher. Ja, hm.

Er muss wohl gemerkt haben, dass ich ihm noch hinterhergeschaut habe, denn als er oben angekommen war, ist er noch mal stehen geblieben, hat mich von oben bis unten gemustert, hat gewunken und ist dann verschwunden. Erst da ist mir meine Erscheinung wieder eingefallen. Oh Mann! Ich werd sogar jetzt noch rot. Echt 'n toller Auftritt, Eva. Ich glotz ihm wie ein einziges Hormonpaket auf den Hintern und sehe selbst aus wie ein verwitterter, hässlicher Besenstiel. Ich schäm mich so. Und die ganze Überraschung hab ich auch versaut.

Obwohl – nicht so ganz. Chris war doch echt überrascht, als wir vier auf der Party aufkreuzten. Er wusste ja schließlich nur von mir und nicht von Attila, Hanna und Betty.

War ein schöner Abend! Mara hat mir voll die schönen Klamotten geliehen, weil mein Sabberfleck sich doch nicht mehr verziehen wollte, und meine Haare hab ich auch noch gebändigt gekriegt. Sie sahen durch das vorherige Zerzausen sogar noch voller aus als sonst. Endlich mal keine „Spagettihaare".

Hatten viel Fun. Kam aber kaum dazu, mal mit Chris alleine zu sprechen, Attila war immer dabei. Ein Tag voller Überraschungen. Überraschung für Chris, Überraschung für mich, dass ich in ihn hineinfalle, und Überraschung für uns alle, weil Kaisers am Montag für zwei Wochen mit nach Deutschland fahren. Das war noch ein Geburtstagsgeschenk von seinen Eltern für Chris. Damit er mal wieder mit seinen Freunden zusammen sein kann. Der hat sich vielleicht gefreut! Hat alle ganz dolle gedrückt, sogar mich.

Echt komisch. Das war keine normale Umarmung, wie er mich sonst begrüßt, sondern so richtig nah. Ich hab seinen ganzen Körper an meinem gespürt. Uaaah. Selbst jetzt läuft mir noch eine

Kolonie Ameisen über den Rücken. Mir ist voll schwindelig geworden. Aber ich will ja nicht mehr träumen, jawohl! Schließlich hat er die anderen genauso fest umarmt wie mich. Geh jetzt schlafen, sonst kann man mich morgen begraben. (01.45 h)

Nachtrag 2: Man kann mich begraben! Konnte nicht einschlafen. Betty hat mal wieder einen Rekord im Schnarchen aufgestellt. War tierisch laut. Muss mal gucken, ob ich für morgen Nacht irgendwo Ohrstöpsel herkriege oder ob Betty nicht lieber bei Mara im Zimmer schlafen will. Wundert mich eh, dass sie heute nicht schon bei ihr gepennt hat. Im Gästezimmer rumzuliegen und die Decke anzuglotzen war auf Dauer nicht so unterhaltsam, also bin ich ein bisschen durchs Haus gegeistert. Da der knarrende Holzboden aber bestimmt bald jemanden geweckt hätte, hab ich mir meinen ausgefransten Ledermantel und meine Boots übergeworfen und bin nach draußen gehüpft.

Das war vielleicht schön! Es ist hier gar nicht so kalt. Chris hat gemeint, hier läge im Winter genauso wenig Schnee wie bei uns. Die Berge sind zwar schnell verschneit, aber in Zürich an sich ist Schnee, der länger liegen bleibt, schon ungewöhnlich. Auf jeden Fall konnte man es draußen ganz gut im Schlafanzug mit Mantel drüber aushalten. Die Luft war zum Schneiden klar und irgendwie würzig, so als wäre man am Mittelmeer. Ich würde mir gerne ein paar Liter Luft mitnehmen. Herrlich. Und erst der Himmel! Ich glaube, so viele Sterne habe ich noch nie gesehen! Selbst die ganz kleinen konnte man sehen – und meinen Lieblingsstern. Hab's mir auf einer Holzbank vor dem Haus gemütlich gemacht und meinen Gedanken freien Lauf gelassen.

Und dann kam er. Hab ihn gar nicht kommen gehört, muss wohl eingenickt sein. Er fragte mich sanft: „Ist hier noch frei, schöne Toilettenfrau?"

Erst hab ich mich ein bisschen erschrocken, weil er vorgebeugt nicht weit vor meinem Gesicht stand und ich ihm noch nie so direkt in die Augen gesehen habe. Beschämt drehte ich den Blick zur Seite und hüstelte leise: „Ja, natürlich. Setz dich."

Die Bank ist groß und lang. Trotzdem setzte er sich direkt neben mich, so dass ich seine Silhouette nicht sehen, sondern nur spüren konnte. Wir schwiegen uns an und schauten auf die Sterne. Irgendwann beugte er sich vor, legte seine Arme auf seine Knie und schaute mich an. „Ich weiß, das klingt verrückt", fing er ruhig an, „aber ich hab mir mal einen Lieblingsstern ausgesucht, einfach nur so."

Mir wurde heiß und kalt gleichzeitig. „J-a-a-a?", brachte ich stotternd hervor, räusperte mich und sagte dann in einem möglichst gleichgültigen Ton: „Ich hab mir auch mal einen ausgesucht."

„Ich weiß", sagte er lächelnd und zeigte auf meinen Stern. „Diesen da, der kleine helle, über den anderen dreien, oder?" Ich blickte sprachlos seiner Hand hinterher, auf den Stern. Er fuhr fort: „Es ist auch mein Lieblingsstern." Ich schaute ihn völlig durcheinander an und er fing an zu lachen. „Du weißt, was das heißt, schöne Toilettenfrau?" Er näherte sich meinem Gesicht, berührte mit seiner Nase fast meine und meinte leise: „Wir sind füreinander bestimmt. Gott hat das von Anfang an so geplant. Und jetzt ist der richtige Zeitpunkt, um . . ."

Weiter kam er nicht, denn dann hab ich ihn einfach geküsst. Danach kamen ein paar Monster, die die Sterne geklaut haben, und Chris hat sich in ein Vollkornbrötchen verwandelt, das von Faith gefressen wurde.

Es fing an, nieselig zu regnen, und davon bin ich aufgewacht. Musste feststellen, dass ich ganz allein auf der Bank saß, die Sonne langsam aufging und ich schon am Zittern war, weil ich fast fünf Stunden lang auf der Bank verbracht hatte. „Nichts wie rein, in die gute Stube!", dachte ich, rubbelte mir die Hände, schlang die Arme um den Körper und sprang auf, in Richtung Haustür.

Kaum drin, die Haustür hinter mir zugezogen und mich bibbernd aus dem Wintermantel geschält, kam Chris die Treppe runtergestürmt. (Wie schafft der das bloß, bei den Stufen?) Er rannte mich fast über den Haufen, bremste dann scharf und guckte mich verdattert an: „Sag mal, du bist ja ganz erfroren! Wo kommst du denn jetzt her?"

Ich schaute erst ihn an und dann an mir herunter, wobei ich feststellte, dass er umwerfend gut aussah und nach irgendeinem leckeren Aftershave roch, während ich mal wieder einen erbärmlichen Anblick bieten musste. Ich erwiderte erschöpft und traurig: „Ich komme aus dem Schnee, den es gar nicht gibt, Chris. Den es hier genauso wenig gibt wie bei uns zu Hause", und dann ließ ich ihn einfach stehen.

Diese elende Träumerei! Hat doch alles keinen Sinn! Freu mich, nach Hause zu kommen – noch zwei Wochen und dann sehe ich ihn nie wieder! Dabei hätte ich ihn gerne wirklich geküsst. Aber das wird immer ein Traum bleiben. Ich werde Nonne und ungeküsst sterben. Ich sag ja, man kann mich begraben! (8.30 h)

Sonntag, 10. April
Der letzte Eintrag ist zwei Wochen her und seitdem hat sich viel getan. Es sollte sich herausstellen, dass Hanna mal wieder Recht hatte und ich im gewissen Sinne auch, obwohl andererseits auch nicht. Ich fang am besten von vorne an, bevor ich mich wieder verzettel.

Im Switzerland war es am Anfang noch „äs bitzeli" blöd. Ich hatte Angst, mir wieder Hoffnungen zu machen, und hab total zu gemacht. Bin deshalb Chris aus dem Weg gegangen. Attila ist Hanna aus dem Weg gegangen, weswegen er dauernd an mir gehangen hat wie 'ne Klette. Darum war Hanna fertig und hing mit Chris ab, weshalb *ich* eifersüchtig war, was ich ja eigentlich nicht sein wollte. Voll das komplizierte Durcheinander.

Nur Betty war gut drauf. Sie hatte Mara rund um die Uhr für sich alleine und hat die nächsten Abende auch bei ihr gepennt. Die beiden haben die Nächte durchgemacht, waren aber trotzdem immer gut drauf und fit. Ich und Hanna haben stundenlang deprimiert in unseren Kojen gelegen, auch tagsüber, und haben trotzdem ausgesehen wie getrocknete Heuschrecken.

Nach 'ner Zeit wurde es aber wieder entspannter. Chris hat dauernd versucht, mich in ein Gespräch zu verwickeln, und hat mich teilweise auch gefragt, ob irgendwas nicht in Ordnung sei, ich könnte ihm alles erzählen. Na ja – fast alles, hm? Irgendwann nachts kam ich mir selbst doof vor und dachte: „Na gut. Du weißt, es hat keinen Sinn. Aber du kannst ja wenigstens mit ihm befreundet sein." Außerdem fiel mir auf, dass ich mich schon fast so benahm wie Hanna.

Chris hat mir ziemlich viel von sich erzählt. Zum Beispiel, dass er sich echt einsam fühlt, ohne Freunde, immer nur Arbeit, Familie, Essen, Schlafen. Die „Zürcher" wären wohl einerseits recht aufgeschlossen, weil sie auch kulturell gemixt sind, aber andererseits sind sie doch manchmal ein bisschen alt eingefahren, meinte er. Sie wären zwar alle nett zu ihm, aber er findet keine richtigen Freunde, nur Bekannte. Außerdem fehlt ihm das Beten und der Lobpreis. Es würde wohl schon irgendwo ein paar Christen geben, aber bisher hätte er in der Freikirche keine in seinem Alter getroffen.

Ich war erstaunt, dass er das gerade *mir* erzählt, wo es in Deutschland immer umgekehrt war: Ich hab 'nen Seelenstriptease hingelegt und er hat nur schön seine Witzchen gerissen. Jetzt war es anders: Er erzählte mir permanent von sich und ich offenbarte mich überhaupt nicht mehr.

Wie Hanna. Die hat mich am Sonntagabend auch schon gefragt, warum ich mich gegenüber Chris so kühl verhalten würde. „Er ist so süß zu dir. Schenkt dir die ganze Zeit seine Aufmerksamkeit und bemüht sich um ungestörte Gespräche mit dir. Wenn Attila sich irgendwie nur ein bisschen so benehmen würde, wär ich schon froh. Ich kapier's nicht! Die ganze Zeit bist du scharf auf ihn und jetzt, wo er dir nah sein könnte, blockst du ab. Was ist los?"

Ich hatte nicht die geringste Lust, Hanna schon wieder meine Gefühle preiszugeben, also hab ich nur gesagt: „Keine Ahnung. Ich bin doch völlig normal. Und jetzt lass uns schlafen, ja? Die Fahrt morgen wird bestimmt wieder stressig."

Ich hab die halbe Nacht wachgelegen und darüber nachgedacht. Nach ein paar Stunden Grübelei hab ich mich mal wieder nach draußen geschlichen und wollte es mir auf der Holzbank gemütlich machen. Vorsichtshalber hatte ich diesmal meine Bettdecke mitgenommen. Die Holzbank war allerdings schon besetzt. Da hockte Chris in seiner Bettdecke und schlief. Leise wollte ich mich wieder vom Acker machen, musste dann aber doch meinem inneren Zwang nachgeben und zu ihm hinwatscheln. Mir fiel auf, dass seine Decke halb runtergerutscht war und er bestimmt frieren würde, wenn ich ihn nicht zudecken würde. „Mist!", zischelte ich halblaut. „Warum bist du auch immer so verantwortungsbewusst?"

Ich erzupfte vorsichtig einen Zipfel von der Decke, zog sie langsam über seine rechte Schulter und wollte mich gerade umdrehen, als er mein Handgelenk ergriff. „Hallo, schöne Zudeckfrau." Er gähnte und grinste mich an.

„Du hast also nur so getan, als ob du schläfst?", wollte ich wissen, mich fragend, ob ich das witzig finden sollte oder nicht.

Ernst meinte er: „Doch, ich hab ein bisschen geschlummert. Ich bin erst aufgewacht, als du die Bettdecke angefasst hast."

„Apropos anfassen. Äh: Könntest du mal mein Handgelenk loslassen?"

„Nein, erst wenn du dich setzt", sagte er gespielt aggressiv und wedelte mit der anderen Hand drohend in der Luft herum.

Ich lächelte und meinte: „Und was ist, wenn ich mich nicht setze?"

„Na komm schon", bettelte er statt einer Antwort und guckte mich übertrieben schmollend an.

„Okay." Ich setzte mich neben ihn und kuschelte mich in meine Decke. „Warum bist du eigentlich hier draußen?", fragte ich.

„Willst du die Wahrheit hören?", fragte er zurück und guckte mich ernst an.

„Klar. Raus damit."

Es kam raus: „Ich konnte nicht schlafen. Ich mach mir Sorgen. Um dich. Du bist so cool geworden. Das passt gar nicht zu dir." Ich schwieg und er redete weiter. „Na ja, und weil ich dich gestern Morgen hier hab reinschleichen sehen, dachte ich, ich kann auch mal eine Nacht hier draußen verbringen. Ist zumindest besser als Attilas Schnarcherei und seine qualmenden Socken."

Ich musste lachen. „Genau deswegen bin ich Freitagnacht auch geflüchtet."

„Weil du dir wegen mir Sorgen gemacht hast?", fragte er verwirrt.

„Neee. Weil Betty so entsetzlich geschnarcht hat."

Er grinste und wurde dann wieder ernst. „Nee, Eva. Jetzt mal ehrlich – was ist los? Zu den anderen bist du nicht so kühl. Nur zu mir. Ich bilde mir das doch nicht ein!"

Gut erkannt, dachte ich und sagte nach einer kleinen Pause: „Ja, du hast Recht, Chris. Ich ... Ich war ziemlich blöd zu dir, tut mir Leid. Darüber hab ich heute Nacht auch nachgedacht und mich gefragt, warum ich so zu dir bin und, äh ... deswegen konnte ich auch nicht schlafen."

„Na, da haben wir ja was gemeinsam", sagte er lächelnd. „Bist du dann wieder die Alte? Ich fänd's schade, wenn wir morgen alle nach Hause fahren und wir das nicht geklärt hätten."

Ich schaute ihm direkt in seine Teddybäraugen (glaube heute noch nicht, dass ich das so locker geschafft habe) und sagte: „Keine Sorge, Chris. Ich bin wieder die Eva, die du kennst, okay?"

Er strahlte mich an und nickte. Dann zog er seine Stirn in Falten und fragte: „Sag mal – was hast 'n du mit dem Gefasel von wegen Schnee, den es hier und woanders nicht gibt, oder so, gemeint? Du sahst ganz schön fertig aus."

„Ja, ich war nicht gerade eine Schönheit an dem Morgen ..."

Ärgerlich zog er an meinem Zopf „Das meinte ich gar nicht, du blöde Gschwellti (= Pellkartoffel). Du sahst sogar ziemlich süß aus, so zitternd und verpennt. Außerdem redest du dich schon wieder raus! Was war das jetzt mit dem Schnee?"

„Och, äh ... Nur mal wieder ein kläglicher Versuch, poetisch zu sein."

„Ich fand es gar nicht kläglich. Es hörte sich sehr schön an. Traurig zwar, aber schön. Du solltest Gedichte schreiben!"

Ich biss mir auf die Lippen und sagte nach einer kleinen Pause. „Weißt du, bevor wir hier noch einschlafen, sollten wir besser wieder reingehen. Wenn uns morgen einer hier findet, denken die noch wer weiß was."

„Mir ist zwar egal, was andere denken, und mir gefällt es hier, aber Madame Toilettenfraus Wunsch ist mir Befehl."

Also haben wir uns wieder nach drinnen verkrümelt. Bevor ich ins Gästezimmer verschwinden wollte, flüsterte Chris noch: „Danke für die Aussprache. Bitte sei nicht mehr so cool, ja? Das steht dir nicht."

„Versprochen", flüsterte ich zurück und umarmte ihn wie immer zum Abschied. Er drückte mich genauso fest wie am Freitag bei der Feier und ich drückte zurück.

Von da an lief alles besser. Am Montagmorgen haben wir die ganze Zeit rumgeblödelt und uns mit Kleidungsstücken beworfen, die Chris einpacken wollte. Attila wollte wohl auch mitmachen. Nur hat er seine eigenen Klamotten, die er eben erst in seine Reisetasche geräumt hatte, wieder rausgekramt und mich damit bombardiert. Ich hab ihn ignoriert, weil ich ganz damit beschäftigt war, mich gegen Chris zur Wehr zu setzen. Irgendwann hat Attila seine Klamotten wieder vom Boden aufgesammelt, in seine Tasche geräumt und ist still aus dem Zimmer gegangen, aber nicht ohne die Tür mit voller Wucht zuzuschmeißen.

Außer Atem fragte ich: „Sag mal, was war denn das?"

Chris zuckte mit den Achseln und schleuderte mir als Antwort einen Pulli ins Gesicht. Das kam so überraschend, dass ich samt Pulli auf die Schlafcouch flog, auf der eben noch Attilas Tasche gestanden hatte.

Chris kam herüber und schwenkte mit einem weißen T-Shirt. „Waffenstillstand!", rief er und ließ sich außer Puste neben mich plumpsen.

Ich nahm den Pulli vom Gesicht, natürlich nicht ohne noch mal eine kräftige Prise davon einzuschnüffeln, und klaute ihm das T-Shirt. Dann stand ich auf, schmiss es ihm entgegen und brüllte: „Waffenstillstand aufgehoben!"

„Na warte!", brüllte er zurück, rannte aus dem Zimmer und die blöde Treppe herunter.

Ich raste, so gut das bei dieser Treppe eben geht, hinterher und musste zusehen, wie er meinen Rucksack öffnete und meine ganzen Sachen durch das Zimmer verteilte. Mein erster Gedanke war: „Oh nein! Wo hab ich meine Unterwäsche hingetan?" Die steckte zum Glück in einer Seitentasche, die Chris verschont hatte.

So ging das Befeuern weiter, bis ich mir wieder seinen Pulli krallte. „Schluss jetzt!", rief ich total zerzaust und verschwitzt. „Oder ich nehme diesen Pullover als Geisel."

Chris suchte sich in Seelenruhe ein übergroßes Bergmannshemd, das ich das Wochenende über als Schlafanzugoberteil benutzt hatte, aus dem Klamottenwirrwarr, grinste mich an und sagte: „Ich hab auch eine Geisel. Was jetzt?" Er schniefte einmal an dem Hemd und meinte gespielt anzüglich: „Hmmmm. Lecker. Das hast du doch neulich nachts getragen, oder?"

Genau in dem Moment kam Attila rein und schaute uns an wie ein angeschossenes Kaninchen. „Ach so ist das", fiepste er. „Da warst du also letzte Nacht. Verstehe."

Chris und ich blickten uns kopfschüttelnd an und lachten. „Quatsch. Wir haben die Nacht nicht miteinander verbracht", sagte ich.

Chris fügte grinsend hinzu: „Aber beinahe. Scherz."

Attila atmete einmal tief durch und sagte im normalen Tonfall: „Wie ihr meint. Ich wollte nur sagen, dass wir gleich fahren."

Und damit war er verschwunden. „Attila ist wirklich seltsam heute", sagte ich in Gedanken versunken.

„Komm. Mach dir keine Sorgen. Der hat bestimmt nur schlecht geschlafen und ist nervös, weil er gleich wieder Auto fahren muss. Lass uns schnell deine Sachen packen."

Das haben wir dann auch gemacht. Vorher hat er noch schnell sein Shirt ausgezogen und mein Bergmannshemd übergestülpt. „Das ist jetzt meine Geisel und die bleibt auch bei mir!"

„In Ordnung. Aber dafür behalte ich deinen Pulli."

Den Pulli hab ich immer noch und er riecht „stetsfort" ein bisschen nach Chris. Das war alles merkwürdig easy. Dass Chris so ernst und offen mir gegenüber war und dass wir uns so locker und gut verstanden haben. Ich hab mich sauwohl gefühlt, weil ich mal wieder ich selbst sein konnte. Keine Ahnung, warum, aber bei ihm bin ich immer ich selbst.

Auf der Rückfahrt musste ich mir eingestehen, dass ich immer noch in ihn verliebt bin. Jedes Mal wenn das Auto von Kaisers

Bettys Schrottcorsa überholt hat, hab ich mir halb den Hals verrenkt, um Chris sehen und ihm winken zu können.

Die letzte Ferienwoche hab ich dann bei Hanna gepennt. Hatten sturmfreie Bude – ihre Eltern sind zu ihrer Oma nach Bayern gefahren. Haben immer bis spät in die Nacht gequatscht. Natürlich über unser Lieblingsthema, die Liebe. Sie hat sich über Attila bei mir ausgeheult und ich mich über Chris, obwohl es da ja diesmal nicht viel zu heulen gab. Im Gegenteil. Nachdem Hanna mich und Chris tagsüber beobachtet hatte, hat sie das abends analysiert. Sie meinte, alles spräche dafür, dass Chris auch in mich verliebt wäre, und ich musste ihr insgeheim Recht geben. Das erste Merkmal dafür, dass ein Typ auf dich steht, ist, wenn er immer da ist, wo du auch bist. Das heißt: Wenn du irgendwo hingehst, kommt er wenig später nach. Er sucht deine Nähe. Machen wir Frauen übrigens auch nicht anders. War ganz schön schwer für mich, das mal zu testen. Dafür musste ich ihm aus dem Weg gehen, denn sonst hätte er mir ja nicht hinterhergehen können. Chris ist immer nachgekommen. Einmal hätte ich mich fast weggeschrien. Da ist er mir sogar bis zum Bad hinterhergelaufen, ist dann aber an der Tür vorbei in Hannas Zimmer gegangen und mir dann später, nachdem ich aus dem Bad kam, wieder gefolgt. Das sprach also dafür, war aber kein eindeutiges Indiz.

Doch Hanna zählte noch mehr auf: Dass er sich immer neben mich setzte. Dass er so oft es eben ging versuchte, mit mir alleine zu sein. Dass er mit mir flirtete, obwohl ich das eher als ärgern bezeichnen würde. Trotzdem, was Mara gesagt hatte, stand noch im Raum. Chris hat hier nie jemanden geliebt und basta! Außerdem, selbst wenn er in mich verliebt gewesen wäre, wann hätte das bei ihm angefangen? Und wieso?

Letztes Wochenende hat Hanna alle zu einem Videoabend eingeladen. Selbst Sam war da. Hat sich gar nicht verändert. Weder vom Aussehen, noch vom Verhalten. Er hatte Urlaub und so konnte Chris die letzte Woche bei ihm pennen. Hanna und ich haben für Salat gesorgt, Sam und Chris für Getränke, Attila für Schokolade und Chips und Betty mal wieder für die Videofilme.

Natürlich hatte wieder keiner daran gedacht, dass Betty immer dieselben alten Filme anschleppt, also mussten wir kollektiv leiden. Ich bin vorher noch schnell in die Küche geflitzt und hab *Ghost* aussortiert. Musste Betty dann ruhig erklären, dass wir den Film unmöglich gucken können. „Sam rastet aus, das weißt du doch! Danach kommen wir noch nicht mal dazu, auch nur einen einzigen Film zu sehen. Der wird sich die fette Thompsonbibel schnappen, sie uns um die Ohren werfen und uns mit einer Rede nach der anderen zutexten."

Betty war beleidigt und wollte mich gerade zur Schnecke machen, als Chris in die Küche kam. „Ah, da bist du ja, äh: ich hab euch schon gesucht. Gibt's Probleme?"

Betty hat sofort angefangen zu quengeln und sich bei Chris auszuheulen, aber er ist standhaft geblieben und meinte: „Betty, du weißt, dass Eva Recht hat. Sie kann ja auch nichts dafür, dass Sam so 'n Schaden hat. Komm jetzt – du darfst auch den ersten Film aussuchen, ja?"

„Okay", schmollte sie und trollte sich. Wir schmissen uns alle aufs Sofa, Chris links neben mich, und Betty suchte sich ihren Lieblingsfilm, *Bodyguard*, raus. Sam, der rechts neben mir saß, maulte: „Oh, nicht schon wieder!"

Betty fing pikiert an: „Chris hat gemeint, ich darf mir einen aussuchen, schließlich müssen wir wegen dir schon ... Aua!" Chris hatte ihr gegen 's Schienbein getreten.

„Äh, müssen wir schon wegen dir ... äh, ja ...", versuchte ich uns da irgendwie rauszuboxen.

„Müssen wir wegen dir einen absolut widerlichen Knoblauchgestank hinnehmen, Kumpel! Scherz!", rettete uns Chris.

Alle lachten erleichtert. Nur Sam hielt sich die Hand vor den Mund, hauchte und meinte: „Das ist echt übertrieben – so schlimm ist das gar nicht mehr. Außerdem hast du gestern viel mehr von der Pizza verdrückt, Chris. Also wenn du jetzt jemanden küssen wolltest, dann ..."

„Ja, alles klar, Sam! Lasst uns anfangen zu gucken", unterbrach ihn Chris und steckte sich ein Kaugummi in den Mund.

Der Film hat wie so oft meinen kitschigen Sinn für Romantik geweckt. Wie sehr wünschte ich mir einen Mann, der mich beschützt und notfalls sogar für mich sterben würde. Und ich saß direkt neben meinem Schwarm und hab mich benommen wie ein Fußfetischist, der Winterstiefel trägt und Angst vor Fußpilz hat. Ich hab mich so gehemmt gefühlt. Wenn ich mit Sicherheit gewusst hätte, dass Chris was von mir will, hätte ich mich an ihn gelehnt oder so, aber stattdessen hab ich den ganzen Film über kerzengrade in einer total unbequemen Haltung neben ihm gehockt, weil ich Angst hatte, ich könnte ihn irgendwie berühren. Echt krank. Wie Attila, der anstelle Hanna seine Gefühle zu zeigen, Abstand zu ihr hält. Hab versucht, mich auf den Film zu konzentrieren, ist mir aber nicht gelungen.

Als Sam in die Küche wollte, um sich was zu trinken zu holen, ist mir siedend heiß eingefallen, dass ich *Ghost* offen auf dem Küchentisch liegen gelassen hatte. Schnell wollte ich an ihm vorbei in die Küche jumpen. Da ich aber die ganze Zeit so steif wie ein Brikett dagesessen hatte, haben sich meine Gelenke beim Aufsprung irgendwie verknotet und deshalb bin ich voll in Chris' Schoß gepurzelt. Ich hing mit dem Hintern direkt zwischen seinen Knien und schwebte nur noch ein paar Zentimeter über dem Boden. Gott sei wie so oft wirklich von Herzen Dank – mein Sturz hatte Sams Aufmerksamkeit auf sich gezogen. Er kam zurück ins Wohnzimmer und meinte dreckig lachend: „Na, du gehst aber ran!"

Chris lächelte mich an, half mir hoch und sagte: „Ich sag dir immer wieder, du sollst nicht in den Schnee fallen, und was machst du? Beim Telefonieren fällst du vom Bett, beim Verstecken von der Treppe und beim Aufspringen auf mich."

Dass er sich an all das noch erinnern konnte! Doch in dem Augenblick hatte ich keine Zeit zum Nachdenken. Ich spurtete an Sam vorbei in die Küche, versteckte das Video kurzerhand in der Mikrowelle und rief Sam zu: „Was wolltest du denn? Ich bring dir was mit!"

Situation gerettet! Zumindest für diesen Moment.

Später am Abend waren wir alle voll daneben. Betty schlug auf das Klavier ein und dröhnte irgendeinen unverständlichen Text, Hanna tanzte einen seltsamen Tanz dazu, Attila schnarchte laut auf der Couch vor sich hin, ich hockte alleine im Wintergarten und grübelte und Chris war draußen und grübelte.

Nur Sam war einigermaßen ansprechbar. Gelangweilt wanderte er in die Küche und wollte sich Popcorn machen. „Hölle! Das darf doch nicht wahr sein! Aber genau hier gehörst du auch hin, du okkultes Miststück! Du hast schon genug Schaden angerichtet. Ich werde dich zerstören. Die Glut deiner eigenen Aggression soll dich verbrennen!", ertönte seine Stimme kreischend und sich überschlagend aus der Küche.

Attila wurde wach, Hanna hörte auf zu tanzen, Betty ließ das Klavier in Ruhe und ich seufzte.

Sam musste *Ghost* in der Mikrowelle gefunden haben. Ich wollte eben in die Küche schleichen, um meine Tat zu gestehen, als es ohrenbetäubend „Wummmmmms!", machte, sodass die Gläser in der Vitrine klirrten.

Chris kam vor Schreck in den Garten gerannt und klopfte aufgeregt an die Wintergartentür. „Was ist los? Was ist passiert, Eva?"

Ich antwortete geschafft: „Ach, nichts weiter. Sam hat nur mitten in der Nacht den Drang verspürt, ein Video in der Mikrowelle zu zerschmoren."

Mehr brauch ich dazu wohl nicht zu schreiben. Die Tat spricht für sich. Video kaputt, Mikrowelle kaputt und bei Sam war es sowieso nie anders. Hannas Eltern durften sich von Sams Sparbuch eine neue Mikrowelle kaufen. Fühlte mich schuldig, weil ich das Video hineingetan hatte, aber Hannas Eltern haben mir vergeben und mich lachend gebeten, demnächst Sachen vor Sam lieber im Kühlschrank zu verstecken. An der neuen Mikrowelle hängt jetzt ein Schild: „Nur mit essbaren Dingen füllen! Anwendung von Samuel, Sohn der Renate, nicht gestattet, sonst Hausverbot!"

Betty bestand darauf, dass Sam ihr das Video ersetzt, was er bis heute beharrlich verweigert. Deshalb haben sich die beiden ständig in den Haaren, wenn sie sich sehen.

Oh Mann! Echt heftig, der Sam.

Am Montag musste ich mich wieder zur Schule quälen und in meinem eigenen Bett schlafen. Mama war vollkommen zu, als ich Sonntagabend nach Hause kam, und lag nach Alk stinkend auf dem Sofa. Paps lag im Schlafzimmer im Bett und guckte „Traumhochzeit". Wie passend! Ich hab dazu nichts mehr gesagt, Paps einen Gutenachtkuss gegeben und bin in meine Falle gestiegen.

Als ich Montagmorgen an der Bushaltestelle stand, war mir schon etwas mulmig im Bauch ... Sam wohnt nämlich genau gegenüber. Ich hab permanent zu seinem Fenster hochgestarrt, in der Hoffnung, Chris würde vielleicht zufällig rausschauen, war aber nicht so. Die beiden hatten bestimmt die halbe Nacht durchgelabert oder besser: Sam hat die halbe Nacht Chris zugelabert.

Nach der sechsten Stunde war ich so was von fertig, dass ich nur noch geduckt nach Hause krauchen konnte. Meine Kollegin Ibke ließ sich gerade darüber aus, wie unfair die Lehrer wären, dass sie uns schon am ersten Tag so malträtieren, als uns plötzlich Sam und Chris den Weg versperrten. Ibke hat nicht schlecht geguckt, als ich die beiden stürmisch begrüßt und vor allem Chris ein bisschen länger umarmt habe.

„Was macht ihr beide denn hier? Sam, du hast mich doch noch nie besucht."

„Chris wollte mal sehen, wo du dich jeden Tag hinquälst." Chris grinste. „Wir wollten Sie fragen, ob wir Sie nach Hause begleiten dürfen, Madame Toilettenfrau."

Also sind wir zu viert zur Bushaltestelle gelatscht. Sam hat mit Ibke gleich eine Diskussion über das Wort „Kult" vom Zaun gebrochen, weil Ibke mich vorher gefragt hat: „Hast du gestern den *Eins-live Kultkomplex* gehört?"

Sam moserte los, dass er dieses abartige Wort nicht mehr hören könne. „Andauernd heißt es jetzt: ‚Das ist Kult' oder ‚das neue Kultauto' oder ‚Ist das nicht kultig?'. Weiß denn keiner, wie gefährlich dieses Wort ist?" Ibke hat sich vor Sams herumschweifender Hand geduckt und fing an zu kichern. Sam wurde lauter: „Lachst du mich etwa aus? Das ist nicht zum Lachen, das ist zum Aus-der-Haut-fahren!"

„Und wenn du dich weiter so aufregst, dann fährst du auch gleich aus der Haut, bei deiner knallroten Birne", lachte Ibke.

Sam legte daraufhin erst richtig los. Chris zog mich beiseite und meinte: „Das ersparen wir uns besser – lass uns über was anderes reden, ja?"

Dann hat er mich über meinen Stundenplan ausgequetscht. Lange konnten wir uns aber nicht ungestört unterhalten, denn Ibke musste mit 'nem anderen Bus nach Hause. So durften Chris und ich uns die ganze Heimfahrt Sams wütendes Geschwafel anhören: über das Wort „Kult", wie naiv Ibke wär und wie sehr Betty schon durch *Ghost* von dämonischen Einflüssen manipuliert sei.

Als wir zu Hause ausgestiegen sind, hat Chris mich wieder feste gedrückt. „Bis morgen dann", konnte er eben noch hervorbringen, bevor er von dem immer noch grimmigen Sam weggezogen wurde.

Am nächsten Tag war mir klar, was Chris mit „Bis morgen dann" gemeint hatte. Von jetzt an schaute er jeden Morgen aus dem Fenster, winkte mir zu, wenn ich an der Bushaltestelle war, kam dann raus und wartete mit mir zusammen auf den Bus. Wenn er sich von Sam losreißen konnte, hat er mich sogar von der Schule abgeholt. Deshalb hatte er also unbedingt meinen Stundenplan wissen wollen!

In der Schule haben uns die Mädels voll hinterhergegafft. Wohl deswegen, weil so ein unscheinbarer Grünschnabel wie ich mit so einem umwerfenden Typen abhing. Das hat die aufgebrezelten *Orsay*-Frauen genauso umgehauen wie mich. Wenn Chris mich abholen kam, hat Ibke mich jedes Mal ausgefragt, ob das mein Freund sei. „Der ist ja süß! Auf den würde ich auch stehen."

„Ich glaube, jede würde auf ihn stehen", seufzte ich leise und sagte dann laut: „Zwischen uns ist nichts, er ist nur ein guter Freund von mir. Er wohnt in Zürich und ist jetzt nur zu Besuch."

Ibke lachte. „Ja logo. Ihr seid nur gut befreundet. Deshalb holt er dich auch so oft ab, schon klar! Mensch, Eva, bist du blind? Der ist doch voll in dich verschossen. Alleine schon, wie er dich ansieht!"

Bumms. Das traf mich wie eine Splittergranate. Der Gedanke

war gar nicht so abwegig. Hanna amüsierte sich köstlich über mich, als ich ihr davon erzählte, und sagte dann bestimmt: „Eva, wenn du nicht langsam mal handelst, ist er bald wieder weg und dann kannst du's vergessen. Geh doch mal ein Risiko ein und sag ihm, was du für ihn empfindest. Du sagst doch, du kannst über alles mit ihm reden."

Wollte gerne erst Ronnys Meinung dazu wissen, aber die hat sich zwei Wochen von der Schule beurlauben lassen und ist immer noch nicht da. Höchst merkwürdig! Fährt einfach so mit ihrer Oma weg, ohne auch nur irgendjemand davon zu erzählen, und taucht dann nicht mehr auf. Oh, Ronny. Du fehlst mir.

Irgendwann Mitte letzter Woche sind wir ins kleine Kino in der Innenstadt gegangen. Die spielen meistens Klassiker und erfolgreiche, jüngere Filme. Wir haben uns für *Notting Hill* entschieden. Sam hat zwar wieder geknurrt, weil er lieber einen Metzelfilm sehen wollte, aber diesmal haben wir uns gegen ihn durchgesetzt. Haben einfach sein Gelaber ignoriert und uns Karten gekauft – da musste er mitziehen.

Ich war tierisch nervös, denn das Kino ist superromantisch. War ursprünglich mal ein Theater. Hat zwar keinen THX-Sound, aber dafür weiche, alte, rote Opernsessel mit Schnörkeln dran und hinten gibt es sogar Zweisitzer für Liebespaare. Schummerig ist es auch, denn die Beleuchtung besteht nur aus kleinen Schirmlämpchen. *Notting Hill* ist mein Lieblingsfilm und dann sehen wir den ausgerechnet in meinem Lieblingskino! Ich hab mich nicht getraut, auch nur den kleinsten Muckser in Chris' Richtung abzulassen, und er hat auch die ganze Zeit geschwiegen. Trotzdem hab ich mir gewünscht, neben ihm zu sitzen.

Sam, Attila und Hanna sind wie die Wespen um uns herumgebrummt und haben hektisch darüber diskutiert, wer jetzt neben wem sitzt. Chris und ich standen nur da und haben darauf gewartet, dass wir auch endlich mal in die Reihe gehen konnten. Letztendlich saßen wir so da: Attila, Sam, Chris, ich, Hanna. Hanna hatte die Lehne zwischen uns belegt, also wollte ich meinen Ellenbogen auf meine rechte Lehne legen. Da bin ich auf Chris' Arm gestoßen, der ihn schnell wegzog. Den ganzen Film saßen wir da, ohne dass einer von uns beiden seinen Arm wieder auf die Lehne gelegt hat. War sehr unbequem. Fühlte mich wieder wie ein Brikett. Hatten uns eine Tüte Popcorn geteilt. Selbst da hab ich versucht, nicht gleichzeitig mit seiner Hand in die Tüte zu greifen.

Gut, dass ich *Notting Hill* fast auswendig kenne. Hab von dem Film nämlich kaum was mitbekommen. War viel zu sehr darauf konzentriert, Chris nicht zu berühren. Hatte mir gleichzeitig gewünscht, Chris wäre so mutig gewesen und hätte seinen Arm um mich gelegt, wie man das oft in alten Filmen sieht. Der Typ tut so, als würde er sich strecken, und legt dann ganz unauffällig seinen Arm um die Schultern seiner Nachbarin. War aber nicht so.

Auf dem Nachhauseweg durfte ich dann noch demonstrieren, wie unsportlich ich bin. Attila und Hanna mussten einen anderen Bus nehmen und während die beiden gemächlich zur Bushaltestelle liefen, durften Sam, Chris und ich rennen, um unseren Bus noch zu erreichen.

Sam und Chris sind in einem Affenzahn vorgelaufen und ich krauchte langsam hinterher. Irgendwann hat sich Chris fragend zu mir umgedreht. Resigniert schrie ich: „Ich kann nicht mehr. Ich nehm den nächsten Bus. Fahrt ohne mich."

„Ich lass dich doch um diese Uhrzeit nicht alleine", schrie Chris zurück und rannte auf mich zu. Dann hat er mich gepackt und bevor ich's richtig geschnallt hatte, hing ich huckepack an seinem Rücken und wurde holperig zur Bushaltestelle getragen.

„Sorry", sagte ich leise, „ich bin total unsportlich."

„Macht – doch – nichts!", keuchte Chris.

Ich fühlte mich elendig. Dass er im Kino nicht einmal mit mir gesprochen hatte, hat mich völlig gewurmt. „Er liebt dich doch nicht. Findet dich nur nett. Sonst hätte er sich heute im Kino nicht so distanziert", dachte ich.

Ich war echt froh, dass ich Hannas Ratschlag nicht beherzigt und Chris von meinen Gefühlen erzählt hatte. Und dann noch diese peinliche Nummer mit dem Huckepacktragen! Mir ging's so mies, dass ich die ganze Fahrt nichts mehr gesagt habe. Chris hat mich auch wieder nur angeschwiegen und Sam hat uns pausenlos zugequatscht.

Gestern Morgen hatte ich endlich Post von Ronny bekommen. Ihr Brief war zwar persönlich, aber sie hat weder geschrieben, wo sie ist, noch warum. Da stand nur, dass sie sich mit ihrer Oma was ansehen wollte und mir zu Hause Genaueres sagen wird. Ansonsten gehe es ihr gut, weil sie ihren Vater nicht sehen muss. Na, da bin ich ja mal gespannt, was sie zu berichten hat. Ich hab ja auch nicht wenig zu erzählen ...

Auf jeden Fall hat Ronny mir eine *Mädchen* mitgeschickt, in der sie eine Reportage über den ersten Kuss angekreuzt hatte. Ich kam mir richtig blöd vor, das zu lesen, wo andere in meinem Alter schon mit zig Jungs geschlafen haben. Hab die *Mädchen* am Abend aber trotzdem mit zu Hanna geschleppt. Die hatte eine Abschiedsfete für Chris organisiert. Ihre Eltern waren weg und hatten allen erlaubt, über Nacht zu bleiben. Allerdings mit der einen Bedingung, dass Sam der Mikrowelle nicht zu nahe kommt. Betty hatte keine Zeit. Sie ist mit ihren Eltern ins Sauerland gefahren. Also waren wir nur zu fünft. Wurde doch noch ganz witzig. Chris und ich waren wieder lockerer und haben total rumgealbert.

Später hat Sam die *Mädchen* zwischen die Finger gekriegt und die eingekreiste Reportage gefunden. „So, so ... Der erste Kuss. Ist ja interessant, dass du so was ankreuzt, Eva."

Ich blieb cool. „Ja, Leute, sagt mal: Wie war denn euer erster Kuss?"

Sam warf Attila die Zeitschrift in den Schoß, drehte sich um, murmelte: „Das geht euch gar nichts an, das ist meine Sache", und verschwand aus Hannas Zimmer.

„Nicht die Mikrowelle anfassen, Sam!", witzelte Hanna.

„Also um ehrlich zu sein, hab ich das noch nicht erlebt", gestand Chris.

Ich war ziemlich platt. Das hätte ich nicht gedacht, wo er doch schon achtzehn ist und sich die Frauen an zehn Fingern aussuchen kann.

Attila sagte auch recht selbstsicher: „Geht mir genauso."

Hanna und ich nickten und sagten gleichzeitig: „Also noch alle jungfräulich, was das angeht ..."

Haben uns dann zu viert über den Bericht gebeugt und uns über die ersten Küsse mancher Leute amüsiert. Da war zum Beispiel ein Pärchen, das sich mit den Brillen ineinander verhakt hatte. Ich lachte und meinte: „Das Problem werde ich wohl auch kriegen."

Chris sagte: „Wieso? Wenn du jemanden küsst, der keine Brille trägt, wird das schon klappen."

In dem Moment kam Sam brummelnd rein und maulte: „Ich krieg so langsam Hunger. Kann mal jemand die Mikrowelle anwerfen?"

Hanna erbarmte sich und ging mit Sam in die Küche. Ich wanderte ins Wohnzimmer und warf mich mit Attila und Chris aufs Sofa. Die beiden kamen bald auf die Idee, mich zu fesseln und meine Arme zu bekritzeln. Nach einer kleinen Spaßkloppe hab ich sie schließlich gelassen.

Attila nahm einen Kuli und Chris beruhigte mich damit, dass er extra einen wasser*löslichen* Stift nehmen würde. Attila machte sich über meinen linken, Chris über meinen rechten Arm her und ich lachte mich kaputt, weil die Minen unendlich gekitzelt haben. Die beiden haben allen möglichen Quatsch draufgeschrieben und gemalt. Bei Chris durfte der Spruch: „Und fall nicht in den Schnee, Kleines!" natürlich nicht fehlen. Zum Schluss hatte er noch eine freie Stelle, während Attila schon fertig war und mal gucken wollte, was Hanna und Sam so in der Küche treiben.

Chris überlegte hin und her und sagte dann absichtlich theatralisch: „Der Brief von dir war mit einem grünen Stift geschrieben. Ich schreib jetzt auch mit einem grünen Stift, grün wie die Hoffnung. Du hast mir damals was Persönliches anvertraut und ich werde dir jetzt auch was Persönliches anvertrauen, in der Hoffnung, dass du niemals herausfindest, was."

Dann hat er acht komische Zeichen hingemalt und zufrieden gebrummt: „Fertig!"

„Und was soll das jetzt heißen?", fragte ich.

Er sprang auf, fesselte mich los und sagte: „Das ist eine Geheimsprache. Wenn du sie entschlüsselst, geht das entweder gut oder schlecht für mich aus."

Dann hat er sich umgedreht und ist zu den anderen in die Küche gerannt. Ich bin hinterher und hab den anderen die acht Zeichen gezeigt, mit der Bitte, mir die Bedeutung zu verraten. Aber der Einzige, der diese Geheimsprache kannte, war Sam und der wollte mir auf keinen Fall verraten, was es heißt. „Wenn du nicht zu blind bist, müsstest du es schon wissen", meinte er und wechselte konsequent das Thema.

Chris wurde im Laufe des Abends immer stiller und kühler. Ich hab ihn noch mal versucht darüber auszufragen, was die Geheimsprache heißen soll, aber er hat nur genervt geantwortet: „Na, was wohl? Toilettenfrau heißt das. Bist du jetzt zufrieden?"

„Toilettenfrau hat aber mehr Buchstaben, das kann's nicht sein!", rief ich ihm nach, als er den Raum verließ.

So gegen elf Uhr hat Sam sich Chris geschnappt: „Ich glaube, wir müssen uns mal unterhalten, Großer. Sonst fährst du mit leeren Händen nach Hause."

Nachdem die beiden einen kleinen Spaziergang gemacht hatten, ist Chris in den Wintergarten geschlichen und hat nach draußen gestarrt, während Sam noch mal mit Attila rausging. Als die beiden wieder reinkamen, hat Attila sich Hanna gegriffen und mürrisch gemurmelt: „Notfall, Hanna. Komm mal mit."

Als die beiden von ihrer Tour zurückkamen, hab ich sie lachend gefragt, ob wir jetzt eine kleine Völkerwanderung veranstalten würden.

Als Antwort bekam ich nur ein kurzes: „Ja, tun wir. Komm mit, Eva. Es gibt was zu bereden." Hanna sagte mir dann, dass Chris in mich verliebt wäre und das mit hundertprozentiger Sicherheit. Er hätte es Sam verraten, der hätte es Attila gesagt und Attila ihr, damit sie es mir sagt.

„Sicher?", fragte ich ungläubig.

„Jaaaa. Und er hat es dir auf den Arm geschrieben. Acht Buchstaben für: I love you."

„Das könnte doch auch genauso gut Toilettenfrau heißen oder, äh ..."

„Mann, Eva! Die ganze Zeit träumst du vor dich hin und wenn die Realität dich überfällt, schnallst du überhaupt nichts mehr."

Ich konnte es immer noch nicht glauben. Ich schüttelte den Kopf. „Nein, das kann nicht sein. Was ist mit dem, was Mara gesagt hat?"

„Das musst du ihn schon selber fragen. Und jetzt raus mit dir. Du hast nicht mehr viel Zeit. Morgen fährt er wieder nach Hause."

Danach schob sie mich in ihr Zimmer, wo die drei Herren schweigend warteten und mich erwartungsvoll ansahen. Ich guckte von einem zum anderen, quiekte und riss Hanna mit mir aus dem Raum. „Ich kann das nicht!", kreischte ich.

„Aber du musst! Chris ist viel zu schüchtern, um auf dich zuzugehen."

„Und ich? Bin ich etwa nicht schüchtern? Ich hab keine Erfahrung mit solchen Sachen!"

„Okay, okay. Beruhig dich erst mal. Jesus ist ja bei dir. Wir gehen jetzt da rein und ich verwickel Sam und Attila in ein Gespräch. Dann kannst du ganz in Ruhe mit Chris reden, ja?" Ohne auf eine Antwort von mir zu warten, schob sie mich wieder in das Zimmer und wie auf Stichwort fielen Attila, Sam und Hanna in ein angeregtes Gespräch.

Ich setzte mich neben Chris, räusperte mich und fragte leise: „Chris. Sag mir, was du mir auf den Arm geschrieben hast."

Er schien irgendwie traurig und seufzte: „Ach Eva. Das weißt du doch."

„Ich bin mir nicht so ganz sicher. Ich will's hören."

„Lass uns im Wohnzimmer darüber reden", schlug er vor.

Also gingen wir rüber und pflanzten uns auf die Couch. Da hab ich ihn dann ausgequetscht wie eine Interviewerin einen Hollywoodstar und er erzählte stockend. Dass er sich schon letztes Jahr in mich verliebt hätte, als er noch hier gewohnt hat. Dass er sich dieselben Fragen gestellt hat wie ich: „Liebt sie mich auch? Hab ich überhaupt eine Chance bei ihr? Lohnt sich das, in sie verliebt zu sein? Was sagt Gott dazu?" Dass es kein Wunder war, dass Mara gesagt hat, Chris hätte nie jemanden aus der Gemeinde geliebt. Chris hatte keinem von seinen Gefühlen erzählt, noch nicht mal Mara. Nachdem er weggezogen war, hielt er es für besser, mich zu vergessen, aber er musste immer wieder an mich denken. Als dann mein Brief bei ihm ankam, hat er sich sofort wieder Hoffnungen gemacht. Das Fax an Mara war angekommen, aber nicht das Fax an ihn, deshalb hat er sich nicht gemeldet. Mit der Diddl-Karte wollte er mir schließlich 'nen Wink mit 'nem Zaunpfahl geben. Und als er in der Schweiz mit mir zusammengeknallt ist, war es sowieso um ihn geschehen. „Doch als meine Annäherungsversuche die letzten zwei Wochen nicht von dir erwidert wurden und auch heute Abend nicht, war mir klar, dass meine Gefühle einseitig sind. Tut mir Leid, dass ich dich so belagert habe", flüsterte er.

Etwas verdutzt schaute ich ihn an und meinte: „Oh. Meinst du, du hast die ganze Zeit nicht mitbekommen, dass es bei mir genauso war? Hab ich dir das nicht eben gesagt?"

Jetzt war er dran, mich blöd anzugaffen. „Wie! Nee. Du hast mich nur ausgefragt. Von dir hast du gar nichts gesagt." Er riss die Augen weit auf. „Heißt das, dass du ..."

Ich lachte und meinte: „Ja sicher. Ich fühl genauso. Auch schon seit letztes Jahr. Ich dachte immer, du willst so jemanden wie mich nicht. Ich hab's mir immer gewünscht, aber nie daran geglaubt."

Dann haben wir uns umarmt und ganz lange festgehalten. In dem Moment kam Hannas kleine Schwester rein, die aufgewacht sein musste, und brüllte: „Sie haben sich geküsst! Sie haben sich geküsst!"

Aus Hannas Zimmer kam Applaus und Gejubel. Dabei haben wir uns gar nicht geküsst. Ich hab mich nicht getraut und er sich wohl auch nicht. Das war echt 'ne komische Situation. Wir waren ein Paar und irgendwie wussten wir noch nicht so richtig, wie wir uns jetzt verhalten sollten. Klar, wir haben uns verliebt in die Augen geschaut, weiter unterhalten und miteinander gelacht, aber da war schon eine gewisse Unsicherheit zwischen uns.

Ich hätte noch Ewigkeiten so mit ihm da sitzen bleiben können, aber Chris meinte, es wäre schon mitten in der Nacht und wir sollten so langsam mal ratzen gehen. Also sind wir zu den anderen in Hannas Zimmer zurück, die schon in ihren Schlafsäcken pennten. In der Mitte vom Zimmer hatten sie für uns Platz gelassen. Chris hat sich in seinen Schlafsack verkrümelt und ich mich neben ihn in meinen Schlafsack gemümmelt. Ich hätte mich gerne an ihn herangekuschelt, hab mich aber nicht getraut. Hab mich noch nicht mal getraut, ihm eine blonde Locke aus der Stirn zu streichen. Dabei hat es mich so in den Fingern gejuckt, seine Haare zu berühren. Echt Schwachsinn! Aber wir haben die ganze Zeit Händchen gehalten und uns angeschaut.

Hanna lässt immer Musik laufen, bis sie einschläft, und da fing gerade das letzte Lied an: *More love, more power, more of you in my life.*

Chris flüsterte mir entgegen: „Das Lied mag ich total gerne und jetzt passt es noch besser. More love. More of you in my life. Von dir und von Gott. Von euch beiden."

Dann ist er eingedöst. Ich war mal wieder zu aufgeregt zum Schlafen und dachte nach. Ich hatte Gott in den letzten drei Wochen ganz schön vernachlässigt. Seit meiner neuen Lebensübergabe waren die Dinge so überraschend und überwältigend gewesen, dass ich es nur geschafft hatte, ihm zwischendurch mal von Herzen „Danke" zu sagen, aber zu einer richtigen Unterhaltung ist es nicht gekommen. Also fing ich an, mich bei Gott dafür zu entschuldigen, dass ich mich nicht mehr so um meine Beziehung zu ihm gekümmert hatte, und ihn darum zu bitten, dass meine Liebe zu Chris nicht größer wird als meine Liebe zu ihm. Hab Gott gesagt, dass ich mehr von ihm in meinem Leben will, und hab leise mitgesungen.

Ich beobachtete jede Bewegung in Chris' Gesicht und schaute ihn durchweg an. Ich konnte es immer noch nicht glauben. Die ganzen Hoffnungen sind nicht umsonst gewesen, die ganze Träumerei ist wahr geworden. Mir wurde klar, dass Gott mir da ein unsagbares Geschenk gemacht hatte, und über diesen Gedanken bin ich eingeschlafen.

Als ich am nächsten Morgen wach wurde, fiel mein erster Blick direkt in Chris' braune Augen. Er lächelte mich an und fragte: „Na? Gut geschlafen?"

Ich streckte mich leicht und sagte: „Ja, nur ein bisschen wenig. Ich konnte gestern nicht mehr einschlafen. Dafür hab ich dich dann beobachtet."

„Ich dich auch. Die letzte halbe Stunde. Du siehst so friedlich aus, wenn du schläfst. Nur dein Gesicht hat gezuckt. Da sieht man Linien, die man tagsüber nicht sieht."

Ich lächelte. „Du weißt doch noch gar nichts über mein Gesicht und wie es tagsüber aussieht."

„Das denkst du! Ich hab dich gut studiert. Glaub mir, ich kenne dich gut."

„Dann weißt du wohl auch, dass ich mir jetzt unbedingt eine Ladung Wasser ins Gesicht werfen muss. Ich seh morgens immer wie 'ne verquollene Kartoffel aus."

„Ich finde das süß. Schon als du in der Schweiz mit mir zusammengeprallt bist und ich dich nachts getroffen habe, ist mir das aufgefallen", protestierte er. Ich war solche Komplimente nicht gewöhnt und verdrehte leicht die Augen. „Außerdem ist es gerade so schön hier. Die anderen schlafen noch und wir sind ganz für uns."

Ich warf ihm einen Hundeblick zu und meinte: „Tut mir Leid. Aber ich muss mal für kleine Mädchen."

Als ich wiederkam, waren die anderen schon wach und taten so, als wäre alles wie immer. Chris und ich haben uns dann den Gottesdienst erspart und sind Hand in Hand spazieren gegangen. In einem kleinen Park haben wir uns dann auf eine verblichene, braune Holzbank gesetzt und das erste Mal geschwiegen. Davor hatten wir uns die ganze Zeit gegenseitig an Situationen erinnert, wo wir schon hätten zusammenkommen können. Jetzt waren wir still und schauten uns um. „Ist Gott nicht einsame Spitze?", fragte ich. „Wie er das alles macht! Guck dir die Blüten an und die zwitschernden Vögel."

„Und uns", grinste Chris. „Wir passen so richtig zum Frühling. Da paaren sich doch auch die Tiere immer."

Ich lachte. Plötzlich gähnte Chris, streckte sich und legte seinen Arm um mich. Ich lachte wieder. „Das hättest du auch einfacher haben können. Ich kenne den Trick."

Er drehte mich zu sich herum, umarmte mich und drückte mich fest an sich. „In zwei Stunden fahre ich zurück. Dann sehen wir uns ganz lange nicht mehr."

Ich schmiegte mich an ihn und seufzte traurig. Er streichelte mir über den Rücken und meine Ameisenkolonie lief seinen Bewegungen hinterher. Dann ließ er mich auf einmal los und drückte seinen Mund auf meinen. Aber irgendwie kam da nichts. Ich meine, noch nicht mal so 'n Schmatzer, wie man das als Kind macht. Unsere Lippen lagen einfach so aufeinander und keiner von uns traute sich, sie zu bewegen. Wahrscheinlich hatte er erwartet, dass ich den nächsten Schritt tun würde. Tat ich aber nicht. Stattdessen musste ich anfangen zu lachen und meinte: „Das war wohl nichts. Das müssen wir noch üben."

Er grinste und bekam rote Flecken im Gesicht.

„Ein volljähriger Kerl und eine fast sechzehnjährige Tussi schaffen es noch nicht mal, sich zu küssen", dachte ich schmunzelnd.

Wir haben es danach auch nicht mehr versucht und sind zur Kirche gelaufen. Dort haben ihn seine Eltern abgeholt und eine halbe Stunde später sind sie auch schon gefahren. Frisch aus dem Sauerland zurück, stand Betty neben mir und verheulte wegen Mara ein Taschentuch nach dem anderen. Rüdiger winkte nur still hinterher und ich kam mir vor wie gelähmt. Ich konnte nicht weinen und noch nicht mal winken. Ich schaute nur in Chris' Augen und er in meine, bis wir uns nicht mehr sehen konnten.

Um 20.30 h hat er angerufen und mir ausrichten lassen, dass er jetzt zu Hause sei. Ich war da noch bei Hanna und hab mich ablenken lassen. Vielleicht ruft er mich noch mal an. Wenn nicht, muss ich ihn anrufen. Was werden meine Eltern bloß dazu sagen? Mama wohl nichts, die ist mal wieder verschwunden, und mein Pa wird sich zwar für mich freuen, aber an die bevorstehende Telefonrechnung denken. Gott sei Dank gibt es verschiedene Tarife. Da muss ich bald den billigsten für die Schweiz rausfinden.

Oh Gott! Ich krieg 'ne Krise! Ich vermisse ihn jetzt schon unendlich. Ich hab 'nen Freund und doch wieder nicht, weil er nicht hier ist. Wie soll ich das bloß aushalten? Aaaaaaaahhhhhhh! Ich hab noch nicht mal 'n Foto von ihm! Das Einzige, was mir von ihm bleibt, ist sein Pulli und die Schrift auf meinem Arm. Der Stift war nämlich wasser*fest*. Gehe jetzt schlafen. Danke, Vater, dass Hanna so oft Recht hat. (23.00 h)

Montag, 11. April
Erster Tag ohne Chris: schrecklich!

Ronny hat wieder geschrieben. Nur eine Karte, aber besser als nichts. Sie steckt irgendwo im Münsterland, soviel hat sie wenigstens verraten. Bin gespannt, wie sie auf die Sache mit Chris und mir reagiert... Hihi. Das wird sie vielleicht umhauen! Oh Chris. Er fehlt mir. Es bleibt mir nichts anderes übrig, als Gott zu bitten uns zu helfen.

Wenn Chris das nächste Mal hier ist, müssen wir unbedingt beten. Denn „wo der Herr das Haus nicht baut, ist die Arbeit umsonst". Gott muss das Fundament unserer Beziehung sein, sonst bringt das alles nichts. Nicht, dass Pärchen, wo nur einer von beiden Christ ist, 'ne schlechtere Chance haben. Gott kann auch da das Fundament sein. Denn immerhin kann ja einer Gott bitten, die Grundlage zu sein. Ich stell es mir aber ganz schön schwierig vor, wenn man seine Überzeugungen, seine Identität nicht mit seinem Schatz teilen kann. Und erst recht deshalb finde ich, dass Chris und ich miteinander beten sollten. Wir sollten unsere Beziehung von Gott segnen lassen, wenn wir schon beide Christen sind. Jawoll! Außerdem brauchen wir Gottes Hilfe über die Entfernung. Oh Herr! Ich vermisse ihn so! (23.21 h)

Dienstag, 12. April
Ich vermisse ihn so!

Drehe fast durch. Wenn ich irgendwo Pärchen rumknutschen sehe, möchte ich sie am liebsten auseinander reißen und ihnen ein paar latschern. Wie kann ich nur so was denken? Wenn ich nicht mit meinem Freund zusammen sein kann, dann sollten wenigstens andere glücklich sein. Das sagt mir mein Kopf. Aber mein Herz kann ihren Anblick nicht ertragen.

Die Schule stresst immer mehr. Komme gar nicht zum Lernen, weil ich nur Chris im Kopf habe. Muss sich ändern. Vorhin hat er angerufen. Es tat so gut, seine Stimme zu hören. Unser Gespräch war irgendwie stockend, weil wir beide so traurig waren. Irgendwann sagte er: „Eva?" – Pause – „Eva!" – Pause – „Ich liebe dich!" Die Haustiere auf meinem Rücken, die Ameisenkolonie, hat schnell 'nen Dauerlauf vom Nacken bis zum Po und zurück gemacht und dann ist mir schlecht geworden. Weiß gar nicht, ob ich das erwidert habe. War so vom Hocker gerissen, dass ich fast wirklich vom Hocker fiel. Ich schwankte schon. Und das nur wegen drei Wörtern. Liegt wohl daran, dass ich mir immer gewünscht habe, dass es mir ein Mann sagt, am liebsten Chris. Und dann hat ausgerechnet er ... Ich vermisse ihn so! (23.20 h)

Mittwoch, 13. April
Ich vermisse ihn so!

Die Schule macht mich fertig. Kann heute nur wenig schreiben. Muss noch Mathe üben.

Attila nervt. Ruft mich jeden Tag an und lässt blöde Sprüche ab. Verhält sich total unreif. Voll albern. Hanna würde sich darüber totlachen. Ich find's überhaupt nicht witzig. Kenne jeden einzelnen Gag auswendig. Attila erinnert mich an 'nen Dackel. Erstens sein treudoofer Blick. Zweitens seine Gangart. Wenn er läuft, sieht er aus wie 'ne wandelnde Wurst mit Zipfel an beiden Enden. Einmal der längst überholte Igelschnitt aus den 80ern auf'm Kopf und am anderen Ende seine ausgefransten Turnschuhe. In der Mitte ist dann die pralle Füllung. Bei Wurst fällt mir auch wieder das ein: „Attila ist ein Bürschchen mit 'nem eingekniffenen Würstchen."

Oh Gott. Jesus. Bitte verzeih. Ich bin völlig aus der Bahn geworfen. Sorry. Vergib mir. Ich mag Attila. Wirklich. Er ist mein bester Freund. Aber im Moment würde ich ihn gerne mal auf Urlaub schicken. Ich bin total am Ende wegen Chris und Attila hat nichts Besseres zu tun, als einen bekloppten Spruch nach dem anderen zu bringen. Ich will Ohrstöpsel! Mist! Jetzt hab ich doch wieder mehr geschrieben. Muss ich eben morgen früh eher aufstehen und da Mathe üben. Chris, ich vermisse dich. (22.11 h)

Donnerstag, 14. April
Chris hat wieder aus dem Büro angerufen. Das wird ganz schön teuer! Wenn ich doch einen Internetanschluss hätte! Dann könnte ich Chris ein paar Mails zur Arbeit schicken. Würde nicht weiter auffallen. Er surft ja eh ständig durchs Netz, als Informatikazubi. Und ich hab noch nicht mal 'n Computer! Er meinte, die Arbeit kotzt ihn an. Die Kollegen sind zwar ganz nett, aber es entstehen keine richtigen Kontakte. Er muss die ganze Zeit vor dem Compi rumhängen und darf sich zu Tode langweilen. Aber irgendeine Ausbildung muss er ja machen, sagt er.

Schade, dass er nicht was gefunden hat, was ihn fordert und ihm Spaß macht. Er sollte irgendwas mit Musik machen. Komponist werden oder so. Chris spielt schon seit er klein ist Gitarre, und das ziemlich gut. In Deutschland hat er in einer Band gespielt, aber in Zürich hat er noch keine gefunden. Christian liebt es, zu improvisieren. Wenn er spielt, dann vergisst er alles um sich herum. Er spielt ein Lied nie auf dieselbe Art und Weise, sodass es jedes Mal neu klingt. Seine selbst erfundenen Stücke können manchmal soft und eine Sekunde später hart und schnell sein, ohne dass man den Übergang mitbekommen hat. Seitdem er in Zürich wohnt, hat er die Klampfe immer seltener rausgeholt, weil er die Musik mit niemandem teilen kann. Hoffentlich findet er bald irgendwo Anschluss. Er verkümmert richtig, hab ich das Gefühl. Ich mach mir Sorgen. Und ich vermisse ihn. (23.37 h)

Freitag, 15. April
Ich muss mehr pauken. Die Schule rinnt an mir vorbei wie heiße Hühnersuppe. Ich krieg nichts mehr gepeilt. Meine Mama trinkt mal wieder. Hat sie überhaupt mal aufgehört? Ach, keine Ahnung. Ist mir egal. Ist ihr Leben. Wir können sie sowieso nicht be-

einflussen. Das muss sie schon selber checken. Wollte gerne in drei Wochen übers Wochenende mit Rüdiger ins Switzerland fahren, aber Pa hat's mir verboten. Über Pfingsten darf ich auch nicht mit, obwohl dann Rüdiger und Betty zusammen fahren. (Arme Mara. Hat sie wieder keine Zeit für Rüdiger und dafür Betty an sich hängen.) Glaube, Pa lässt seinen Frust über Mama bei mir ab. Oder er hat Angst, mich zu verlieren. Weiß nicht, was in seinem Kopf vorgeht.

Ich krieg echt zuviel! Fühl mich so verloren. Meine Familie ist kein Rückhalt für mich. Chris kann es auch nicht sein, weil er zu weit weg ist. Hanna ist zu kühl. Sam zu seltsam. Betty zu abgedreht. Ronny ist noch nicht wieder da. Bleibt nur Attila und den möchte ich am liebsten in den Kanal schmeißen. Ich hab nur noch Gott. Und ich vermisse Chris. (23.01 h)

Samstag, 16. April
Ich kann nicht mehr! Ich will nicht mehr! Ich ... Aaaaaa- aaahhhhh!

Ronny ist heute nach Hause gekommen und hat mich angerufen. Hab mich sofort bei ihr ausgeheult und sie gebeten vorbeizukommen. Aber sie konnte nicht. Sie muss den Stoff aus den letzten zwei Wochen nachholen und opfert dafür das ganze Wochenende, damit sie am Montag wieder voll einsteigen kann. Hätte sie gerne gedrückt. Ist schon Ewigkeiten her. Sie kam mir am Anfang sogar fremd vor. Ihre Stimme klang anders. Gar nicht mehr so voll, eher abgehackt. Früher war jedes Wort wie Gesang. Es summte immer irgendwas mit. Jetzt klingt sie so ... so steril. Na ja. Hab ich mir vielleicht nur eingebildet.

Ronny war gar nicht so überrascht, dass ich und Chris zusammen sind. „Hab ich doch die ganze Zeit gewusst. Jetzt fehlen nur noch Attila und Hanna", meinte sie fröhlich.

„Ach Attila!", hab ich geseufzt und Ronny mein Leid geklagt.

Ronny stellte dann eine These auf, die mich echt umgehauen hat. Sie meinte: „Also um ehrlich zu sein ... Ich glaube, Attila ist in dich verliebt. Er hat sich doch genauso verhalten wie Chris. Ruft dich jeden Tag an, ist dir ständig hinterhergedackelt ... Ich befürchte, er hat deine Freundschaftsgesten als mehr gedeutet, Schnucki!", lachte sie.

Ich fand das überhaupt nicht zum Lachen und antwortete irritiert: „Aber er hat mir anvertraut, dass er Hanna liebt." So. Jetzt war das Geheimnis raus.

„Wirklich?", fragte Ronny erstaunt. „Wie hat er sich denn ausgedrückt?"

Ich überlegte kurz: „Ich weiß nicht mehr so genau. Ist schon länger her. Ich weiß nur noch, dass er mir erzählt hat, dass er sich mal wieder verliebt hätte. Dann hab ich meinen Spruch abgelassen, von wegen, dass er den Wald vor lauter Bäumen nicht sieht, und er meinte, dass er den Wald jetzt sieht und weiß, was ich die ganze Zeit damit sagen wollte."

Ronny fing an zu geiern und kriegte sich nicht mehr ein.

„Was? Was ist denn? Was ist daran so witzig?" So langsam wurde ich sauer. Mir ging's total beschissen und Ronny lachte sich weg.

Muss sie wohl bemerkt haben, denn so langsam hörte sie auf zu wiehern und meinte immer noch glucksend: „Entschuldige. Aber das ist alles ein bisschen viel für mich, heute."

„Ja. Für mich auch", sagte ich wütend.

Ernst meinte Ronny dann: „Entschuldige. Aber ist dir klar, dass Attila denkt, du meintest damit dich? Immer, wenn er verliebt war, hast du ihm gesagt, er würde den Wald vor lauter Bäumen nicht sehen. Er hat das auf *dich* bezogen. Du weißt doch, wie Attila ist. Wenn ein Mädchen nur nett zu ihm ist, denkt er schon, sie ist in ihn verknallt, und verliebt sich dann in sie."

Ich war echt geschockt und konnte nichts mehr sagen. „Eva? Eva? Ich, äh, muss jetzt auflegen. Ich muss noch 'ne Runde joggen. Bin heute noch nicht dazu gekommen. Wenn ich mein Tagespensum nicht erfülle, bin ich unzufrieden", lachte sie künstlich. Künstlich! Ronny war noch nie künstlich. Alles, aber nicht künstlich. Ach was! Hab ich mir bestimmt nur eingebildet. War ein bisschen übersensibel nach alledem.

„In Ordnung, Ronny. Bis bald."

Ich legte auf und fing an zu grübeln. Mir fielen plötzlich so viele Situationen ein, wo Attila sich seltsam benommen hatte. Alleine schon sein Verhalten gegenüber Hanna. Das war immer nur normal oder vielleicht sogar missachtend gewesen. Keine Anzeichen von Verliebtsein. Dann diese komische Szene in Zürich, wo er in Chris' Zimmer die Tür hinter sich zugeknallt hatte. Und als Betty, Hanna und er meine Parents überredet hatten und ich ihm um den Hals gefallen bin. Da hat er sich auch so komisch benommen. Oh Mann! Hanna! Jetzt weiß ich auch, warum sie mich so seltsam angeguckt hat. Sie war eifersüchtig! Und als sie draußen vor der Teestube weinend im Regen stand, hat sie es auch schon gewusst!

Hab mir eben mein Tagebuch gekrallt und mir einige Dinge noch mal durchgelesen. Da steht Attilas Verhalten schwarz auf weiß. Oh Gott! Dass ich da nicht eher drauf gekommen bin! Und jetzt bin ich mit Chris zusammen und Attila versucht mich mit seinen albernen Sprüchen zurückzugewinnen, obwohl er mich nie hatte. Ich hab ihm nie was versprochen oder ihm was angeboten. Nie! Für mich war er doch nur ein Bruder!

Ich möchte am liebsten Hanna anrufen und das Ganze klären. Ich bin für sie ja keine Gefahr mehr. Gefahr! Ich bin ihre Freundin! Dass sie nicht mit mir darüber gesprochen hat! Warum vertraut sie mir nicht? Aaaaaaahhhh! Chris, ich vermisse dich. Ich muss ihn unbedingt anrufen und ihm davon erzählen. Heute ist der erste Brief von ihm angekommen. Wenigstens das bringt ein bisschen Licht ins Dunkel. Brief. Genau. Ich werde Hanna nicht anrufen, ich werde ihr einen Brief schreiben. Da kann ich alles so formulieren, wie ich's auch meine. In einem Gespräch kann man zu leicht aneinander vorbeireden. Herr, bitte hilf mir beim Schreiben. Ich vermisse Chris. (23.58 h)

Sonntag, 17. April
Es ändert sich im Moment so viel, mir ist schon ganz schwindelig!

Hab den Brief heute Morgen Hannas Schwester mitgegeben. Hanna war nicht im Gottesdienst. Attila Gott sei Dank auch nicht.

Hätte echt nicht gewusst, wie ich mich verhalten soll. Nur Betty war da. Sie war überdreht, weil sie Pfingsten zu Mara fährt, und hat mich die ganze Zeit vollgesülzt. Betty entwickelt fast so einen Labereifer wie Sam, wenn es um Mara geht. Mara hier, Mara da. Und bei den Liedern von Anno dazumal, die kein Mensch singen kann und will, außer den alten Damen von der Frauenhilfe, hat Betty dann auch wieder mitgegrölt. In mir grölte es: Ooohrstööööpseeeeel!

Heute Nachmittag war ich spazieren. Endlich wieder Sonne. Die letzten Tage gab es immer nur typisches Aprilwetter. Wenn die Sonne sich mal eben durch 'ne Wolke gebohrt hatte, kam ein Hagelschauer und fegte die Wolken wieder davor. Bin zum Kanal gegangen und wollte beten.

Hab dann 'nen Schock gekriegt.

Ronny kam mir entgegen gejoggt und ich hab sie nicht erkannt! Ich hab zwar gesehen, dass da eine Joggerin kommt, sie aber nie im Leben für Ronny gehalten! Überhaupt nicht außer Atem, noch nicht mal hechelnd hat sie mich dann im Vorüberjoggen gegrüßt: „Juhu Eva! Kann jetzt nicht reden. Muss weiter, bin zu sehr unter meiner Bestzeit. Tschüüüüüß."

Und schon war sie wieder weg. Sie hatte noch nicht mal Zeit, mich richtig zu begrüßen! Und sie sah aus! Richtig dünn ist sie! Sie trägt jetzt ungefähr dieselbe Größe wie ich. Von Größe 44 auf 38 runter.

Bin jetzt noch ganz geschockt. Muss das erst mal verdauen. Sie sah nicht schlecht aus. Im Gegenteil. Aber so ungewohnt. Gar nicht mehr meine Ronny, die Knuddelfrau. Selbst im Gesicht ist sie schmaler geworden. Muss unbedingt mit ihr darüber reden. Dass sie mir nichts davon erzählt hat! Vertraut mir denn keiner mehr?

Themenwechsel, auch wenn mich das noch nicht loslässt. Als ich zu Hause ankam, lag ein Brief auf meinem Schreibtisch. Hanna war in der Zwischenzeit da gewesen. Sie hat geschrieben:

„Danke für deinen Brief. Hat mich irgendwie berührt, dass du dir so viele Gedanken machst. Musst du aber nicht. Wir haben doch einen

großen Gott. Vertrau ihm doch einfach. Ich glaube, dass Gott will, dass ich irgendwann mal mit Attila zusammenkomme. Du weißt es, glaube ich, auch. Aber ich weiß nicht. Im Moment ist Attila so drauf, dass er jede als Freundin nehmen würde. Und ich will nicht ausgenutzt werden. Aber Gott wird das schon regeln. Ich muss ihm nur vertrauen. Und ich vertraue ihm. Weißt du? Vertraue du ihm doch auch. Ich weiß nicht, was Gott vorhat. Aber vertrau ihm einfach, dass er das Richtige macht. Attila kann halt nicht glauben, dass ihn jemand total doll mag, ohne in ihn verliebt zu sein. Mach jetzt kein Drama draus. Ich glaube nicht, dass es das ist, was Gott will. Gott ist gut. Er wird es schon richtig machen. Er wird dir durchhelfen. Und wegen mir brauchst du kein schlechtes Gewissen zu haben. Ich bin nicht eifersüchtig oder sauer auf dich. Ich mag dich."

Ich mag Hanna auch. Wenigstens das ist jetzt geklärt. Obwohl sich der Brief eher so anhört, als wollte sich Hanna selbst Mut machen und nicht mir. Immer dieses: „Vertrau Gott!" Warum vertraut sie *mir* nicht? Aber sie hatte mal wieder Recht: Wir sollen Gott vertrauen und ich vertraue dir das jetzt alles an, Herr: Chris, meine Eltern, die dünne Ronny, die kühle Hanna, den geilen Attila, den kranken Sam, die überdrehte Betty, die liebe Mara und den armen Rüdiger, mein Leidensgenosse. Segne sie alle, Herr. Kümmer dich um uns. Hab mich lieb. Amen. Und trotzdem vermisse ich Chris. (22.11 h)

Juni

Montag, 13. Juni

Lang, lang ist's her ... Das letzte Mal hab ich mich vor fast zwei Monaten hier hinterlassen. Die Schule und die Briefe an Chris haben mich so in Beschlag genommen, dass ich abends keine Zeit und auch keinen Nerv mehr aufs Tagebuch hatte. Ich war andauernd am Lernen. Vor allem die Hammerdeutscharbeiten haben mir den letzten Funken Begeisterung fürs Schreiben genommen und die Briefe an Chris kann ich schon nicht mehr zählen. Keine Ahnung, wie viele er mittlerweile von mir hat.

Schade, wir leben im Zeitalter der elektronischen Medien und schreiben uns altmodische Briefchen. Aber ich find's schön. Einen Brief kann man persönlicher gestalten: das Briefpapier zusammenschnippeln, etwas wie Konfetti in den Briefumschlag stecken, mit Parfum einsprühen ... Die Handschrift sagt auch mehr aus als 'ne getippte Mail.

Trotzdem: Ein Internetanschluss wär echt die Lösung! Kaisers haben ja einen. In meiner Klasse gehöre ich zu einer Minderheit, den „Netzlosen". Wenn ich ins Internet könnte, wäre das mit Chris viel leichter. Ich kann nicht so oft anrufen, sonst wird mein Paps wegen der Telefonrechnung sauer, und Chris hat's mit seinen Eltern auch nicht besser. Na ja, wenigstens verdient er eigenes Geld. Er kauft sich immer gleich einen Zehnerpack Telefonkarten und vertelefoniert sie an mich, wie man im Kino Popcorn wegfrisst.

Er schreibt mir nicht so viel, seine Briefe kann ich an einer Hand abzählen, aber dafür ruft er öfter an. Die einzige Alternative zum Telefon und zu den Briefen ist das Fax, aber selbst da lassen uns unsere Eltern selten ran, weil es angeblich zu teuer ist. Angeblich! Ich hab extra mehrere Tarife rausgesucht. Ich kannte mich mit den vielen Telefonanbietern null aus und selbst jetzt hab ich keinen Durchblick. Nur für Zürich. Hab hier 'ne Liste liegen, wo fast für jede Uhrzeit 'ne neue Nummer draufsteht. Trotzdem meint Paps, das wäre zu teuer. Wenn ich doch 'n Handy hätte! Fast jeder in unserer Stufe hat so 'n Teil. Ich könnte die erwürgen, wenn die in den Pausen ihre Freunde anrufen, die sie sowieso am Nachmittag sehen, während ich nicht mal weiß, wann ich meinen Freund mal wiedersehe.

Ich will ihn endlich mal küssen! Dass wir aber auch nicht dran gedacht haben, dass es so lange dauert, bis wir uns wieder sehen. Wir hätten es ja wenigstens noch mal probieren können. Hab mich mit ihm darüber unterhalten und er bereut es auch total.

Hab allerdings 'n bisschen Angst, dass ich's nicht gut kann und es ihm nicht gefällt. Chris hat nur gelacht und gemeint, ich würde mir immer zu viel 'n Kopf um alles machen.

„Ich liebe dich und wenn man jemanden liebt, dann küsst man ihn auch gerne. Außerdem weißt du gar nicht, ob *ich* gut küssen kann. Du musst das genauso beurteilen. Zum Küssen gehören immer zwei." Er hat wohl Recht. Hab aber trotzdem ein wenig Bammel. Obwohl ...

Liebes Tagebuch. Jetzt kommt etwas Superpersönliches: Ich möchte ihn nicht nur küssen, ich möchte ihn berühren. Ich weiß auch nicht. Früher konnte ich mit dem Begriff Sex nicht so viel anfangen. Ich bin nicht prüde oder so, aber ich konnte das einfach nicht nachvollziehen. Jetzt ist das was anderes. Chris und ich teilen übers Telefon alles miteinander. Unsere tiefsten Gedanken und Wünsche. Niemand kennt mich so wie er und ich glaube, ich kenne ihn mehr als er sich. Deshalb sehne ich mich total nach seiner Nähe. Ich will nicht mit ihm ins Bett oder so. Ich will ihn einfach nur festhalten, mich in seinen Arm kuscheln, geborgen

„sein. Und ihn streicheln, den Rücken zum Beispiel. Ich möchte seinen Hals küssen und ich möchte, dass er mich auch berührt. Aber laaangsaaam.

Ich glaube, dass Gott uns die Sexualität als Geschenk gegeben hat und wir deshalb gut damit umgehen sollten. Die Welt geht schon schlampig genug damit um. Menschen, die dauernd mit anderen ins Bett hüpfen, nur um neue Erfahrungen zu machen oder weil sie den Kick brauchen, benutzen ihren Körper als Droge. Sie holen sich mit dem Sex das, was sie im Alltag vermissen. Und sie sterben innerlich ab, werden abgebrühter und gefühlskälter. Das trifft bestimmt nicht auf alle zu, aber auf viele.

Ich möchte mich aufbewahren für den Mann, den ich heiraten werde. Ich könnte mir total gut vorstellen, Chris zu heiraten. Aber das ist wieder Spinnerei, noch haben wir uns nicht mal geküsst.

Oh, ich gehe ein! Ich vermisse ihn so! Rüdiger fährt regelmäßig zu Mara und ich darf nicht mit. Von meinen Eltern aus nicht und von Chris' Eltern auch nicht. Wenn Rüdiger da ist, schläft er im Gästezimmer und da Geschlechter bei Kaisers getrennt übernachten, kann ich ja schlecht mit Rüdi in einem Raum pennen.

Oh! Es ist tierisch spät. Muss in die Falle. Nur noch diese Woche und ich hab's geschafft! Dann heißt es: Adios zehnte Klasse, Aloha Oberstufe. Aber erst mal heißt es ab Donnerstag: Aloha sechs Wochen Ferien! Die brauch ich auch, wirklich. Aber mehr dazu morgen. Gute Nacht. (21.52 h)

Dienstag, 14. Juni
Was bin ich froh, dass ich in der Schule nur noch abhängen muss! Die letzten Wochen waren so was von stressig! Lernen, lernen, lernen. Nichts als das. Mein Kopf platzt fast vor Wissen. In der Elf soll's ein bisschen lockerer sein. Das Eingewöhnungsjahr für die Oberstufe. Ibkes ältere Schwester meinte, da lernen wir Disziplin für die Uni. Nämlich gar keine. Die Lehrer kontrollieren einen nicht mehr, man muss sich selber in den Hintern treten und für die Klausuren lernen. Viele machen dann blau, aber die Pauker stört's nicht mehr. Ob wir die Schule dann packen oder nicht, ist

unsere Sache. So lernt man, erwachsen zu werden. Jeder ist für sich selbst verantwortlich.

Waren heute nach einer halben Ewigkeit wieder alle zusammen unterwegs. Seitdem Attila ein eigenes Auto hat, fahren wir manchmal einfach nur spazieren. Das ist zwar schädlich für die Umwelt, aber gut für unsere Seelen, würde Sam jetzt sagen. Doof, ich weiß.

Das Verhältnis von Attila und mir ist wieder normal. Er hat mittlerweile geschnallt, dass ich Chris liebe und nix von ihm will. Er ruft nicht mehr jeden Tag an, was aber auch daran liegt, dass er schon mal fürs Abi lernt. Nur noch ein Jahr und dann geht unser Bürschchen hoffentlich nicht mehr mit eingekniffenem Würstchen seine Wege. Er weiß noch nicht genau, was er dann machen will. Erst mal macht er ja seinen Zivi.

Ich hab auch keine Ahnung, was ich mit meinem Leben machen soll. Gott hält sich da schön geschlossen. Am liebsten würde ich Chris heiraten, mit ihm durch die Weltgeschichte reisen und darüber Gedichte schreiben. Aber das ist nur Utopie. Ich werde alles auf eine Karte setzen, Gott mein Leben immer wieder anvertrauen und hoffen, dass ich seine Stimme höre, wenn er „Abbiegen!" ruft. Gott wird mir helfen, den richtigen Weg zu finden. Da hab ich irgendwie Frieden in mir. Schon komisch, wo ich noch nicht mal 'ne Vorstellung davon hab, was ich mal werden will. Vielleicht werde ich ja doch Chris' Frau und Mama und Poetin ...

Ums Thema Zukunftswünsche ging's auch bei einem dicken Freundschaftsbecher, den Attila, Hanna, Sam und ich uns bei *San Remo* geteilt hatten. Hanna ist immer noch dieselbe. Ein bisschen kühl und reserviert, aber eben meine Freundin. Sam sehe ich recht selten, weil er wegen seinem Praktikum kaum zu Hause ist. Er hat immer noch nicht verraten, wo er arbeitet. Ich hab's auch keinem erzählt, außer Chris. Doch der wusste es schon von seiner Mama. Sie und Sams Mutter tauschen sich über diese Psychobücher aus. Aber Frau Kaiser ist nicht so verrückt wie Renate. Die liest fast jeden Monat ein neues Buch und verändert ihr Leben danach. Das ist ja allein ihre Sache, aber wenn sie in die Gemeinde kommt und versucht, jeden von ihrer neuen Einstellung zu überzeugen, möchte man sich am liebsten erschießen. Das Buch unterm Arm kommt sie auf einen zumarschiert, mit dem festen Entschluss, dich totzulabern und nicht eher gehen zu lassen, bis du dich von ihr hast therapieren lassen. Egal, ob du ein Problem hast oder nicht, sie findet immer eins und hat dafür eine Lösung parat. Du musst ihr irgendwann Recht geben, sonst hört sie nicht auf zu reden. Man sollte sie an eine Straßenecke stellen, ihr den „Wachtturm" in die Hand drücken und sie für die Zeugen Jehovas herumlaufen lassen.

Autsch! Es ist mit mir durchgegangen. Tut mir Leid. Ich hab halt nur a bisserl Panik vor den nächsten zwei Wochen. Du weißt, Herr, ich habe Ibke überreden können, mit auf die Sommerfreizeit zu fahren, und wenn sie auf Renate trifft, wird sie alle Christen für so durchgeknallt halten. Bitte mach, dass sie keine Vorurteile wegen Renate bekommt oder dass sie von ihr verschont wird, ja? Danke übrigens, dass Ibke meinen Glauben akzeptiert. Vielleicht duldet sie ihn nach der Freizeit nicht nur, sondern kann sich damit identifizieren und sich infizieren. (Die Poetin lebt!) Segne Ibke und Renate, Herr.

Der Freundschaftsbecher war dank Attilas gutem Appetit schnell futsch, also haben wir uns noch einen bestellt. Attila macht im Moment eine halbe Diät. Er hält es bis nachmittags durch, aber dann überfällt ihn der Hunger wie eine Amsel einen Regenwurm, der neugierig aus der Erde schaut, wenn sie mit ihren Füßen darauf rumtrappelt und Regen imitiert. Attila fällt jeden Tag aufs Neue auf seinen Hunger rein. Durch dieses schwankende Essverhalten hat er sogar zugenommen! Der arme Kerl. Wahrscheinlich denkt er, wenn er abnimmt, ist er attraktiver für das weibliche Geschlecht. Dabei sollte er einfach er selbst sein und ein bisschen mehr an sich glauben. Dann wird's schon.

Und wie immer sieht er den Wald vor lauter Bäumen nicht. Ich lass den Spruch nicht mehr ab. Hab Angst, er könnte das wieder in den falschen Hals kriegen. Wir haben uns nie darüber unterhalten und es einfach stillschweigend bei sich belassen. Hanna liebt ihn immer noch, aber das merkt der Trottel nicht. Dafür hat sich zwischen uns dreien eine schöne Freundschaft entwickelt. Jeder ist mit jedem gleich gut befreundet. Das ist echt klasse. Hanna ist aufgeblüht und nicht mehr so oft krank, seitdem Attila sie genauso als gute Freundin betrachtet wie mich. Ich hab sie beide auch gleich gern. Lenkt mich wenigstens ein bisschen von Ronny ab. Aber sie sind kein Ersatz.

Ronny lebt nur noch fürs Joggen und für die Schule. Seitdem ich sie am Kanal getroffen habe, hab ich sie nie wieder gesehen. Wir telefonieren noch manchmal, aber sie hat total wenig Zeit. Immer ruf ich sie an und sie entschuldigt sich dann sofort. „Ich hab dich nicht vergessen, ich hatte nur so wenig Zeit." Das ist zu ihrem Standardspruch geworden.

Wir unterhalten uns nur noch über oberflächliche Sachen: Schule, Haare, Pickel, Jungs und Klamotten. Widerlich! Dieses nichts sagende Gelaber haben wir früher immer schrecklich gefunden und jetzt machen wir es selber. Ich kann meine Probleme nicht mehr mit ihr teilen, weil sie nicht mehr darüber reden will. Ich sehe unsere Seelenverwandtschaft dahinschwinden. Sie ernährt sich nur noch vegetarisch und von Sachen aus dem Reformhaus, wogegen nichts einzuwenden ist. Aber wo ist die Ronny, die die deftige Pommes-Currywurst liebt? Wo ist die Ronny, die voller Hingabe für ihre Freunde ein Essen zaubert, das mich als Mikrowellenauftau-Spezialistin jedes Mal vor Bewunderung den Kopf schütteln lässt?

Ich hab sie mal gefragt, ob sie uns und Gott nicht vermissen würde. Da hat sie gesagt: „Wieso vermissen? Ich lese jeden Morgen und Abend diszipliniert in der Bibel. Mehr als vorher. Und Gott und euch vermissen? Wieso? Gott ist immer bei mir und mit dir spreche ich gerade, oder? Außerdem hab ich eh nie richtig dazugehört. Gott hat halt was anderes mit mir vor."

Ja, ich glaube auch, dass Gott was anderes mit ihr vorhat. Aber ob es *das* ist? Ich hab so 'n komisches Gefühl in der Magengegend, dass der Weg, den sie eingeschlagen hat, sie nur durch einen Irrgarten führt. Aber ich kann mich auch vertun. Vielleicht ist genau das der Weg für sie und ich bin nur dagegen, weil ich sie vermisse.

Die alte Ronny fehlt mir total! Aber Menschen verändern sich nun mal, ich muss das akzeptieren. Hoffentlich verändert sich Chris nicht so extrem. Das könnte ich nicht ertragen. (21.52 h)

Donnerstag, 16. Juni
Rückblick über zwei Tage. Hab heute ausgeschlafen und nur rumgegammelt. Gestern war letzter Schultag. Die Ferien setzen dieses Jahr ganz schön früh ein. Aber besser früher als später. Mein Zeugnis hat einen Durchschnitt von 2,3. In Deutsch eine Eins und in Mathe eine Zwei. Was will man mehr?

Ein Wunder ist geschehen! Ronny war gestern in der Teestube. Zwar nur für zehn Minuten, aber immerhin. Sie ist noch dünner geworden. Dünner als ich. Ich weiß nicht, was ich davon halten soll. Wenn sie noch weiter abnimmt, kann man sie für magersüchtig halten! Na ja, nicht übertreiben. Sie isst ja normal. Macht eben nur viel Sport. Größe 36 trägt sie jetzt. Das ist noch irgendwie normal. Aber eben nicht für die alte Ronny. Als sie mich umarmt hat, hab ich ihre Rippen spüren können.

Sam hat auch ganz schön blöd geguckt. Die beiden haben sich seit ihrer Trennung nicht mehr gesehen. Er hat sie erst nicht erkannt, aber das ist ja auch kein Wunder. Sie hat sich die langen Haare abgeschnitten und trägt jetzt einen Bob. „Praktischer. Ich muss doch jeden Tag nach dem Joggen duschen", meinte sie. Früher gingen ihr die Haare bis zum Po. Wenigstens die Farbe stimmt noch. Nussbraun mit 'nem kleinen Rotschimmer drin. Sie sah ziemlich sexy aus. Hatte einen dunkelgrünen Einteiler an. Er hörte kurz unterm Hintern auf und der Ausschnitt war recht tief. Allerdings war da nicht mehr viel zu sehen. Ronny hatte früher eine richtig schöne Brust. Und jetzt? Ich würde das fast als Nippel bezeichnen!

Sie hatte auf ihrer Joggingrunde extra für die Teestube eine Pause eingelegt. Wir hingen da mehr als wir saßen um den Ventilator rum, haben ein Glas kaltes Wasser nach dem anderen gesüppelt und trotz Superdeo alles durchgeschwitzt. Und Ronny geht bei 35 °C joggen und hat keine einzige Schweißperle auf der Stirn! Sie hatte einen Typen im Schlepptau. Netter Kerl. Hat sie beim Joggen kennen gelernt. Geht in eine Gemeinde in Castrop-Rauxel und ist genauso begeistert vom Joggen wie sie. Heißt Simon und ist siebzehn. Man hat genau gesehen, dass sich zwischen den beiden was tut. Waren zwar nur zehn Minuten da, aber das hat gereicht. Haben die ganze Zeit rumgefrotzelt und um sich rum nichts anderes wahrgenommen.

Als sie wieder weg waren, hat Sam 'ne Krise gekriegt. Und das ist noch maßlos untertrieben. Hanna und Attila hatte ich schon von Ronnys neuem Aussehen erzählt. Deshalb waren die beiden nicht so geschockt. Aber Sam war es. Der saß erst noch ungewöhnlich still vor dem Ventilator. Man hat richtig gesehen, dass er denkt. Wäre er eine Zeichentrickfigur, dann hätte es aus seinem Kopf geraucht und gerattert.

Nach fünf Minuten Schweigen baute er sich vor uns auf, stemmte die Hände in die Seiten und fing an zu brüllen: „Was für eine Schlampe! So eine richtige Schlampe ist die! Eine Männerfresserin! Eine Unheilige! Man sollte sie ausstoßen! Man sollte sie aus der Gesellschaft ausstoßen! Man sollte sie aus dem Verkehr ziehen! Ha! Aus dem Verkehr! Die treibt's doch mit jedem! Ich wünsch ihr Filzläuse. Kleine, grüne Filzläuse! Nein! Besser große Filzläuse. So wie Gewitterfliegen. Soll sie doch verrecken! Man sollte sie steinigen! Man sollte ..."

Wir guckten ihn alle mit offenen Mündern an. Sam hatte durch seinen Eifer so eine rote Birne bekommen, dass sich die Farbe sogar bis auf seinen Hals erstreckte. Er stand da, nach Luft schnappend wie ein ertrinkender Fisch, und bevor er wieder genug Sauerstoff zum Weiterbrüllen hatte, fragte Attila: „Wen oder was meinst du eigentlich?"

Sam schnappte noch mal nach Luft und keifte wie im Stimmbruch: „Na, Aurora, meine ich. Aurora, die Schlampe!"

Sam war lange nicht in der Teestube gewesen und so kannten ihn die frisch Konfirmierten noch nicht, die die Teestube neuerdings in Scharen bevölkerten. Ein zierliches Mädchen namens Zoe fing vorsichtig an: „Äh. Wer oder was ist Aurora?", und ein zwölfjähriger, bulliger Typ fragte weiter: „Und wer bist *du* eigentlich, Mister Ich-explodier-hier-gleich?"

Mister Ich-explodier-hier-gleich fing an zu kochen und als er genug Sauerstoff gesammelt hatte, legte er den Kopf schief und schaute den bulligen kleinen Teenager mit zusammengekniffenen Augen an. Leise zischte er: „Was willst du kleiner Wicht eigentlich von mir? Hast du ein Recht, so mit mir zu reden? Ich bin älter und ich bin heilig! Bekehr dich erst mal und lerne, wie sich ein Anfängerchrist seinem Übergeordneten gegenüber zu benehmen hat!" Dann fing er wieder an zu schreien und richtete seine Stimme gegen Zoe, die sofort zusammenzuckte und sich hinter ihrer Freundin versteckte. „Aurora? Du willst wissen, wer Aurora ist? Aurora ist eine Schlampe! Verstehst du? Aurora ist eine schmutzige, dreckige Schlampe!" Attila, der als einzig Volljähriger im Raum die Aufsichtspflicht hatte, wollte Sam beruhigen, aber der packte Zoe am T-Shirt, schüttelte sie und keifte ihr aus fünfzehn Zentimeter Entfernung ins Gesicht: „Verstehst du das? Sie ist eine Schlampe! Hast du das verstanden?"

Das war zu viel. Ich griff Sam an den Schultern, drehte ihn unsanft zu mir herum, guckte ihm direkt in die Augen und sagte möglichst ruhig: „Sam. Du gehst jetzt mit mir nach draußen. Auf der Stelle!"

Er guckte mich völlig verwirrt an, schüttelte den Kopf, als wolle er sich selbst bewusst werden, und flüsterte wie ein kleiner Junge: „Ja. Ja. In Ordnung. Gut. Ich gehe mit dir raus." Er machte sich auf den Weg zur Tür.

Ich atmete tief durch und wollte eben hinter ihm her, als er sich plötzlich umdrehte, einen Buckel wie eine Katze machte, beide Arme ausstreckte, auf mich deutete und wieder zu brüllen anfing: „Ihr Frauen seid alle gleich! Ihr steckt alle unter einer Decke! Tut Buße! Gott straft euch! Gott wird euch zermalmen, ihr sexwütigen..."

„Was schreist du denn hier so rum, Samuel?", ertönte Markus' Stimme über Sams Gekreische. Markus ist unser Jugendleiter und jeder respektiert ihn. Sam war auch sofort still und machte sich vom Acker. „Dabei bin ich nur kurz Milch einkaufen gegangen", brummelte Markus.

Anstatt einer Andacht musste er dann den jüngeren Jugendlichen erklären, dass Gott niemanden bestraft, sondern die Menschen liebt. Dass man andere Menschen lieben soll und ihnen nie etwas wie Filzläuse oder Schlechtes wünscht. Dass es so was wie Anfängerchristen und Vorgesetzte nicht gibt und jeder vor Gott gleich ist ...

Was für ein abgehobener Tag! Gut, dass Ronny schon weg war, bevor Sam durchgedreht ist. Wenn sie mitbekommen hätte, dass Sam ihren Namen verraten hat, wär sie wahrscheinlich auf ihn losgegangen und hätte ihn verprügelt. Obwohl das bei ihrem Fliegengewicht jetzt ein bisschen schwieriger wär. Kurz nachdem ich Ronny kennen gelernt hatte, habe ich sie gefragt, warum sie eigentlich einen Jungennamen hat. Sie hat mir daraufhin in mein Ohr geflüstert: „Ronny ist nur ein Spitzname von mir. Kaum einer kennt meinen richtigen Namen, weil ich ihn so schrecklich finde. Mein Vater hat sich bei der Namensgebung durchgesetzt. Wie immer. Meine Mama wollte, dass ich Lena heiße. Wie meine Oma. Kurz nach meiner Geburt ist sie gestorben und mein Papa hat sich einfach über ihren Wunsch hinweggesetzt und mich ‚Aurora' genannt. Wie das Mehl. Weil ich den Namen hasse und ich nicht möchte, dass sich mein Vater dauernd rücksichtslos über alles hinwegsetzt, nenne ich mich Ronny. Bitte verrate es keinem, ja?"

Später haben Hanna, Attila, Sam und ich das Geheimnis teilen dürfen. Tja, und Sam hat es heute ausgeplaudert. Der dreht im Moment voll am Rad. Erst die Mikrowelle, dann das. Bin mal gespannt, was als Nächstes kommt.

Oh Gott! Herr! Ich will nicht mit auf die Sommerfreizeit! Das wird schrecklich! Ein durchgeknallter Sam und seine bescheuerte Mutter auf einem Haufen mit den neuen Jugis und Ibke. Und dann muss ich auch noch meinen Geburtstag mit denen feiern! Hiiiilfeeee!

Das muss ich alles Chris erzählen, der schreit sich weg. Ach, Chris. Du lebst da hinten dein Leben und ich hier meins. Wir können kein gemeinsames Leben leben, weil wir an unterschiedlichen Orten sind. Wir können noch nicht mal so 'n Wahnsinn wie heute zusammen erleben. Jeder macht seine eigenen Erfahrungen und hat seine eigenen Erlebnisse. Das macht mich fertig. Ich will mit dir den Alltag genießen. Ich will, dass du mich von der Schule abholst, dass wir zusammen Eis essen gehen, dass wir zusammen im Hauskreis beten, dass wir zusammen im Regen stehen. Aber während ich durch den grauen Nieselregen wandere, sitzt du am Zürcher See und genießt die Sonne. Gehe jetzt zu Hanna, Videolooken. Und auch da bist du nicht dabei. Du fehlst mir. Es ist zum Erbrechen heiß. (17.18 h)

Freitag, 17. Juni
Ich halte es draußen nicht aus. Die Hitze ist so drückend, dass man am liebsten in eine Tiefkühltruhe kriechen möchte. Esse ein Eis nach dem anderen, aber das hilft nichts. Drinnen ist es noch stickiger. Die Sonne scheint den ganzen Tag in unsere Wohnung und selbst nachts kühlt es sich nicht ab. Die Schwimmbäder sind total überlaufen. Haben bei Hanna im Garten unsere Füße in kalte Wasserschüsseln gestellt, aber das Wasser wurde von unseren heißen Füßen sofort wieder warm. Ich halt's nicht aus.

Chris wollte mich noch anrufen, bevor ich am Montag nach Norderney fahre. Hat er bisher nicht getan. Er hat sich schon seit zwei Wochen nicht mehr gemeldet. Was kann bei ihm schon Ereignisreiches los sein, dass er keine Zeit hat, mich anzurufen? Momentan geht er dauernd surfen. Nicht auf'm See – im Netz. Seitdem Kaisers einen Anschluss haben, hockt Chris noch öfter vor dem Bildschirm, allerdings freiwillig. Was ihn noch vor 'nem Vierteljahr an der Arbeit genervt hat, findet er jetzt total faszinierend. Er hat schon 'ne Menge Leute kennen gelernt und mailt sich jetzt regelmäßig mit denen. Toll! Und mir schreibt er einmal im Monat ein kurzes Briefchen. Aber was soll's. Ich muss es ihm gönnen. Wenn er schon keine Freunde in Zürich findet, dann wenigstens übers Internet.

Schreib ihm trotzdem gleich meine Adresse und Telefonnummer auf Norderney, damit er sich bei mir melden kann. Wenn ich sie ihm am Telefon durchsage, verschlampt er sie wieder. Das wird bestimmt schön, wenn ich auf Norderney das Meer genieße und abends seine Briefe lesen kann. Er hat mir versprochen, fast jeden Tag zu schreiben, weil ich auf Norderney noch weiter weg von ihm bin. Norderney: Meer, Sand, Möwen, alte Häuschen, Dünen, Muscheln, Leuchtturm, Sonnenuntergänge über der Brandung ... Wie romantisch! Da könnten ich und Chris abends am Meer sitzen, die Sonne untergehen sehen und anschließend in den Dünen verschwinden und ... Drachen fliegen lassen.

Aber es ist nicht so. Wer weiß, wie lange es noch dauert, bis ich Chris wiedersehe. Er meinte, vielleicht könnten wir uns im Herbst sehen, da wäre so ein christlicher Teenie-Event in Zürich. Schau mer mal. Erst mal geht's ab auf die Insel. (22.19 h)

Samstag, 18. Juni
In zwei Tagen fahr ich ab und Chris hat sich immer noch nicht gemeldet. Schmelze. (18.37 h)

Sonntag, 19. Juni
Das gibt's nicht! Morgen Nachmittag fahr ich nach Norderney und Chris rührt sich immer noch nicht! Vielleicht ruft er ja heute Abend an. Es ist immer noch schwül draußen. Hab mich mit *Magnum* und *Solero* eingedeckt. (15.30 h)

Nachtrag: Zehn *Magnum* und neun *Solero* sind schon weg. Hab nur noch ein *Solero* übrig. Es wird nachts nicht ein bisschen kühler. In meinem Zimmer sind es 32 °C! Chris hat wieder nicht angerufen. Blödmann! (23.06 h)

Montag, 20. Juni
Gestern Nacht gegen eins hat das Telefon geklingelt. Vielleicht war das Chris? Aber der würde nie so spät anrufen. War wahrscheinlich meine Mama. Sie ist mal wieder nicht nach Hause gekommen. Ich fass es nicht! Weiß nicht, ob ich wütend sein oder

heulen soll. Chris hat mich einfach vergessen. Gut, dass ich ihm meine Adresse geschickt habe. Dann wird er sich wahrscheinlich auf Norderney bei mir melden.

Sitze jetzt im Bus und schwitze. Was sonst? Wir tun hier alle nichts anderes. Ibke fühlt sich trotzdem ganz wohl, glaube ich. Sie albert gerade mit Betty rum. Hanna, Ibke und ich sind die Einzigen in unserem Alter. Dann sind da noch Attila und Betty, der Rest ist jünger als wir. Insgesamt sind wir fast vierzig Personen. Die Mitarbeiter mitgezählt. Komm mir 'n bisschen blöd vor zwischen den ganzen Jüngeren. Da sind erst mal die Jugis, die mittwochs zur Teestube kommen. Das sind etwa fünfzehn Leute. Die sind noch ganz erträglich und lieb, aber die anderen sind noch jünger, so zwischen zehn und zwölf.

Ich hab nichts gegen Jüngere, aber ich dachte eben, dass wir auf der Freizeit alle zusammen Glauben leben. Ist aber nicht so. Wir sind ein bunt zusammengewürfelter Haufen: wir, die schon länger Christen sind, die Teestubenkids, die Gott eben erst kennen gelernt haben, und dann noch Jugis, die einfach auf 'ne Freizeit mitfahren wollen, aber mit Glauben nichts am Hut haben, und dann noch die Mitarbeiter, die teilweise unsere Freunde sind. Leute über achtzehn durften nämlich nur mit, wenn sie als Mitarbeiter fahren. Also sind Betty und Attila auch im Mitarbeiterteam. Oh Gott! Lass das gut gehen! (16.30 h)

Nachtrag: Sind jetzt auf der Fähre. Das ist herrlich hier! Liege gerade quer auf'm Oberdeck, Hanna mit dem Kopf auf meinem Bauch, Attila auf Hannas Bauch und Betty auf der nach Luft schnappenden Ibke. Alle genießen den Wind. Die Seeluft ist nicht so drückend wie bei uns, das ist einfach gigantisch gut von Gott gemacht! Wie ein Geschenk. Ach! Und er hat uns noch ein Geschenk gemacht. Hab ich vorhin ganz vergessen aufzuschreiben.

Er hat mein Gebet erhört. Sam und Renate haben den Bus verpasst. Renate wollte Sam vom Praktikum abholen und hat sich da mit einem Psychiater verquatscht. Sie hat bei unserem Pastor über das Handy angerufen und sich erst für nächste Woche angemeldet. Renate meinte, sie müsste dringend mit dem Psychiater über die „Halbe Ganzheitlichkeit des zertrümmerten Vollen" diskutieren. Er hätte da eine völlig verschrobene Ansicht und sie fühle sich geführt, ihm das auszureden und ihm die Wahrheit, nämlich die „Infantilität aus der Komplexität des Wahnsinns", zu erklären. Wir sollten jetzt alle ganz stark sein und offiziell dafür beten, dass der Herr Doktor sich bekehren lässt, und am besten die ganze Freizeit unter dieses Motto stellen. Darauf hat sich unser Pastor glücklicherweise nicht eingelassen, aber er hat ihr versprochen, dass er ihr Gebetsanliegen an uns weiterleitet. Gott hat ihr einen Ruf gegeben und dem kann sie unmöglich entsagen, hat sie gemeint.

Danke, Herr! Danke für diesen Ruf! Wenn auch etwas ungewöhnlich. Aber du warst schon immer ein bisschen seltsam. Im positiven Sinne. Jetzt sind wir erst mal eine Woche in vollendeter Freiheit, bevor wir unter die Knechtschaft der Renate geraten. Danke! (20.15 h)

Dienstag, 21. Juni
Unser Haus ist ein Schullandheim vom Märkischen Kreis und liegt nur wenige Meter vom Meer entfernt. Heute Nacht konnte man es rauschen hören. Klingt fast wie 'ne Autobahn. Aber auch nur, weil Betty ihr Schnarchen dazugeliefert hat. Teile einen voll schönen Raum mit ihr, Hanna und Ibke. Wegen Betty haben wir ein Mitarbeiterzimmer bekommen: große Fenster, Holzdecke, Holzboden, helle Holzbetten und -schränke, Blumen und Muscheln in Gläsern auf der Fensterbank, Öl- und Aquarellbilder vom Meer an den Wänden. Die anderen sind in typischen Schullandheimzimmern untergebracht. Mehr nützlich und praktisch als schön. Aber immerhin mit viel hellem Holz und sauber.

Ich hab noch nie ein Schullandheim gesehen, das so gut gepflegt war. Das Essen ist auch ganz okay. Eben typisch Großküchenfraß, aber nicht ekelig. Attila hat heute Abend ganz stolz erzählt, dass er, seitdem wir von zu Hause weg sind, fastet. Er würde das jetzt anders angehen. Erst eine Woche lang gar nichts essen und viel trinken und dann langsam auf normale Essportionen steigern. Außerdem würde er das dieses Mal nicht für sich und fürs Abnehmen, sondern Gott zur Ehre machen. Biblisch gesehen macht man das, um ein bevorstehendes Unheil abzuwehren oder um seine Sünden vor Gott zu bringen. Attila macht es aber, um sich mehr mit seinem Körper als Geschenk Gottes auseinander zu setzen. Klingt gut, finde ich. Wahrscheinlich wird man sich selbst bewusster. Man spürt, dass der Körper zu einem gehört. Spätestens, wenn man vom vielen Trinken Durchfall kriegt. Hihi. Nee, im Ernst. Ich glaube schon, dass das ganz nützlich sein kann, um sich mehr auf Gott zu konzentrieren und sich mit seinem Körper anzunehmen, so wie man ist.

Attila hat auch schon ein größeres Selbstbewusstsein. Er erzählt uns ganz offen, was er so isst. Das macht er sonst nie! Wo bei anderen Sex oder Gefühle Tabuthemen sind, ist es bei Attila sein Essen. Eben meinte er: „Ich muss echt eisern sein. Hab heute nur zwei Nutellabrote, ein Schokomüsli, einen Becher Vanillepudding und fünf Kugeln Milcheis gegessen. Ist zwar hart, aber ich schaff das!"

Werde mich jetzt in die Koje werfen und den allabendlichen Weibertratsch genießen. (21.30 h)

Mittwoch, 22. Juni
Habe einen Weiber*flenn*abend genossen. Haben eine alte *Kuschelrock* von Betty gehört und alle angefangen zu heulen wie die Möwen. Ibke wegen irgendeinem Typen, den ich nicht kenne, Hanna wegen Attila und ich wegen Chris. Er hat sich immer noch nicht gemeldet. Mittlerweile müsste er meine Adresse und die Nummer längst haben! Er vergisst mich. Er liebt mich nicht mehr. Das ist über die Entfernung ja auch kein Wunder. Oder er hat irgendeine Tante im Internet kennen gelernt und sich in sie verknallt. Aber das glaube ich nicht. Chris liebt mich wirklich. Es ist das Internet. Er ist süchtig danach. Er interessiert sich nur noch dafür, alles andere prallt an ihm ab wie ein Elektron von einem Proton. (Chemie lässt grüßen! Schule, lass mich endlich in Ruhe! Ich hab Urlaub!)

Betty hat aus reiner Solidarität mitgeheult und als bei uns die Tränen längst wieder versiegt waren, hat sie immer noch geflennt. Ich bin dann zu ihr nach oben aufs Etagenbett geklettert, hab sie in den Arm genommen und gefragt, was los ist. Sie brachte dann unter den vielen Tränen stammelnd hervor: „Ich ... ich bin nur so traurig." Sie musste sich schnäuzen und benutzte dazu mein Esprit T-Shirt, sodass ich jetzt wieder einen Fleck drauf habe. Diesmal allerdings auf der Höhe meines Bauchnabels. Sie stotterte weiter: „Ich ... ich bin so traurig, weil ... weil ihr alle so traurig seid." Dann heulte sie weiter. „Ich ... will ... doch nur, dass ... ihr alle ... glücklich seid. Gott ... liebt ... euch doch. Wozu braucht ihr ... da ... Männer."

„Männer sind Schweine!", rief Hanna entschlossen.

„Genau!", stimmte Ibke mit ein.

Betty guckte sie verwundert an. „So ist's schon besser", meinte sie und fing an zu grinsen. Dann haben wir „Männer sind Schweine" gesungen und Gott für seine Liebe gedankt. Sogar Ibke hat mitgedankt. So macht man Glauben lebendig. Man muss ihn leben. (23.55 h)

Freitag, 24. Juni
In einem halben Jahr ist Heiligabend. Ist die Zeit schon wieder vergangen! Ich war doch vor kurzem noch mit Hanna und Attila im Sauerland! Hiiiiilfeeeee! Die Zeit rast und ich komm da nicht mit. Kaum hat man sich mit irgendwas abgefunden oder überwunden, kommt schon das Nächste, ohne dass man darauf irgendwie vorbereitet wäre oder die Kraft dazu hat, das durchzustehen.

Ich quatsch mich weg. Hab zu viel Gedanken in meinem Kopf. Liegt wohl daran, dass mein Hirn heute Morgen ein bisschen untergetaucht war und jetzt muss es alle Gedanken nachholen. Ibke kam heute Nacht auf die total bekloppte Idee, am frühen Morgen (6.00 h!) schwimmen zu gehen.

Tagsüber ist der Strand immer total überfüllt. Da, wo bei Flut noch Wasser war, kleben bei Ebbe Muscheln in Sonnenmilchschlieren. Um dem zu entgehen, sind wir also heute früh zum Strand runter. Alle außer Betty. Die hat sich in ihrem Bett noch mal rumgewälzt und die Wand angeschnarcht.

Am Meer war wirklich noch nichts los. Sogar die Strandkörbe waren noch zu. Die Flut ging gerade ein bisschen zurück, also mussten wir nicht weit laufen, um ins Wasser zu kommen. Ich war ganz wild darauf, mich hineingleiten zu lassen. Doch als die erste kleine Welle über meine Zehen schwappte, hatte ich plötzlich keinen Bock mehr aufs Schwimmen. Das Wasser war so was von saukalt!

Ibke hat mich dann aber doch dazu gebracht, mit dem kalten Nass eine intimere Bindung einzugehen. Sie hat mich einfach überrannt und geschrien: „Gott! Was bist du irre! Das Meer ist so wunderschöööön! Das hast du echt toll gemacht. Daaankeeee!" Ich lag bäuchlings in der Brandung und hab unfreiwillig einen Haufen Sand gefressen. Ibke rief weiter: „Danke für die Muscheln, danke für den Wind, danke für den Sand ...", den ich mir zu dem Zeitpunkt aus der Nase und zwischen den Zähnen hervorpulte.

Hanna hielt sich zurück, rannte aber hinterher und dankte mit: „Danke für die Algen, danke für die Wolken, danke für die Strandkörbe, danke für die Möwen", die bei dem Geschrei meckernd die Flucht ergriffen.

Ich hatte die Schnauze im wahrsten Sinne voll und grummelte zu Gott: „Danke für Bettys Schnarchen jede Nacht, danke, dass Chris sich nicht meldet, danke für mein Sandfrühstück, danke ..." In diesem Augenblick flog eine besonders nervös gewordene Möwe über mich hinweg. Manchmal tun übernervöse Tiere Dinge, die sie sonst nur in entspannten Situationen machen. Sie kackte mitten auf meine Stirn. „Danke, Herr!", sagte ich laut und musste lachen. Ich schmiss mich kopfüber ins Wasser, um mir das Zeug vom Gesicht zu waschen.

Dann dankte ich Gott ernsthaft noch für etwas. Denn irgendwie hatte Ibke an ihm Gefallen gefunden, ohne dass wir groß mit ihr diskutiert oder Predigten gehalten hatten. Das war echt ein Meisterwerk.

Im Gegensatz zu dem, was unser Pastor hier aufgezogen hat.
Oje.
Jeden Tag treffen wir uns zu zwei Stunden Meeting. Da erzählen uns die Mitarbeiter biblische Geschichten, als wären wir kleine Kinder, die einschlafen sollen. Und das tun wir dann auch. Nur die Gruppe, die Markus betreut, hat Schwein. Da sind – Gott sei mal wieder Dank – Ibke und ein paar Teestubenkids untergebracht. Markus hat eine eigene Art, Andachten zu halten und Jugendlichen Gott näher zu bringen. Er erzählt Erlebnisse und Vergleiche aus seinem alltäglichen Leben. Und so ist Gott eben auch: Er will Teil unseres alltäglichen Lebens sein.

In unserem Meeting hat man das Gefühl, dass Gott mit uns persönlich nichts zu tun hat, nur in der Bibel lebt. Hanna und ich sind alleine unter Zehnjährigen und kommen uns vor, als würden wir im Kindergottesdienst sitzen. Die Kleinen können mit dem Geschwafel von unserem Pastor aber genauso wenig anfangen wie wir. Der bemüht sich zwar, macht sich aber nur zum Affen. Versucht krampfhaft die Sprache der Jugendlichen zu sprechen und sagt dauernd: „Cool, ey. Voll geil, was? Ist das nicht tierisch hip?" und so 'n Zeug.

Seine Geschichten sind genauso, wie ich sie schon in der Grundschule von ihm gehört habe. Man kann die Spinnenweben vibrieren spüren, wenn er erzählt. Authentischer wär's, wenn er der ist, der er ist und die Leute Gott einfach erleben lässt. Ein bisschen beten, Lobpreis machen, 'nen bisschen *DC-talk*, *Jars of Clay* oder *WWMT* hören und dazu was Persönliches erzählen. Das käme viel besser rüber. Aber meine Meinung ist ja nicht gefragt. Ich bin ja nur eine arme Teilnehmersau und kein Mitarbeiter.

Aber selbst die dürfen keine Kritik äußern. Markus ist schon ganz frustriert. Gestern ist er mit seiner Gruppe in der Meetingzeit durch die Dünen gestreift. Die Leute sollten mal ganz bewusst wahrnehmen, wie wunderbar Gottes Schöpfung ist, und sich während der Wanderung nicht unterhalten. Später haben sie sich darüber ausgetauscht und viele haben während des Spaziergangs angefangen zu beten und Gott persönlich für die Dünen, den Sand und so weiter gedankt. Für viele war es das erste eigene Gebet. Markus hat anschließend noch von Jesu Tod und Auferstehung erzählt. Einige haben daraufhin sogar ihr Leben Jesus gegeben. Eine klasse Idee. Deshalb hat Ibke auch heute Morgen so begeistert den Tag begonnen.

Markus hatte die Tour extra vorher angemeldet, aber wie sich später herausstellte, hatte unser Pastor nur mit einem halben Ohr zugehört und verstanden, Markus wolle alleine eine Wanderung durch die Dünen machen. Als ob er dafür seine Erlaubnis bräuchte! Auf jeden Fall hat es mächtig Ärger gegeben, als Markus' Gruppe von ihrem Spaziergang zurückkam. Unser Pastor hat sich tierisch aufgespielt und als Markus ihm erklärte, er hätte es ihm selbst erlaubt, hat unser Pastor das einfach ignoriert. Bloß keinen Fehler eingestehen, Herr Pastor. Also manchmal könnte ich den . . .

Montag kommen Sam und Renate! (Stöhn!) Die könnte ich auch . . . Krieg die Pimpanellen, wenn ich daran denke. (00.37 h)

Samstag, 25. Juni
In einer Woche habe ich Geburtstag. Chris fällt mir wieder ein. Die letzten Tage hab ich extra wenig an ihn gedacht. Ich wollte die Zeit genießen. Das Meer hat eine faszinierende Ausstrahlung auf mich. Könnte mir vorstellen, später mal an die Küste zu ziehen. Gott ist mir hier besonders nahe. Wollte mich durch die Gedanken an Chris nicht aus der Bahn werfen lassen. Jetzt muss ich doch wieder an ihn denken und kriege einen Heulkrampf nach dem anderen. Selbst das Meer bringt mir keinen Trost mehr. Im Gegenteil. Es macht mir bewusst, wie weit er von mir weg ist. Hab das Gefühl, dass er sich auch innerlich von mir entfernt hat, seitdem er dauernd im Internet rumhängt. Da machen seine Eltern ihm keinen Stress wegen der Telefonrechnung, oder was? Ich vermisse ihn so. Aber er meldet sich nicht.

Scheiße! Jetzt heul ich schon in mein Tagebuch. Mach es besser zu, sonst verschmiert alles. (Keine Ahnung, ob morgens oder abends, alles ist dunkel.)

Nachtrag: Ein Gedicht, auch wenn's schlecht ist.

Mehr Tränen
Tränen tropfen
Tropfen auf Papier
Papier wellt sich
Tinte verwischt
Verwischter Blick
Blick verschleiert
Kann nichts mehr sehen
Kann nicht mehr
Ohne ihn
Liebe ihn
Sehr schmerzhaft
Schmerz im Herzen
Herz aus Sand
Sandkörner in den Augen
Bringen Tränen
Purzeln
Ins Meer
Tränenmeer

Sonntag, 26. Juni
Bin krank. Hab Schnupfen, Halsschmerzen und Fieber. Das Baden um 6.00 h war wohl doch zu kalt. Es ist nicht mehr so heiß. Gott sei Dank. Kann nicht zum Meer. Bin zu schwach. Betty bemuttert mich. Attila und Hanna auch. Schön. Danke. Ich habe Freunde. Das hilft. Tut mir Leid, dass ich so oft abfällig über sie schreibe. Ich liebe sie. Sehr. Ohne sie könnte ich nicht sein. Wüsste zumindest nicht wie. Sie sind mein Familienersatz. Markus hat mir heute einen Brief gebracht. Nicht von Chris. Aua! Der Gedanke tut weh. Meine Nase auch. Ist schon ganz wund. Meine Mama hat geschrieben. Dass sie mich lieb hat und zu Hause ein Geschenk auf mich wartet. Schön. Bin sehr müde. Hab so ein kosmisches Mehdikamänt ... Kann nicht mehr schreib ...

Montag, 27. Juni
Mir geht's immer mieser. Obwohl die alle lieb sind. Betty bringt mir jeden Tag eine Muschel mit. Ibke liest mir aus der Bibel vor. Hanna singt Lobpreislieder. Betty nicht. Komisch. Aber sie summt ganz leise. Klingt schön. Krieg trotzdem Kopfschmerzen von der Musik.

Markus meinte, mich hat's ganz schön erwischt. Ob ich wegen was traurig wäre. Das könnte mich noch mehr runterziehen. Hat der Arzt gesagt. Nee. Bin nicht traurig. Habe Freunde, Meeresrauschen und meine Mama hat mir einen Brief geschrieben. Lese ihn jeden Tag mehrmals. Kann kaum glauben, dass sie so was schreibt. Ich hab sie auch lieb. Und Attila auch. Bringt mir immer frisches zu trinken. Kann mich nicht gut konzentrieren. Chris is mir egal. Mag ihn nich so sehr mehr. Meer. Die Schmerztabletten sind gut. Glaub ich ...

Dienstag, 28. Juni
Sie sagen, es wäre ein Wunder. Dass ich noch schreiben kann. In mein Buch. Sie sagen, ich bin dick krank. Dick? Ich bin doch gar nicht dick. Oder? Ronny ist auch nicht dick. War sie nie. Sie ist so schön gewesen. Ronny drücken. Ich will. Ronny weg. Oder? Sie sagen, ich halluziziere. Oder so. Wer sind die? Aber sie sind nett. Mögen mich wohl. Fieber zu hoch, sagen sie. Ich will zum Meer. Ich und das Meer. Ich mag das. Ich glaube, ich

Mittwoch, 29. Juni
Es geht mir besser, sagen sie. Weiß nicht, wer die sind. Aber ich mag sie. Liebe ich sie? Lieben sie mich? Will Gott, dass wir uns lieben? Gibt es wen, der mich liebt? Liebe ich mich? Lieber nich. Lieber Gott ... Is der lieb? Wenne lieb bis, dann ... Ich will feiern! Geburtstag sagt so 'n dicker Hefeklops. Hihi. Der sitzt neben mir. Ein dicker Hefeklops. Der ist schön warm. Den mag ich. Hat 'ne schöne Sumsestimme. Keine Post, sagt so 'ne Bleiche. Oder heißt das Leiche? Ist das Gleiche. Hihi, Leiche. Geh hinüber, du bleiche Leiche! Sie is hinüber, die bleiche Leiche.

Donnerstag, 30. Juni
Was hab ich bloß die letzten Tage für einen Schrott geschrieben? Wäre fast ins Krankenhaus gekommen. Das ist nur ein paar Meter von hier. Deswegen durfte ich in meinem Zimmer bleiben. Die anderen haben erzählt, ich hätte Hallus gehabt und Fieberträume. Hätte hysterisch gelacht und viel geweint. Ich kann mich an nichts erinnern.

Aber mein Kopf dröhnt entsetzlich. Übermorgen hab ich Geburtstag. Jetzt liege ich hier. Werde wohl kaum fit sein bis dahin. Unser Pastor überlegt schon, wie ich nach Hause kommen soll. Wenn ich so schwach bleibe, kann ich nicht mit dem Bus fahren. Oh Jesus. Bitte! Lass mich gesund werden.

Eine gute Sache hatte das Ganze wenigstens. Renate konnte die Kids nicht so einlullen. Die haben die ganze Zeit für mich gebetet. Und mir blieben Sam und Renate auch erspart. Zumindest bis heute. Renate war eben hier und hat mich gefragt, ob ich bei einer christlichen Farbberatung mitmachen will. Sie wolle das heute als Abendprogramm anbieten. Und da ich nicht dabei sein könne, weil ich ständig im Bett herumliege, würde sie bei mir eine persönliche Beratung vornehmen.

Das Gespräch ist dann ein bisschen eskaliert: „Kind, du siehst wirklich schlecht aus. Evalein. Man hat mich die ganze Zeit, seitdem ich hier bin, nicht zu dir gelassen. (Ich danke euch, Freunde!) Ist das nicht unerhört? (Eher erhört!) So habe ich mich hineingeschlichen. (Ach nee!) Die bewachen dich ja wie einen Schwerverbrecher, nicht wahr? Hahahaha." Dann hat sie sich auf die Schenkel geklopft und gelacht. „War das komisch. Wie einen Schwerverbrecher! Hahahaha!" Dann säuselte sie in einem ernsteren, besorgten Ton: „Aber um ehrlich zu sein, mein Kind ... Ja ... Wie soll ich mich ausdrücken? Aber irgendwer muss dir ja die Wahrheit sagen, nicht wahr? Ähm ... Sitzt du auch gut? (War da noch zu schwach zum Sitzen, aber ist ja egal.) Also: Du siehst einfach entsetzlich hässlich aus!"

Ich lächelte sie müde an und krächzte: „Das glaub ich dir. Ich war ja auch halb tot."

„Ahahahahah! Wie amüsant! Halb tot! Jetzt übertreibst du aber! Wie kann so ein junges Geschöpf halb tot sein? Unter uns: Ich bin sowieso der Meinung, dass sie dich viel zu sehr verhätschelt haben. Mit Wache an der Tür und der Arzt, der jeden Tag dreimal kam ..."

Ich schaute sie verwundert an. Normalerweise findet Renate bei fröhlichen Personen immer ein Problem, das die angeblich haben und das nur von Renates Psychotipps beseitigt werden kann. Hier liege ich, wirklich mit einem echten Problem, und sie spielt das runter.

„Ich finde, du solltest wirklich was für dich tun, Eva. Reiß dich mal zusammen! Wie kannst du nur mit so einem müffeligen Gewand in deinem Bett liegen? Und erst dein grauer Teint! Gerade wir Christen sollten auf unser Äußeres achten. Wir sind heilig, das müssen wir durch unsere Kleidung zur Geltung bringen!"

Ich unterbrach sie, so gut das eben bei meiner Flüsterstimme ging. „Wie meinst du das? Sollen wir ab jetzt alle weiße Kleidung tragen, um unsere Reinheit zu zeigen oder was?" Ich grinste.

Sie zog eine Augenbraue hoch und sagte ein bisschen schnippisch: „Hab ich da etwa einen Funken Ironie herausgehört? Junge Dame! So was gehört sich nicht."

„Ach ja? Und was gehört sich?", fragte ich genauso schnippisch zurück. Ich war eben erst von den Toten auferstanden und sie hat nichts Besseres zu tun, als mich mit ihrem Schwachsinn voll zu sülzen. Nein, danke!

Sie nahm meine sarkastische Gegenfrage allerdings ganz anders auf und flötete begeistert: „Jetzt wirst du endlich vernünftig! Schön. Ich habe da ein neues Buch gelesen (Wirklich? Wie ungewöhnlich!), übrigens biblisch fundiert, und da steht drin, dass wir Christen uns möglichst schön machen sollen, um Gott zu gefallen. Wir sollen uns der höheren Gesellschaft anpassen. Nur die teuerste Kleidung, nur das teuerste Make-up ist gut genug für uns."

„Und was ist mit denen, die sich das nicht leisten können?"

„Na, das ist doch klar wie Bußmühe. Die gehören nicht zu Gottes auserwähltem Volk! Die sind unwürdig. Wie kommst du denn auf solche abstrusen Gedanken? Übrigens: Du solltest dich unbedingt schminken. Deine Poren sind viel zu groß. Die müssen versteckt werden. Dein Farbtyp ist bestimmt... Ich glaube, blau würde gut zu dir passen. Du bist sicherlich ein Sommermeeresmischmaschmenschlein."

Ich wurde so langsam richtig wütend. „Renate, ich werde mich nicht in eine Kategorie klassifizieren lassen. Ich bin ein Mischmaschtyp. Das stimmt. Ich bin ich. Und ich bin gemischt. Von Gott gemischt."

„Eben!", rief sie aus. „Eben. Du bist von Gott gemacht. Jetzt brauchst du nur noch dein Äußeres besser zu betonen, dann liebt dich Gott auch."

Plötzlich konnte ich wieder klar sprechen, anstatt zu flüstern. „Gott liebt mich so, wie ich hier liege!", sagte ich laut. „Er liebt mich mit meinem verschwitzten Nachthemd und mit meinem grauen Teint. Er liebt mich mit allem, was er hat. Er liebt jeden Menschen gleich viel."

Renate lachte. „Wo hast du denn diesen Unsinn aufgeschnappt? Dich liebt er genauso wie mich? Das ist nicht wahr. Mich liebt er mehr, denn in meinem Buch steht..."

Diesmal unterbrach ich sie. „Und in meinem Buch steht, dass Gott uns alle gleich liebt, ohne Taten zu fordern. Er will nur unser Leben."

Sie stutzte. „In was für einem minderwertigen Buch willst du das denn bitte schön gelesen haben?", fragte sie mich gereizt.

Ich seufzte und sagte: „In der Bibel. Hast du da schon mal drin gelesen?"

Dann kam aber endlich meine Leibwache und hat Renate rausgeworfen.

Fühl mich jetzt viel besser. Durch das laute Sprechen hab ich meine Stimme wieder und sitzen kann ich auch schon. Betty, Hanna und Ibke sind ziemlich baff. Sie haben gleich Markus geholt, der Krankenpfleger ist. Er hat auch überrascht aus der Wäsche geguckt. „Ich habe noch nie erlebt, dass sich ein Mensch so schnell erholt hat. Was ist passiert?"

„Ach, ich hab mich nur an das Wichtigste erinnert. Dass Gott mich liebt. Das gibt Kraft."

Und so ist es tatsächlich. Selbst die Gedanken an Chris tun nicht mehr weh. Gott liebt mich. Das ist die Hauptsache. Und vielleicht werde ich ja doch noch fit bis übermorgen. (18.56 h)

Juli

Freitag, 1. Juli
Ich kann schon alleine aufstehen! Ich komm zwar nur bis zum Klo, aber besser als dauernd zu liegen. Mein Fieber ist ganz weg und seelisch geht's mir auch gut. Die Gebete scheinen zu wirken. Danke, Jesus. Du bist wirklich genial! Ich darf auch wieder Besuch bekommen. Allerdings nie mehr als drei Leute auf einmal. Plus meine Zimmergenossinnen, natürlich.

Sam und Attila waren eben hier. Sam hat mir Wildblumen aus dem Naturschutzgebiet geklaut. Wenn das Renate wüsste! Wie unheilig! Aber ich finde es auch nicht so toll. Wer weiß, welchen Tieren Sam ihr zu Hause geklaut hat. Doch die Geste zählt. Er war total lieb zu mir. Ich kenne ihn gar nicht so. Er meinte, ich hätte ihm eine schwere Last abgenommen. Ich? Wieso? Kapier ich nicht. Hab Sam sowieso nie richtig kapiert. Aber ich mag ihn. Auch mit seinen durchgedrehten Aktionen. Er hat einfach 'n Schaden. Und Menschen mit 'm Schaden sind immer noch interessanter als die Typen aus der Haargel-„Papa-vererbt-mir-die-Firma"-Fraktion.

Sam erinnert mich manchmal(!) an *Spike* aus *Notting Hill* und Betty an *Williams* Schwester *Honey*. Solche spinnenden Typen muss man einfach lieben. Oft will man ihnen den Hals umdrehen oder sie in einen Gulli schmeißen, aber eigentlich liebt man sie für ihre Außergewöhnlichkeit. Mit ihnen wird es nie langweilig. Für sie ist ihr Verhalten ganz normal und wir Durchschnittsottos können manchmal 'ne Menge von ihnen lernen. Aber auch nur manchmal.

In solchen Momenten, wo man krank ist und Freunde braucht,

sind sie immer da. Betty hat die ganze Zeit an meinem Bett gesessen und mir leise Lieder vorgesummt. Und Sam hat mir Wildblumen geklaut, obwohl Klauen völlig gegen seine anti-okkulte-heilig-saubere Einstellung geht. Trotzdem vermisse ich Ronny und Chris. Aber was soll ich machen? Ich hab sie beide verloren. Morgen habe ich Geburtstag und kann wohl kaum auf Post von ihnen hoffen.

Betty hat Sam vorhin gefragt, wo seine Mutter eigentlich diesen dubiosen Psychiater kennen gelernt hat. Der arme Sam. Ihm blieben nur drei Möglichkeiten: Entweder musste er lügen, ihr von seinem Praktikum erzählen oder irgendwie das Thema wechseln. Er tat mir so Leid, da dachte ich: Rette ihn mal.

Aber Attila kam mir zuvor. „Bei ihrer Psychomacke ist das doch kein Wunder! Die rennt bestimmt von Psychologe zu Psychologe und preist da ihre Bücher an, was, Sam?"

Sam brummelte nur was Unverständliches und nickte.

„Jetzt lasst den armen Kerl in Ruhe. Der macht mit seiner Mutter schon genug durch."

Also mir drängt sich der Gedanke auf, dass Attila auch weiß, wo Sam sein Praktikum macht. Vielleicht war das das Geheimnis, was Attila ausplaudern wollte, wenn Sam noch mal über meine Mutter herzieht. Genau! Ha! Das wird's sein! Das war es, was Attila jedem erzählen wollte, von dem Sam schon genau wüsste, was Attila meinte. Das ist die Leiche in seinem Keller! Wohlgemerkt eine ziemlich unspektakuläre Leiche. Aber jedem das seine. Sogar Ronny wusste nichts von seinem Praktikum, als sie noch mit ihm zusammen war. Das zeigt ja eindeutig, wie tief das Vertrauen in ihrer Beziehung ging. Ronny hat ihm das Geheimnis von ihrem Namen preisgegeben und er hat ihr noch nicht mal verraten, dass er bald ein Praktikum in der Psychiatrie macht. Oh Mann. Bin ich froh, dass Chris mir alles erzählt. Obwohl... Im Moment erzählt er mir gar nichts. (22.01 h)

Samstag, 2. Juli
Bin 16 Jahre alt und darf jetzt nach dem Gesetz Sex haben. Darauf hat mich Sam aufmerksam gemacht, der mir aus Spaß ein paar

Kondome geschenkt hat. Komischer Kauz: gestern Wildblumen, heute Kondome. Würde *er* so was geschenkt bekommen, würde er sich tierisch aufregen und uns predigen, dass Sex eine schmutzige Angelegenheit ist und man das nur tut, um Kinder zu zeugen. Tz, tz.

Bin heute Nacht aus dem Bett geschmissen und zum Strand getragen worden. Alle, auch die Mitarbeiter haben mich gegen 2 Uhr gepackt und über ihren Köpfen hinweg wie eine Prinzessin transportiert. Nur Renate und den Pastor haben wir zurückgelassen. Das war einfach herrlich! Hatten Vollmond und der Himmel war voller strahlender Sternchen. Das Meer hat gerauscht und der Mond hat sich darauf gespiegelt. Sah richtig unwirklich aus. Wie in einem Traum. Hat mich ein bisschen an die Lichter von der Schleuse erinnert. Aber die kommen nicht im Geringsten an diesen Anblick heran.

Es war bombastisch! Erst haben wir alle andächtig zum Meer rausgeblickt. Irgendwann hat Sam seine Gitarre rausgekramt und Betty hat ganz leise und wunderschön *Our God is an awesome God* dazu gesungen. Dann haben die anderen mitgesungen und irgendwann hat sich Bettys Stimme wieder grölend schaurig über die anderen hinweggesetzt.

Zoe hat mich angetippt und flüsternd gefragt, ob sie mir jetzt schon ihr Geschenk geben könnte, sie wolle nicht, dass die anderen es sehen. Dann hat sie einen Zettel rausgekramt und mir leise ein Gedicht vorgelesen, das sie extra für mich geschrieben hatte. Ich war total gerührt. Sie ist wirklich lieb. So ein Typ, der in der Klasse untergeht, weil er zu unscheinbar ist, doch in dem viel mehr steckt als in allen zusammen. Doch das weiß sie nicht und das glaubt sie auch nicht. Erinnert mich ein bisschen an mich von früher. Sie schreibt auch Gedichte. Vielleicht sollten wir später mal einen Gedichtband herausgeben. Genau. Damit zeigen wir allen verkrachten Poeten, dass sie nicht alleine auf der Welt sind. Dass es Menschen gibt, die genauso schlecht dichten können, die genauso zum Grübeln veranlagt sind, die sich genauso verloren fühlen und einfach bescheuert sind.

Ihr Bescheuerten der Welt, vereinigt euch! Ihr seid nicht alleine! Gott ist dabei! Er ist verrückter als wir. Verrückt vor Liebe. Weil er uns bescheuerten Menschen keine scheuert, sondern uns anheuert und unsere Sünden feuert! Hähä! Die Poetin lebt!

Unser Pastor wollte mir eine besondere Überraschung machen. Er meinte am Frühstückstisch: „Da unsere Eva bisher so ein Pech hatte und nie bei unseren hippen Strandspielen mitmachen konnte, hab ich mir gedacht, wir machen heute einen coolen Sportmarathon. Extra für dich, Eva. Du wirst die Leibesertüchtigungen bestimmt schon vermisst haben."

Ich und Sport? Oh Gott! Bitte nicht an meinem Geburtstag! Das könnt ihr mir nicht antun!

Die Kids sahen das ähnlich und stöhnten: „Nein! Keinen Strandsport mehr. Bitte! Ich kann das Sackhüpfen nicht mehr sehen! Außerdem hat mich ein Krebs in den Fuß gebissen, ich kann nicht schnell laufen. Ich bin allergisch gegen Schweiß." Und so weiter.

Unser Pastor guckte verwirrt in die gequälten Gesichter. Markus schlichtete dann mit seinem Einwand: „Ich glaube kaum, dass Eva schon dazu in der Lage ist, Sport zu machen. Und die anderen sind wohl auch nicht so motiviert. Lassen wir sie doch einfach einen freien Tag genießen, an dem jeder das machen kann, was er will."

Die Jugis brachen in Jubel aus und trommelten mit ihrem Besteck auf den Tischen herum. Unser Pastor gab sich geschlagen.

Betty, Hanna, Ibke, Sam, Zoe und drei Teestubenkids wollten in die Dünen und ein bisschen Lobpreis machen.

Ich hatte keine Lust und blieb mit Attila im Schullandheim. Wir haben uns vor das Haus auf den Bürgersteig gelegt, uns die Wolken angeguckt, unsere Fantasie angeknipst und dann erzählt, was wir in den Wolken sehen. Ich sah unsere ruhige Wolkenträumphase aber schnell dahinschwinden, denn plötzlich stand Renate neben uns. Sie fragte uns kritisch, was wir machen würden. Attila erklärte erschrocken, dass wir uns die Wolken ansehen würden. Aber anstatt uns eine Analyse über dieses abnormale Verhalten zu geben, sagte Renate kurz: „Ich mach mit, wenn ihr nichts dagegen habt."

Wir schauten uns verwirrt an und sahen zu, wie sich Renate neben uns auf den Asphalt pflanzte. Dann schaute sie stumm (wirklich stumm!) in die Wolken. Später stand sie wieder auf, meinte: „Danke. Das war eine gute Erfahrung", und ging. Unheimlich! Eine ganz andere Renate war das! Menschen können sich also auch zum Positiven verändern.

Attila und ich sind dann am Spätnachmittag zum Strand und haben die knutschenden Pärchen in den Strandkörben beobachtet. Mir hat das sofort einen Stich gegeben. Denn natürlich hatte Chris sich nicht gemeldet. Wie erwartet. Dafür hat Attila mir einen voll schönen Gedichtband über das Meer geschenkt. Woher wusste er nur, dass ich Gedichte und das Meer so liebe?

Attila lachte, als ich ihm diese Frage stellte, und sagte: „Davon hast du immer in den Fieberträumen gefaselt. Dass du das Meer liebst und dass du keine Poetin bist oder so."

Mir fiel das Bürschchen mit dem eingekniffenen Würstchen ein und ich schämte mich. Attila hatte mir eines der schönsten Geschenke gemacht und ich ziehe so oft über ihn her. Habe ihm dann verraten, dass ich es liebe, Gedichte zu schreiben. Attila hat voll gut darauf reagiert, mir Mut gemacht. Dass ich das, egal was ich schreibe, nicht herabsetzen soll. Ich soll meinen Perfektionismus mal abschalten und die Gedanken einfach aufs Papier fließen lassen. Wie hier beim Tagebuch. Ich werde es üben.

Irgendwann sagte Attila ernst: „Eva. Ich muss mich noch bei dir entschuldigen. Ich ... äh ... dachte ... äh ... du wärst in mich verliebt. Selbst als du mit Chris zusammen warst, hab ich noch gedacht, du willst mich nur eifersüchtig machen oder so. Das passiert mir immer! Ich glaube sofort an die große Liebe, wenn ein Mädchen nett zu mir ist. Denn eigentlich wird sich nie ein Mädchen in mich verlieben, nie! Ich bin viel zu dick. Ich passe nicht in ein Schönheitsideal. Ich werde nie wissen, wie es ist, jemanden wirklich zu lieben."

Dann fing er stumm an zu weinen. Ich hab Attila noch nie weinen gesehen! War ganz verdattert. Versuchte ihn zu beruhigen und reichte ihm ein altes, zerschlissenes Taschentuch. „Hier. Sind vielleicht ein paar lila Bakterien und gemeine Totmacherbazillen dran, aber ansonsten noch frisch."

Er grinste mich mit schiefen Mundwinkeln an und hörte auf zu weinen. Ich überlegte: „Attila, Gott hat dich so gemacht. Klar, du entsprichst nicht dem Schönheitsideal, aber du hast Charakter. Du bist sensibel, ehrlich, wie du eben bewiesen hast, und hast Prinzipien. Trau dich einfach mehr, zu dir zu stehen. Sei du selbst und bleib locker. Du besitzt mehr, als die meisten schönen Männer je haben werden. Viele sind hohle Puppen: arrogant, eingebildet, unsensibel und ohne Gewissen. Willst du auch so sein? Wir haben ein anderes Ideal von Schönheit, und das ist wirklich schön. Gott ist schön und du durch seine Augen genauso wie alle anderen." Ich legte eine kleine Pause ein und sagte schließlich: „Attila. Ich begehe damit zwar einen kleinen Vertrauensbruch, aber ... Ich habe diesen Satz nicht umsonst gesagt. Du siehst den Wald vor lauter Bäumen nicht. Doch ich bin nicht der Wald. Das Problem ist nur: Wenn du den Wald siehst, dann könnte der Wald glauben, du magst ihn nur, weil du keinen anderen Wald abkriegst. Und wenn der Wald herausbekommt, dass du ihn erkannt hast, weil ich ihn dir gezeigt habe, dann ist es mit der Freundschaft zwischen mir und dem Wald aus. Also geh umweltbewusst mit dem Wald um, ja?"

Attila schaute mich fragend an, als Betty, Ibke, Hanna, Sam, Zoe und die drei anderen Teestubenjugis aufgeregt über den Strand gepest kamen.

„Das glaubt ihr nicht!", schrie Betty schon von weitem.

Außer Atem blieben sie vor uns stehen und erzählten völlig zusammenhangslos und durcheinander drauf los. Sie sahen ganz schön geschockt aus. Was immer sie auch erlebt hatten, es musste ziemlich traumatisch gewesen sein. „Alle nackt! Alle nackt! Richtig, äh ..."

Selbst Sam fehlten die Worte. Irgendwann hatten sie sich soweit unter Kontrolle, dass sie in Ruhe erzählen konnten, und das ergab Folgendes: Die acht waren bei ihrer Lobpreistour immer weiter am Strand entlang gegangen und hatten gar nicht bemerkt, wie lange sie schon unterwegs waren. Den Hauptbadestrand hatten sie schon längst hinter sich gelassen und streckenweise war kein Mensch zu sehen. Irgendwann kamen sie wieder an einen Strandabschnitt, wo sich Menschen in der Sonne aalten. Aber sie waren so in ihren Lobpreis vertieft, dass sie die Sonnenanbeter nicht bemerkten. Gerade als sie aus vollem Halse: *Entblößet euch dem Herrn* sangen, kam ein Mann auf sie zu und fragte, ob sie sich nicht auch langsam mal ausziehen wollten. Betty lachte und erklärte, dass sich das Entblößen auf die Seele beziehen würde, hielt dann aber mitten im Satz inne und bekam große Augen. Die Lobpreisgruppe befand sich nämlich direkt auf dem FKK-Strand und wurde belustigt beobachtet. Knallrot haben sie sich dann umgedreht und schweigend aus dem Staub gemacht. Nur Betty konnte sich nicht so schnell losreißen und musste nach Ibkes Schilderung fast gewaltsam weggeschleift werden. Den ganzen Rückweg über hatten sie kein Wort darüber verloren. Erst bei Attila und mir ließen sie alles raus.

Ein ereignisreicher Tag. Schöner Geburtstag. Morgen geht's nach Hause. Bin ein bisschen traurig. Werde das Meer vermissen. Aber ich freue mich auf meine Eltern. Bin gespannt, was die für eine Überraschung für mich haben. Meine Mama sagte am Telefon, dass die Überraschung was Emotionales wäre. Bin schon am hin- und herüberlegen.

Ob sie Chris eingeladen haben? Das wäre das größte Geschenk! Vielleicht hat er sich deshalb nicht gemeldet, weil er mich zu Hause überraschen will...

Zu Hause, ich komme! (23.08 h)

Sonntag, 3. Juli
Bin mehr schlecht als aufrecht at home. Meine Eltern haben mich beide vom Bus abgeholt. Hab mich sehr gefreut, denn sonst holt mich immer nur Paps ab. Die beiden waren ganz schön erschrocken, weil mich die Fahrt wohl doch mehr Kraft gekostet hat, als

ich gedacht hätte, und ich dementsprechend matt aussah. Liege schon wieder seit drei Stunden im Bett.

Die Überraschung ist meinen Eltern echt gelungen. Mama hat beschlossen, eine Therapie zu machen. Ihr ist bewusst geworden, dass sie ein Problem hat, und gibt offen zu, dass sie Alkoholikerin ist. Sie geht jetzt zu den *Anonymen Alkoholikern* und Paps besucht eine Gruppe, die aus Angehörigen von Alkoholkranken besteht. Mama hat sich bei mir entschuldigt, aber auch gesagt, dass es Rückfälle geben wird. Wir müssten deshalb alle Geduld mitbringen. Doch auf Dauer würde sie es schaffen. Sie haben mir angeboten, dass ich auch zu einer Selbsthilfegruppe gehen kann. Aber ich glaube, das brauche ich nicht. Ich habe Gott. Ich hatte mich schon lange damit abgefunden und es hinter mir gelassen. Deshalb ist das ein wahres Wunder, was hier passiert. Meine Mama ist aufgewacht. Dann wird sich der Werwolf wohl auf Dauer verkrümeln.

Danke, Herr. Du erhörst Gebete. Zwar nicht alle, aber die meisten. Dafür danke ich dir von Herzen. Wirklich. Bitte hilf mir auch zu entscheiden, was ich mit Chris machen soll. Er hat sich immer noch nicht gemeldet und ich sehe es nicht ein, dass ich schon wieder die Dumme sein soll und ihn anrufe. Dann fang ich wahrscheinlich noch am Telefon an zu heulen und mach mich noch verletzlicher. Was soll ich tun? Bitte segne Chris. Bitte hilf ihm.

Kaum fängt der eine an, gegen seine Sucht zu kämpfen, wird ein anderer süchtig. Scheiß Internet! Geh jetzt schlafen. Das ist alles zu viel für mich. (22.01 h)

Montag, 4. Juli
Hab einen kleinen Rückfall. Fieber is back. Der Doc sagt, das wären die Folgen von der Busfahrt. In ein paar Tagen sei das aber wieder vorbei. Ich sollte langsam versuchen aufzustehen und nicht sofort einen Marathonlauf machen. Gerade ich! Sport ist doch Mord. Zapp mich durchs TV, lese und führe Dauergespräche mit Attila, Hanna, Betty und Sam am Telefon. (*Sie* rufen mich an!) Ronny hat mir eine Karte geschrieben. Sie steckt wieder im Münsterland. Ich weiß immer noch nicht, warum sie da dauernd hin-

fährt! Ihre Oma und Simon sind mitgefahren. Scheinbar sind die beiden jetzt zusammen. Und mein Freund kümmert sich einen Scheißdreck um mich. Werde ihn ganz bestimmt nicht anrufen! (23.56 h)

Dienstag, 5. Juli
Sam ist ausgesprochen nett zu mir. Gar nicht mehr so ruppig. Er macht sich Sorgen um mich, weil ich immer noch Fieber habe. Seit gestern hat sich nicht viel verändert. It's very boring! Rufe Chris nicht an, jawoll! (22.32 h)

Mittwoch, 6. Juli
Haben mich heute von der Teestube aus angerufen. Zoe lässt mich grüßen. Machen sich alle Sorgen. Sam macht sie verrückt, weil er einen Gebetsaufruf für mich starten will. Ist ja echt nett von ihm, aber er übertreibt mal wieder.

Sam hat mich gefragt, was er noch für mich tun kann, da hab ich gesagt, er soll Chris so tief in den Hintern treten, dass er die Schuhsohle mit den Zähnen kauen kann. Die Traurigkeit wird langsam zu Wut. (22.58 h)

Donnerstag, 7. Juli
Das Fieber ist runter und ich bewege mich in der Wohnung. Sam hat mich darüber ausgequetscht, warum ich sauer auf Chris bin. Bin das Risiko eingegangen und hab mich bei ihm ausgeheult. Er war sehr verständnisvoll. Was hast du bloß mit Sam gemacht, Herr? Das ist ja unglaublich! Ich rufe Chris nicht an. Oder? (22.15 h)

Freitag, 8. Juli
War heute das erste Mal draußen. Sam hat mich abgeholt und wir haben einen Minispaziergang um den Block gemacht. Sind dann zu ihm, wo auch Attila und Hanna zusammen (!) aufgekreuzt sind. Fühle mich schon besser. Vermisse Chris. Soll ich ihn doch anrufen? Besser nicht. (22.47 h)

Samstag, 9. Juli
Ich will meinen alten Chris zurück! Bin nahe dran, ihn anzurufen. Lass es aber doch besser. Ich häng mich ihm doch nicht an den Hals. Aber ich würde es gerne.

Renate hat vorhin angerufen und mich für morgen Mittag zum Essen eingeladen. Spielen jetzt alle verrückt? Chris meldet sich nicht, meine Mama ist offizielle Alkoholikerin, Ronny ist dünn, Sam neuerdings normal und Renate lädt mich, die unwürdige Eva, Tochter einer Sünderin, zum Mittagessen ein? Die Welt dreht sich zu schnell für mich, ich komm da nicht mehr mit. Lässt mich mal einer aussteigen? (22.22 h)

Sonntag, 10. Juli
Die Welt dreht sich wirklich zu schnell. Wo bin ich eigentlich? Raff das alles nicht. War heute bei Renate und Sam essen. Waren beide sehr nett und haben mich ausreden lassen! Aber es kommt noch dicker: *Ich* habe die meiste Zeit geredet! Sie waren total an mir interessiert. Gott, du bist echt super, dass du so was machst, obwohl ich das alles noch nicht so ganz begreifen kann. Renate meinte, ich hätte ihr die Augen geöffnet. Deshalb will sie sich bei mir mit einem Geschenk bedanken. Soll dafür morgen Abend um 22.00 h zu Sam kommen. Mit meinen Eltern wäre alles geklärt, ich dürfte bis 00.00 h wegbleiben, weil Sam ja fast nebenan wohnt. Ich kann dazu nur noch eins sagen: „Hä?" (23.09 h)

Montag, 11. Juli
Das gibt es alles nicht! Ich lebe nicht in der Realität, ich lebe in einer Seifenoper. Aber von vorne. Bin um 22.00 h zu Sam. Der war ganz nervös. Meinte, mein Dankesgeschenk wäre noch nicht da. Also haben wir uns einen Film aus Sams Metzelsammlung angeguckt. „Hack dem Huhn die Gurgel durch" hieß der, glaube ich. Oder war es „Hucky, das Mörderhuhn"? Finde die Filme jedenfalls ekelig. Da ich aber immer noch nicht ganz auf der Höhe war und es gewöhnt bin, gegen 23.00 h zu schlafen, bin ich prompt auf Sams Couch eingepennt. Hab von Chris geträumt. Ich gehe am

Kanal spazieren und da kommt ein Flugzeug an, was „I love you, schöne Toilettenfrau" an den Himmel schreibt.

Dann hör ich ein Schlurfen hinter mir und er sagt mit seiner schönen, sanften Stimme: „Fall vor Schreck nicht in den Schnee, Kleines, aber ich bin's."

Hab dann die Augen aufgemacht und guckte direkt in Chris braune Knopfaugen. Ich seufzte, schloss die Augen wieder und sagte zu Sam: „Weißt du was? Bin wegen Chris schon so durcheinander, dass ich wieder Hallus kriege. Hab doch tatsächlich gedacht, der wäre jetzt hier."

Ich hörte zwei Stimmen lachen und Chris sagen: „Aber ich bin doch hier."

Ich sprang erschrocken von der Couch auf und stand direkt vor ihm. Wollte gerade „Kneif mich mal!" sagen, als sich mein Kreislauf verabschiedete. Sah Sternchen und knickte in der Mitte ein. Chris fing mich auf und ich hörte alles nur noch wie durch einen Nebel. „Ich hab mit einer Strafpredigt gerechnet, weil ich mich nicht gemeldet habe, aber so was..."

Sam antwortete hastig: „Nee. Ich hab dir doch erzählt, dass sie krank war. Der Sprung vom Sofa war für ihren Kreislauf zu viel."

Dann müssen sie mich aufs Sofa gehievt haben. Ich hörte, wie Chris meinte: „Stimmt. Sie sieht richtig abgemagert aus. Und so fahl im Gesicht. Was hat sie denn gemacht, dass das so schlimm werden konnte?"

„Ich weiß auch nicht. Sie ist morgens um 6.00 h schwimmen gegangen und hat das kalte Wasser nicht vertragen oder so. Aber der Arzt meinte, sie wäre wahrscheinlich seelisch unglücklich und das würde zu einer Verschlechterung führen."

„Du meinst also...", fing Chris zögernd an. „Du meinst also, ich bin schuld? Nur, weil ich mich nicht gemeldet habe?"

„Nur?" Sam begann sich in seiner typischen Art aufzuregen. „Du hast dich fast einen Monat nicht bei ihr gemeldet! Einen Monat! Und das über diese Entfernung! Sie hatte Geburtstag! Aber das weißt du wahrscheinlich noch nicht mal, oder? Sie ist sechzehn geworden. Falls du das Alter auch vergessen hast. Sie hat dir extra die Adresse von Norderney gegeben und du hattest ihr versprochen, öfter zu schreiben."

„Jeden Tag, hab ich gesagt", murmelte Chris.

„Ja, jeden Tag! Was man verspricht, das hält man auch. Sie hat jeden Tag auf einen Brief von dir gewartet, weißt du das nicht? Du hättest mal ihren Blick sehen sollen, wenn es hieß, dass nichts für sie dabei ist. Mann! Sie liebt dich. Und wenn du sie nicht liebst, dann solltest du wenigstens so fair sein und es ihr sagen!"

Jetzt schrie auch Chris: „Aber ich liebe sie doch! Ich wollte das nicht! Und ... woher weißt du das eigentlich alles?"

So langsam kam ich wieder zu mir und mischte mich leise ein. „Von mir. Von mir weiß er das."

Chris beugte sich über mein Gesicht, lächelte mich an und strich mir über die Wange. „Entschuldige. Entschuldige bitte. Es tut mir Leid. Ich war ein Trottel. Ich erklär dir alles morgen. In Ordnung? Hätte ich die Möglichkeit, die Zeit zurückzudrehen, würde ich alles anders machen."

Ich lächelte schwach zurück. Starker Auftritt. Eigentlich wollte ich ihm eine Szene machen und stattdessen breche ich zusammen. Ich setzte mich langsam auf und fragte Sam: „Ist *er* das Dankesgeschenk."

Sam nickte, immer noch ein bisschen sauer auf Chris. Ich war auch noch sauer und meinte kühl: „Ja, Jungs. Ich muss dann jetzt. Es ist gleich 00.00 h. Schön, dich mal wieder gesehen zu haben, Chris."

Ich gab ihm die Hand und wollte gehen. Aber er ließ meine Hand nicht los und zog mich zu sich heran. Ich spürte seinen Atem direkt vor meinem Mund. Er roch gut. Nach Limone. Ich dachte, jetzt ist es so weit, jetzt küsst er dich. Stattdessen nahm er mich in seine Arme und drückte mich ganz lange und feste. Er meinte: „Komm mir nicht so. Du bist krank. Du darfst nicht alleine nach Hause. Außerdem bist du trotz meiner Warnung mal wieder hingefallen. Nicht in den Schnee, aber in meine Arme. Wo du hingehörst. Zick jetzt nicht rum. Ich bleibe nur bis Freitag. Also lass uns die Zeit genießen, ja?"

Ich konnte nicht anders und gab nach. Ich liebe ihn eben. Er war so schön warm und kuschelig.

Sam unterbrach meine romantische Stimmung und meinte, er brächte mich mit nach Hause, falls ich noch mal zusammenbrechen sollte. Dann wird's ja wieder nichts mit unserem Kuss, dachte ich. Denn wenn wir uns küssen, dann ungestört.

Chris ließ mich selbst auf der Treppe nicht los. Ich konnte nur noch erschrocken „Huch!" sagen und wurde dann von ihm hinuntergetragen. Draußen nahm er meine Hand und steckte sie zusammen mit seiner in seine Jackentasche. Sam brummelte skeptisch neben uns her. Haben dann ein bisschen small getalkt. Wie seine Zugfahrt gewesen war, wie Sam und Renate das alles organisiert hatten. Sie hatten sogar bei Chris auf der Arbeit angerufen und denen erklärt, dass Chris' Verlobte schwer krank wäre und sie ihm unbedingt frei geben müssten. Was sie gemacht hatten.

Chris streichelte die ganze Zeit in der Jacke meine Hand. Vor unserem Haus umarmte ich Sam, der ungeduldig ein paar Meter neben uns stehen blieb, und dann Chris. Der ließ mich nicht mehr los und streichelte mir über den Rücken. Meine Ameisenkolonie ist sofort aufgewacht und treu seinen Bewegungen hinterhermarschiert. Um mich meinen Gefühlen nicht so auszuliefern, sagte ich sarkastisch: „So, so. Ich sehe also abgemagert aus, ja? Und mein Gesicht ist fahl. Ist ja interessant."

„Das macht dich attraktiv. Ich stehe auf Leichen. Scherz", witzelte er.

Ich fand diese Bemerkung ziemlich daneben und löste mich von ihm. „Ich muss jetzt nach oben. Danke fürs Nachhausebringen", sagte ich gereizt.

Da er längere Beine hat als ich, war es ein Leichtes für ihn, mir den Weg zu versperren. Er nahm mein Kinn in seine Hand und zwang mich, ihm in die Augen zu sehen. „Es tut mir Leid. Ich weiß, dass wir viel klären müssen. Ich war ein Idiot. Morgen reden wir über alles. Der Spruch eben war auch nicht sehr geistreich. Sorry."

Ich drehte meinen Blick weg. Mir kam die ganze Wut und Trauer aus den letzten Wochen hoch. Wollte nur noch in mein

Bett und nachdenken. „Ich liebe dich", flüsterte er traurig. „Wirklich. Bitte. Lass mich dich noch mal in den Arm nehmen. Alles wird gut, ja?"

Ich ließ mich halb widerwillig, halb seufzend von ihm in den Arm nehmen, erwiderte seine Umarmung aber nicht. Er ließ mich los und ließ hilflos die Arme sinken. „Chris, ich ... Du hast Recht. Lass uns morgen darüber reden. Ich hab mich so nach dir gesehnt und dann war schon fast alles vorbei und jetzt stehst du plötzlich vor mir und ... Ich ..." Dann kamen mir die Tränen. Ausgerechnet jetzt! Ich wollte mir nicht die Blöße geben und vor ihm heulen. Er nahm mich noch mal in die Arme und dann konnte ich nicht mehr. Ich ließ alles raus und schniefte seine Jacke voll.

Als ich mich wieder beruhigt hatte, strich er mir die restlichen Tränen vom Gesicht und sagte: „Es wird alles gut. Wir klären das. Ich werde es besser machen. Wir finden eine Lösung."

Ich nickte und schluckte die letzten Tränen herunter. Mit gebrochener Stimme deutete ich auf Sam und meinte: „Du musst gehen. Sam will nach Hause."

Chris grinste mich an. „Aber der ist doch schon längst zu Hause."

Ich drehte mich in die Richtung, wo Sam gestanden hatte, und sah... Chris. Der guckte mir nämlich tief in die Augen und in seinen funkelte es. Die Ameisenkolonie wanderte wild drauf los und mein Magen sendete nervöse Signale. Dann ging alles recht schnell. Kann mich nicht mehr genau erinnern, wie es gekommen ist, aber er hat die Initiative ergriffen. Richtig so – er ist ja auch der Mann. Hähä. Eh ich mich versehen konnte, lagen seine Lippen auf meinen. Er küsste mich, ich küsste zurück und irgendwann berührte er langsam mit seiner Zunge meine. Fand ich gut. Hab ich dann auch gemacht. Meine Ameisenkolonie musste in meinen Magen gewandert sein, denn da kribbelte es tierisch. Je länger es ging, umso entspannter wurde ich. Irgendwann haben wir aufgehört und Chris hat ein „Muss jetzt. Sam wartet. Bis morgen. Ruf mich an, wenn du wach bist." gemurmelt. Er hatte ganz fleckige Wangen.

Ich winkte ihm nach, ging die Treppen hoch und dachte: „Das war ja nicht gerade trocken. Aber auch nicht zu nass. Einfach nur schön. Nicht so, wie ich es mir vorgestellt hatte, aber besser. Möchte auf jeden Fall mehr davon."

Ja, und jetzt sitz ich hier, schreibe das alles auf und freue mich auf morgen. Dann wird erst mal alles geklärt. Danke, Herr! Danke. Mir bleibt echt die Spucke weg! Hä. Im wahrsten Sinne. Hihi. (1.19 h)

Dienstag, 12. Juli
Chris ist heute Morgen gleich vorbeigekommen. Haben uns ausgesprochen. Er war wirklich fast internetsüchtig. Chris meinte, er wäre so einsam gewesen, dass er sich im Internet davon abgelenkt hatte. Die Gedanken an mich haben ihn nicht getröstet, im Gegenteil. Jedes Mal, wenn er an mich denken musste, wurde ihm klar, dass wir nichts miteinander erleben, dass wir nichts aus unserem Alltag teilen können. Das hat ihn noch mehr runtergezogen. Da kam ihm das Internet als Tröster gerade recht. Doch jetzt hat er in einem Chatroom einen Typen aus Zürich kennen gelernt, der zwar kein Christ ist, aber Chris' Glauben akzeptiert und dieselben Interessen hat. Die beiden haben sich in den letzten Wochen oft getroffen und Tom, so heißt er, hätte ihm die Augen über sich selbst geöffnet. Tom war es gewesen, der Chris wegen der Internetsucht und mir in den Hintern getreten hat. Er lässt mich unbekannterweise grüßen. Meint, dass ich es mit so einem depressiven Mamasöhnchen über die Entfernung aushalte, verdient echt Respekt.

Scheint ja 'n ganz netter Kerl zu sein, der Tom. Bin echt froh. Jetzt verkümmert Chris nicht mehr und kommt mal unter Leute. Chris meinte, Toms Freunde hätten 'ne Band und suchen einen Gitarristen. Na also!

Haben den halben Tag auf meinem Bett rumgelungert und uns durch die Musiksender gezappt. Waren beide zu schüchtern, um uns noch mal zu küssen. Aber ich war die Schlimmste. In meinen Träumen würde ich sogar gerne noch weiter gehen, aber in der

Realität traue ich mich noch nicht mal, seine Hand zu nehmen! Bin ich feige! Hätte ich nie von mir gedacht! Alles ging immer von ihm aus. Er hat meine Hand genommen und sie gestreichelt – ich dann auch. Er hat seine Hand an meiner entlanggeschubbert – ich dann auch. Er hat mich in den Arm genommen und mich gedrückt – ich dann auch.

Als das Lied aus *Notting Hill*, *When you say nothing at all* auf *Viva* kam, hat Chris mich angesehen und gesagt: „Der Film passt zu uns. Wir sehen uns auch immer nur selten. Du bist Julia Roberts alias Anna und ich Hugh Grant alias William."

Ich lachte und meinte: „Eigentlich bist du eher Anna. Du bist schließlich derjenige, der immer wieder wegfährt. Und ich bin Hugh Grant. Ich bin genauso trottelig und unsicher. Ich schaffe es ja noch nicht mal, dich zu küssen."

„Stimmt", murmelte Chris, „Anna hat William auch zuerst geküsst." Was Chris alias Anna auch gemacht hat. Fünf Minuten lang. Dann hat er einen Krampf im Nacken bekommen, weil er die ganze Zeit über mich gebeugt da saß.

Jetzt sitze ich alleine auf meinem Bett und habe Chris Pulli im Arm. Er hat heute mein Bergmannshemd getragen. Am Anfang hätte er es jeden Tag angehabt, hat er erzählt. Dann hatte er Angst, dass es durchs viele Waschen zu schnell kaputtgeht. Wenn er fährt, kriegt er seinen Pulli zurück und ich mein Hemd. Dann riecht sein Pulli nach mir und mein Hemd nach ihm. Schnüffel, inhalier, dope! (22.36 h)

Mittwoch, 13. Juli
Waren heute Abend alle bei Hanna und haben *Notting Hill* gesehen. Selbst Betty war von dem Film angetan. Obwohl er noch nicht mal drei Jahre alt ist. Sie hat uns ein bisschen genervt. Hat mich und Chris ständig angeglotzt und verzückt die Augen verdreht. „Ihr seid ja so süüüüß! Ihr passt ja soooo gut zusammen!"

Hab heute beim Küssen die Augen aufgemacht und Chris' Gesicht beobachtet. Er gibt sich mir richtig hin dabei. Finde ich schön. Er hat mir über den Rücken und schließlich über den Arm gestrichen. Die Berührung war so sanft, dass es kitzelte. Erst hab ich es noch ertragen, aber dann musste ich loslachen. Mussten feststellen, dass man nicht gleichzeitig küssen und lachen kann. Haben es versucht, aber das artete in einen Lachkrampf aus, weil wir uns beide in den Mund geprustet haben. Hatte große Lust, ihn unter dem Shirt zu streicheln, hab mich aber nicht getraut.

Hach, ich Feigling! Wir haben ja noch Zeit. Aber andererseits auch nicht. Übermorgen fährt er schon wieder. Klingt jetzt doof, aber ich wünschte mir, er würde mich noch mehr berühren. Ich glaube, wir Frauen sind manchmal genauso schlimm wie Männer. Es wird zwar behauptet, die Männer würden immer nur an das Eine denken, aber Frauen vertuschen es nur besser. Hätte nie von mir gedacht, dass ich so bin! Mensch! Während ich nur daran denken konnte, weiter zu gehen, hat Chris sich dem Kuss hingegeben und den Augenblick genossen. In seinem Kopf gehen solche Gedanken bestimmt nicht herum.

Gehe jetzt schlafen. Alleine. In meinem Bett. Hätte Chris jetzt gerne bei mir ... Oh nein! Wie abgebrüht bin ich eigentlich? Herr, hilf mir! (23.46 h)

Donnerstag, 14. Juli
Chris ist ja sooo süß!

Heute Morgen hatte er keine Zeit, weil er mit Sam in der Stadt was Wichtiges besorgen musste. War ein bisschen muffig, dass sie mich nicht mitgenommen haben. Später aber nicht mehr. Chris kam nachmittags vorbei und stand mit einem Strauß Blumen vor mir. Weiße Rosen, gelbe Narzissen, weißgelbe Lilien und Margariten. Meine Lieblingsblumen. Kann mich gar nicht daran erinnern, ihm das verraten zu haben.

Dann hat er einen Schuhkarton herausgezogen und mir beides in die Hand gedrückt. Er kniete sich vor mir nieder und winselte: „Es tut mir unendlich Leid, dass ich deinen Geburtstag verschwitzt habe, unendlich! Verzeihst du mir?"

Ich musste lachen. „Entschuldigung angenommen und jetzt steh auf und küss mich!"

So stürmisch haben wir uns noch nie geküsst! Als er aufgestanden war, hab ich (jawohl!) ihn zu mir herangezogen und ihn richtig leidenschaftlich geküsst. Er hat es sich gefallen lassen und mich ganz fest an sich gepresst. Danach musste ich erst mal nach Luft schnappen. Weil wir uns so feste umarmt hatten, wurde meine Nase total an sein Gesicht gedrückt. Haben dann beide gehechelt, als hätten wir eben einen Dauerlauf hinter uns und mussten lachen.

„So, und jetzt pack aus!", befahl Kapitän Chris.

„Aye, aye, Sir!"

Ich fand im Schuhkarton eine kleine Schneekugel mit zwei knutschenden Steinbeckschnecken drin und eine kleine Steinbeckkarte mit demselben Motiv. Darauf stand: „Wenn du bei mir bleibst, fällst du auch nicht in den Schnee, Kleines."

Ich schaute Chris verschmitzt an und drückte seine Hand: „Danke. Das ist sehr süß von dir."

„Es geht noch weiter", sagte er aufgeregt und räusperte sich. „Ich fand, dieser Liedtext passt so gut zu uns, da hab ich ihn übersetzt. Hör mal zu, okay?"

Dann hat er mir die deutsche Übersetzung zu *When you say nothing at all* vorgetragen, den Soundtrack von *Notting Hill* aus seiner Tasche herausgekramt und die CD angeworfen. „Die ist auch noch für dich. Immer wenn du sie hörst, denk an mich, ja?"

Ich war total gerührt. Bin aufgestanden, hab Chris in den Arm genommen und geflüstert: „Ich liebe dich."

„Ich dich auch", flüsterte er zurück.

Irgendwie hat es mich dann gerissen. Ich baute mich vor ihm auf, schickte ihm einen verführerischen Augenaufschlag entgegen und schlang meine Arme um seine Taille. Er schaute mich für einen kurzen Augenblick verwirrt an, drückte mich dann aber eng an sich und schlang seine Arme um mich. Das Lied *She* fing gerade an und wir tanzten dazu. Ich lehnte mich an seine Schulter und schloss die Augen. Dann hab ich seinen Rücken gestreichelt, und zwar unter dem Shirt. (Jawoll!) Er hat so schöne, weiche Haut! Chris hat meinen Hals und meinen Nacken geküsst und ich hab eine Gänsehaut bekommen. Nach dem Lied haben wir es uns auf dem Bett gemütlich gemacht.

Haben da einen Dauerknutschrekord aufgestellt. Über zwei Stunden! Haben deswegen Hanna, Attila und Sam versetzt. Die haben wütend angerufen und gefragt, warum wir nicht aufkreuzen.

„Ihr hättet schon vor einer Stunde hier sein sollen!", brüllte Sam. „Wir sind in fünf Minuten bei euch!"

Chris und ich mussten uns erst mal wieder herrichten. Sind ab ins Bad und Chris hat mich beraten. „Also die Haare sind so niedlich zerzaust, die kriegst du in den paar Minuten nicht mehr durchgekämmt. Steck sie doch hoch."

„Du hast es gut. Du brauchst nur einmal mit der Hand durchzufahren und schon siehst du aus, wie aus 'm Ei gepellt."

Chris richtete sich mit einer Handbewegung die kurzen Locken und lachte. „Und du siehst aus wie aus 'm Ei geschlüpft."

Ich griff zu ein paar Nadeln und wuselte die Haare quer durcheinander über meinem Kopf zusammen.

„Sieht süß aus. Wie ein Specht, Frau Specht", sagte Chris. Er schaute mich verliebt an und fing dann an zu grinsen. „Eva, äh ... Wenn du in den Spiegel guckst, dann fall nicht in den Schnee, ja?"

„Hä? Wieso?" Ich schaute mich an und bekam 'n Schock. Durch das Dauerknutschen war meine linke Mundhälfte riesig angeschwollen. Ich wollte gerade hysterisch werden, als Chris vorschlug, meinen Mund für ein paar Sekunden unter den Wasserhahn zu halten. Hat nichts gebracht. Haben uns totgekringelt darüber. Als die drei uns immer noch recht stinkig abgeholt haben, hab ich die ganze Zeit meine Hand vor den Mund gehalten und gefragt, ob wir nicht zu *San Remo* fahren könnten.

Chris flüsterte mir ins Ohr: „Gute Idee. Das Eis lässt die Schwellung bestimmt wieder zurückgehen."

Sam, der neben Chris saß und das hörte, fing an dreckig zu lachen und meinte: „Du hattest 'ne Schwellung, Chris? Ja, typisch Mann, hä?" Chris wurde rot und drehte den Kopf weg. Ich verstand nur Bahnhof und wollte gerade sagen: „Aber *ich* hab doch die

Schwellung!", als Chris mir den Mund mit einem Kuss verschloss. "Pssst! Darüber müssen wir uns noch einmal unterhalten." Ich guckte ihn verständnislos an und fragte: "Was? Worüber denn? Übrigens: Wenn du in der nächsten halben Stunde noch öfter küsst, dann wird das mit der Schwellung auf keinen Fall besser. Im Gegenteil. Außerdem sollte doch keiner von der Schwellung was wissen, oder?" Alle fingen an sich tot zu lachen und Chris rutschte mit hochroter Birne hinter meinen Rücken. "Oh, neeein! Eva!" Hab ich was nicht mitbekommen? Sieht ganz so aus. Aber is ja auch egal.

Ist jetzt schon spät geworden. Muss langsam mal ratzen. Morgen früh fahren wir schwimmen. (00.39 h)

Freitag, 15. Juli
Bin ich eigentlich begriffsstutzig oder was? Ich hab im Moment das Gefühl, ich schnall überhaupt nichts mehr. Hatte mich voll aufs Schwimmen gefreut. Hab die halbe Nacht wachgelegen und mir vorgestellt, wie ich und Chris eine Wasserschlacht machen, zusammen die Rutsche runterflutschen, im Wasser rumknutschen und uns aneinander drücken. Hach! Kam aber alles ganz anders. Konnte Chris nicht richtig betrachten, weil ich ohne meine Brille blind wie eine Tomate mit Augen bin. Dafür hat er mich gemustert, so viel konnte ich erkennen. Wollte ihn gerade küssen, als er sich umdrehte, Attila und Sam beiseite nahm und meinte: "Wir Männer gehen jetzt 'ne Runde Turmspringen."

Hanna rief begeistert: "Ich komm mit! Wenn *ihr Männer* nix dagegen habt." Dann lief sie voraus.

Ich wollte eben Chris Hand nehmen, aber der ist Hanna hintergerannt. Und so lief das dann die ganze Zeit. Nix mit schön im Wasser aneinander kuscheln und so ... Habe Chris später gefragt, warum er mir im Schwimmbad dauernd aus dem Weg gegangen ist. Er hat irgendwie affig gelacht und gemeint, nix wäre gewesen und er wäre mir gar nicht aus dem Weg gegangen. Seine erste Lüge! Das hab ich ihm angesehen. Aber warum? Warum lügt er mich an?

Der Abschied verlief auch ziemlich dürftig. Als wir zurückkamen, musste er schon seinen Zug nehmen. Hat mich zwar wie immer dolle geküsst und gedrückt, aber ich durfte nicht mit zum Bahnhof. Er meinte, er könne solche Abschiede nicht ertragen. Hat er mich da auch wieder angelogen?

Vielleicht war er von meinem Körper abgeschreckt. Er hat mich im Schwimmbad gemustert und danach ist er mir aus dem Weg gegangen. Liebe hin oder her, aber wahrscheinlich fand er mich unattraktiv. Ich bin ihm bestimmt zu blass. Oder hab zu viele Schwangerschaftsstreifen. Oder er hat meine Cellulitis gesehen. Oder ... Ich versteh das nicht. Echt nicht! Wegen so was wird doch unsere Beziehung nicht kaputtgehen, oder?

Höre gerade *When you say nothing at all*. Es wäre mir lieber, er hätte mir was gesagt! Haben vergessen, unsere Klamotten zu tauschen. Bleibt mir nichts anderes, als mich an seinen Pulli zu kuscheln. Und das Beten haben wir auch vergessen. Er wollte mich anrufen, wenn er zu Hause ist. Müsste schon längst da sein. Vergisst er das wieder? Vergisst er mich wieder? (22.45 h)

Samstag, 16. Juli
Er hat mich doch noch angerufen. Musste beinahe heulen, weil er mir so fehlt. Er hat sich für sein blödes Verhalten im Schwimmbad und seine Lüge entschuldigt. Meinte, dass es nicht an mir liegen würde. Zumindest nicht direkt. Dass er meinen Körper schön findet und dass das in gewisser Weise sein Problem ist, allein *sein* Problem. Aber mit ein bisschen Übung kriege er das schon gebacken. Hab ihn gefragt, was genau er meint, aber er hat nur gelacht und gesagt: „Aber das weißt du doch!" Kam mir zu blöd vor, ihn nochmal zu fragen. Wollte mir nicht die Blöße geben und zugeben, dass ich null Ahnung habe, wovon er redet. Wenigstens ist zwischen uns wieder alles in Ordnung.

Ich krieg 'ne Krise! Ich halte das nicht aus! Ich möchte bei ihm sein! Mein Herz ist so leer. Ich will nicht mehr. (Ha! Das reimt sich.) Herr ... Oh. Ich hab dich mal wieder ziemlich vernachlässigt in der letzten Zeit. Tut mir Leid. Ich hab nur noch an Chris gedacht, daran, mit ihm zu knuddeln, und nicht mehr an dich. Es tut mir Leid. Aber ich vermisse ihn so ... (23.04 h)

Sonntag, 17. Juli
Ich vermisse ihn so! Er fehlt mir. Ich gehe ein. Er hat eben angerufen und erzählt, dass Ende September das christliche Jugendcamp in Zürich genau in unsere Herbstferien fällt. Ob ich mit der Clique komme. Dann könnten wir uns schon bald wiedersehen! Das wären nur zwei Monate!

Acht Wochen! Oh Herr! Ich weiß gar nicht, wie ich dir für alles danken soll! Du tust so viel für mich, Gott. Mir dreht sich alles. Und ich bin so untreu und lass dich sofort fallen, wenn es mir gut geht. Entschuldige. Bitte hilf mir, dass ich kein „Mir-geht's-ja-soooo-schlecht-Christ" werde. Ich will nicht nur mit dir leben, wenn ich dich gelegentlich brauche. Ich will auch mit dir feiern, mit dir glücklich sein. Denn ich liebe dich, Herr. Nicht wegen dem, was du für mich tust, sondern weil du Gott bist. Du bist näher als die Luft, die uns umgibt. Danke. (23.38 h)

September

Samstag, 10. September
Irgendwie hatte ich in den letzten Wochen nie Lust, hier rein zu schreiben. Keine Ahnung, wieso. Die Elf ist nicht so stressig wie die Zehn. Aber im nächsten Halbjahr wird's wieder haariger, da wählen wir unsere Leistungskurse.

Kann nicht groß sagen, dass sich viel geändert hat. Meine Mama geht regelmäßig zu den AA und das scheint zu helfen. Sie trinkt zwar ab und zu noch was, dann aber zu Hause und in Maßen.

Sam ist immer noch seltsam lieb zu mir. Allerdings nicht zu sich selbst. Faselt immer was von: „Das Kreuz auf sich nehmen! Nur im Leiden liegt die wahre Freude!" und so. Er lacht nie. Früher hat er wenigstens mal über andere gelacht und sie verurteilt. Heute verurteilt er sich selber. „Ich schelte mich, ich bin nichts wert." Und wenn es uns gut geht, wirft er uns so komische, strafende Blicke zu. Mir hat er mal gesagt: „*Du darfst ab und zu mal glücklich sein, Eva. Du leidest schon genug unter deiner Mama und Chris, aber die anderen sind wirklich schlechte Christen. Die freuen sich andauernd! Das ist ja grauenvoll!*" Verstehe einer Sams Gehirnwindungen, ich tu's nicht.

Chris hat sich in Zürich ganz gut etabliert. Durch Tom hat er Kontakt zu einer Band bekommen, die sich dreimal in der Woche zum Proben trifft und am Wochenende was zusammen macht. Er ist so kaum noch im Internet und meldet sich regelmäßig bei mir.

Ich vermisse ihn trotzdem total. Chris meinte letztlich, dass ich ihm noch mehr fehlen würde, seitdem er einen eigenen Freundeskreis hat.

Jetzt erleben wir noch mehr getrennt. Ich kann mit den Geschichten von seinen Freunden nichts anfangen, weil ich sie nicht kenne. Die Insider und Anekdoten scheinen für Chris recht witzig zu sein, aber ich komme mir ausgeschlossen vor. Gestern hat er angerufen und mir die ganze Zeit von Jennifers neuem Auto erzählt, das andauernd liegen bleibt. Erstens kenne ich Jennifer nicht und zweitens interessiert mich ihr Auto nicht die Bohne. Für ein paar Minuten war die Geschichte ja recht lustig, schließlich ist es ein Erlebnis aus seinem Leben, aber Chris hat *nur* darüber geredet. Auf mich ist er gar nicht eingegangen. So ist das eben: Jeder lebt sein eigenes Leben. Schon 'nen schöner Shit.

Unglaublich! Ronny hat mich heute besucht! Sie trägt mittlerweile Größe 32 und ist total stolz darauf. Ich finde, sie sieht schrecklich aus, aber das darf man ihr nicht sagen, sonst geht sie sofort auf Gegenwehr. Schon komisch, ich brauche das Joggen nur zu erwähnen und schon hat sie das Gefühl, sich rechtfertigen zu müssen. Sie ist nicht lange geblieben, wollte nur wissen, wie die Sommerfreizeit war. Hab sie erstaunt gefragt: „Sommerfreizeit? Wir haben September! Warum fragst du jetzt danach?"

„Ich wollte wissen, wie die Leute sich auf 'ner Freizeit verhalten. Hab mir nämlich überlegt, nächste Woche mit aufs *Teeniecamp 4J* zu fahren. Habt ihr noch 'n Platz für mich?"

Schock! „Woher kommt denn dieser Sinneswandel?"

Ronny antwortete: „Simon sagt, ich würde geistlich vereinsamen und sollte mal wieder unter Christen. Mit den Leuten aus seiner Gemeinde kann ich nicht so gut. Die sind alle so aufgebrezelt und lassen das voll raushängen. Wer nicht so ist wie die, gehört nicht dazu. Deswegen hab ich gedacht, ich fahr mit euch nach Zürich. 'n bisschen zusammen beten, lobpreisen, andere Christen kennen lernen... Aber dazu müsste ich wissen, wie Attila, Hanna, Sam und Betty jetzt so drauf sind. Vielleicht komm ich mit denen ja auch nicht mehr klar."

„Sie sind wie immer. Na ja, fast immer. Warte, ich such dir mein Tagebuch raus. Da kannste selbst nachlesen, was so alles war."

Sie hat angefangen zu lesen und da war sie wieder – die alte Ronny. Hat alle möglichen Emotionen rausgelassen. Am meisten hat sie amüsiert, dass ich nicht verstanden habe, warum im Juli alle über meine Schwellung gelacht haben und warum Chris das peinlich war. Sie hat Tränen gelacht und ich hab mitgelacht, weil ich nicht zugeben wollte, dass ich das immer noch nicht verstehe. Ronny hat sich dann wieder beruhigt und gemeint, ich solle mir wegen meiner Ma, Chris und Sam keine Illusionen machen.

„So schnell ändert sich ein Mensch nicht. Einmal süchtig, immer süchtig. Entweder sie kriegen 'nen Rückfall oder sie werden von was anderem süchtig. Und was Sam angeht: Ich traue dem Frieden nicht. Der platzt irgendwann, egal wie nett er im Moment ist." Sie fügte hastig hinzu: „Das sage ich nicht, weil er mein Ex-Freund ist!"

Nach einer halben Stunde ist sie dann abgehauen, weil Simon und sie zum Joggen verabredet waren.

Danke, Herr! Danke, dass Ronny mit nach Zürich fährt. Danke, dass ich Chris nächste Woche wiedersehen kann. Danke, dass ich wegen Ronny mein Tagebuch wiedergefunden hab. Tut echt gut, sich hier wieder zu hinterlassen. Und man erinnert sich an Sachen, die man schon fast vergessen hatte. Danke. (23.46 h)

Sonntag, 11. September
Hanna und Attila nerven. Die glucken nur noch miteinander rum und ich bin außen vor. Den Sommer über hatten wir eine super Dreierfreundschaft und jetzt hocken sie dauernd aufeinander und fragen mich nicht mehr, ob ich mitkommen will. Die sind so was von albern! Attila reißt alte Schoten vom Zaun, die jeder auswendig kennt. Sam, Betty und ich haben heute im Gottesdienst einen lauten Stöhner nach dem anderen abgelassen, damit Attila endlich aufhört. Er hat's nicht gepeilt. Als wären wir überhaupt nicht da. Hanna hat zu allem Überfluss noch seine Albereien gefördert, indem sie sich nach jedem Spruch totgelacht hat. Muss daran lie-

gen, dass sie in ihn verliebt ist. Trotzdem affig, ihr Verhalten. Bin ich froh, dass ich nie so war, als ich noch in Chris verknallt war!

Sam war auch schon ganz grummelig. Erinnert mich an das grüne Meckervieh in der Mülltonne aus der *Sesamstraße*. Ha! Se-SAMstraße! Er hat andauernd was gemurmelt von wegen weltlich beeinflusst, den wahren Sinn der Christenheit verleugnend, verlotterte Gotteslästerung und so. Kann dazu nur den Kopf schütteln.

Betty hat versucht, Attilas Gelaber durch dröhnend lauten Gesang zu übertönen. „Ha-lo Ju-lia, Ha-lo Ju-hu-lia-ha-ha-ha." Musste mir ein Ha-ha-ha-ha verkneifen. Irgendwann war sie so von Attila genervt, dass sie ihn angefaucht hat: „Jetzt halt endlich mal dein Maul. Das hier ist ein Gottesdienst und keine Teestube. Quatschen kannste auch hinterher noch."

Danach war Attila still. Nach dem nächsten Lied, *Entblößet euch dem Herrn,* fing Betty an, mich über ihre Saunagemeinschaft *Schwitz your Schweiß for Gott* voll zu texten. Aus allen Richtungen kamen „Pschscht!"-Rufe, aber die hat Betty überhört. Kurz nach der Sommerfreizeit hat Betty nämlich eine christliche Saunagemeinschaft für Frauen gegründet. In den Herbstferien machen sie ihre erste „Saunafreizeit" zu dem Thema: „Saunier dich sauber" mit dem Unterthema: „Wie salzig darf ein Salzpeeling für das Salz der Erde sein?" Deshalb kommt Betty nicht mit nach Zürich.

Ein Wunder! Seitdem Betty die *Schwitz-your-Schweiß-for-Gott*-Frauen hat, ist sie nicht mehr so verrückt nach Mara. Vor einem Jahr hätte sie sich eine Zürichreise nicht entgehen lassen. Jetzt geht sie lieber schwitzen. Verstehe das einer! Ist aber gut für Rüdiger. Er und Attila fahren mich, Hanna, Sam und Ronny runter. Rüdiger fährt dann zu Mara und holt uns nach dem Camp wieder ab. Oh, ich freu mich ja so! Nur noch eine Woche! (23.45 h)

Montag, 12. September
Schule ödet an. Ist zwar nich viel zu tun, frag mich aber deshalb, warum ich überhaupt hingehe. Heute sind zwei Doppelstunden ausgefallen. Konnte vier Stunden doof rumsitzen, nur um dann in der fünften Stunde in Reli eine Diskussion zu führen und in der

sechsten zu erfahren, dass sie ausfällt. Eine Stunde Reli! Wozu? Hähä! Nur noch fünf Tage! Chris, ich komme! (00.07 h)

Dienstag, 13. September
Chris hat mich heute angerufen. Ich liiiiieeebe diesen Kerl! Er ist total aufgeregt und freut sich riesig, mich zu sehen. Ich mich auch.
Nur noch vier Tage! (22.42 h)

Mittwoch, 14. September
Teestube war ganz witzig. Ronny war mit Simon da. Sam war ruhig, hat aber sein finsteres Gesicht noch um eine Nuance verdunkelt und vor sich hin gemurmelt. Das macht er ständig. Murmelt sich irgendwas in den mittlerweile gewachsenen Ziegenbart und ist kaum ansprechbar. Unterhaltungen mit ihm sind ganz selten. Ist schon ein seltsamer Mensch. „Da ist sie wieder, die Schlampe. Vergnügt sich unsittlich. Na warte! Ein guter Christ ist nur der, der leidet. Wie sie lacht! Ha! Glücklich ist, wer als Letzter lacht", und so 'n Zeugs hat er gefaselt.

Hanna und Attila hängen immer zusammen rum. Ob sich da was tut? Ob Attila den Wald jetzt sieht und ihn mag? Scheint fast so. Er berührt Hanna immer flüchtig. Kneift sie, kitzelt sie und umarmt sie total oft. Sehr verdächtig! Chris hat wieder angerufen. Er ist so aufgeregt. Komisch. Ich meine, ich bin auch aufgeregt, aber so euphorisch kenn ich ihn überhaupt nicht. Er liebt mich eben. (22.56 h)

Donnerstag, 15. September
Nur noch zwei Tage! Chris hat schon wieder angerufen. Hat sich andauernd wiederholt. „Ich liebe dich. Ich liebe dich. Ich liebe dich. Ich freu mich auf dich. Ich freu mich auf dich. Ich freu mich auf dich." Ist echt schön, dass er so verliebt in mich ist. So was hat er früher nicht gemacht. Hab ihn gefragt, warum er so gut drauf ist. Er meinte, seine Freunde würden dafür sorgen, dass er immer gute Laune hat, und außerdem komm ich ja jetzt bald.

Mein süßer, knuddeliger Chris! Ich liebe dich auch. Bis in zwei Tagen! (23.14 h)

Freitag, 16. September
Chris hat heute zweimal angerufen! Was ist nur mit ihm los? Ich weiß, dass ich ihm fehle, aber wir sehen uns doch schon übermorgen. Er ist richtig überdreht. Lacht ständig und freut sich 'n Ast ab. Eigentlich müsste ich mich darüber freuen, aber irgendwie ist mir das unheimlich. Er reagiert so übertrieben. So ist er nicht. Na ja, wahrscheinlich reagier *ich* nur übertrieben. Er freut sich einfach tierisch auf mich. Ich sollte mich auch freuen und mir nicht immer so 'n Kopf um alles machen. Gehe jetzt zu Hanna. Zelten. (23.56 h)

Samstag, 17. September
Morgen früh geht's los! Haben heute Nacht ein Probezelten bei Hanna im Garten gemacht. Es hat geregnet. Stellten dabei fest, dass unser Mädchenzelt undicht ist. 'ne Pfütze lässt sich aber mit einem Topf beseitigen. Das Tropfen hat sogar beruhigt. Weiß allerdings nicht, ob unser Zelt einen richtigen Schauer aushält.

Weiß sowieso nicht, warum wir uns fürs Zelten entschieden haben. Man konnte sich aussuchen, ob man in einem Jugendheim, in Schulen oder auf einem Campingplatz übernachten möchte. Die Veranstaltungen finden in mehreren Kirchen und Schulen statt, je nachdem, welche Aktion man gewählt hat. Abends treffen sich dann alle auf einem Sportplatz zum Lobpreis. Da das Jugendheim weiter weg liegt und man dann mit der Tram (Züricher Straßenbahn) zu den Schulen und zum Sportplatz fahren müsste, haben wir uns für was Näheres entschieden. Ich war für die Schulen, aber Attila und Hanna meinten, Zelten wäre privater und schöner. Wir könnten dann abends noch vor unseren Zelten Lobpreis machen und anschließend in Ruhe pennen, während die anderen in ihren Massenlagern bestimmt kein Auge zu machen. Hab mich bequatschen lassen. Jetzt pennen wir auf einem Campingplatz direkt am Zürich-See. Chris pennt auch da. Allerdings am anderen Ende, weil die Nationen unter sich gruppiert werden. Find ich blöd. Nicht nur wegen Chris. Wär doch witziger, wenn man nebenan Engländer oder Franzosen in den Zelten hat.

Auf jeden Fall haben wir ganz gut in unserem Zelt geschlafen. Keine Betty, die schnarcht und sich hin- und herwälzt. Okay, Ronny hat im Schlaf ein bisschen gelabert, aber nicht so laut, dass man nicht schlafen kann. „Renn! Lauf! Schneller! Gleich hast du's geschafft! Genau! Jetzt hast du es! Da ist es! Dein Poatmonnnäh!"

Hab Ronny am nächsten Morgen grinsend daran erinnert, dass sie ihr Poatmonnäh nicht vergisst. „Die Zeiten sind vorbei. Hab jetzt alles unter Kontrolle. Hab mir einen Brustbeutel besorgt. Ist auch für's Joggen besser."

Schade. Stelle wieder fest, dass mir die alte „Poatmonnäh-Ronny" fehlt.

Als ich heute Nachmittag nach Hause kam, war meine Mutter ziemlich stinkig. Chris hatte mehrmals angerufen und ist hysterisch geworden, weil ich nicht da war. „Hat der irgendwie 'n Schuss weg?", hat sie mich gefragt.

Hab Chris angerufen und ihn das auch gefragt. Er war total daneben, irgendwie benebelt in der Birne. Besser kann ich's nicht beschreiben. „Eva, du – du fehlst mir so. Du warst nicht da. Da dachte ich schon, du bist vielleicht weggerannt. Wegen deiner Mama oder so..."

„Mit meiner Mama ist alles in Ordnung. Sie hat dir doch gesagt, dass ich bei Hanna bin, warum hast du mich nicht da angerufen?"

„Oh. Daran hab ich gar nicht gedacht. Es tut mir so Leid. Ich bin ein Idiot. Ich bin so..."

„Chris! Was redest du denn? Ist doch halb so wild. Ich vermisse dich auch, aber morgen sehen wir uns doch schon."

„Ja, morgen. Morgen? Morgen sehen wir uns schon? Aha."

„Chris, du bist so komisch. Ist alles in Ordnung mit dir? Bist du irgendwie krank?"

„Nee. Wieso? Alles fit. Im Slip. Hähä. Scherz."

„Oh gut. Äh. Wirklich?"

„Aber klar! Was soll denn sein? Ich bin nicht anders als sonst. Du denkst wieder zu viel nach, schöne Waschbeckenfrau."

„Toilettenfrau meinst du wohl."

„Was hab ich denn gesagt?"

„Waschbeckenfrau."

„Ja, äh. Wie gesagt, ich liebe dich, schöne Waschbeckenfrau. Ich liebe dich. Ja? Ich liebe dich. Ich liebe dich."

„In Ordnung, Chris. Bis morgen dann. Ich liebe dich auch."

„Ich liebe dich. Ich liebe dich. Ich liebe dich. Ich liebe dich."

„Chris, ich muss jetzt auflegen. Es wird sonst zu teuer. Bis morgen dann. Schlaf gut."

„Ich liebe dich."

„Ja, ich dich auch. Tschüss."

Dann hab ich aufgelegt. Mir ist das unheimlich. Das ist nicht mein Chris. Das ist irgendwer, aber nicht Chris. Was ist nur mit ihm los? Ich verstehe das nicht! Früher hab ich mir gewünscht, dass er mir öfter sagt, dass er mich liebt. Er meinte, dass er Angst hat, dass der Satz zur abgedroschenen Phrase wird, wenn er es zu oft sagt. Konnte das nicht so nachvollziehen, aber jetzt kann ich es. Es klingt so wie „Wie geht's dir?" Das wird auch nur gefragt, um ein Gespräch anzufangen. Die wenigsten fragen, weil sie wirklich wissen möchten, wie es einem geht. Das „Ich liebe dich" von Chris klang so, als wüsste er nicht, was er sonst sagen soll. Höre eben unser Lied *When you say nothing at all*. Mir wär es lieber, wenn er mir zeigen würde, dass er mich liebt, anstatt es andauernd zu sagen.

Aber das ist nicht das eigentliche Problem. Das Problem ist, dass er so anders ist. Ich kenne diesen Menschen nicht, mit dem ich da telefoniert habe. Soll ich nach Ronny noch Chris verlieren? Ich hab Angst, Herr! Muss ins Bett. In fünf Stunden geht's los. (00.01 h)

Oktober

Sonntag, 2. Oktober
Rückblick über die letzten zwei Wochen. Hab mein Tagebuch nicht mit nach Zürich genommen, weil ich Angst hatte, es geht auf dem Campingplatz baden. Gute Voraussicht, denn ... Oh Mann! Geht der mir vielleicht auf den Keks! Das Telefon klingelt schon wieder! Egal. Am besten fang ich mal ganz von vorne an.

Saß auf der Hinfahrt zuerst mit Attila und Hanna im Auto. Hab aber bei der nächsten Pause mit Sam getauscht. Bin dann mit Ronny und Rüdiger gefahren. Sam hat wohl die ganze Zeit kein Wort gesagt und nur vor sich hin gemurmelt. Das sollte sich noch ändern, aber dazu später. Sam wollte mich dazu überreden, weiter mit ihm, Hanna und Attila zu fahren, weil ich die „einzig Vernünftige" hier wäre. Fühlte mich geschmeichelt, lehnte aber ab. War genervt von Attilas und Hannas Albereien. Man kann sich mit ihnen überhaupt nicht mehr unterhalten. Sie tun nichts anderes, als sich gegenseitig zu frotzeln. Nee, hatte echt keinen Nerv auf zwei Leute, die keinen in ihre Unterhaltung miteinbeziehen, und auf einen Typen, der murmelnd daneben sitzt.

War außerdem froh, mal wieder Zeit mit Ronny zu verbringen. Haben schnell wieder einen Nenner gefunden, solange man das Joggen nicht angesprochen hat. Mit Rüdi ist dann auch 'nen gutes Gespräch in Gang gekommen. Haben uns gegenseitig unser Leid geklagt. Rüdi meinte, im Moment wär's besonders hart, weil er jetzt zur Uni geht und andere Leute trifft, die Mara nicht kennt, und Mara Freunde hat, die Rüdi nicht kennt. Konnte verständnisvoll nicken.

In Zürich auf dem Campingplatz gelandet, bekamen wir einen superschönen Standort für unsere Zelte zugeteilt. Direkt am See. Allerdings auf Schotterboden. Haben mehrere Zeltnägel krumm geschlagen, bis unser Domizil endlich nach drei Stunden mehr schief als gerade stand. Waren total entnervt, nur Sam war glücklich. Faselte etwas wie: „So muss das sein! Der wahre Christ leidet und schwitzt, um selig zu werden."

Ronny fragte mich, ob Sam jetzt unter die Sadomasochristen gehen würde und ob Bettys Saunaspleen eine Abzweigung der Baptisten ist. Wir grinsten und Sam brummelte weiter.

War ganz heiß darauf, Chris zu finden, konnte ihn aber nicht suchen, weil wir zu einer Versammlung mussten. Das war 'ne Völkerwanderung! Haben gar nicht alle auf den Sportplatz gepasst. Die hätten lieber ein Sport*stadion* mieten sollen. Hab mir den Hals nach Chris verrenkt, aber dann ging's schon los. Von einer winzigen Bühne aus richtig fetter Lobpreis. Nicht so 'n „Ich-sing-hier-mal-'n-Lied-mal-gucken-was-dabei-rauskommt-Lobpreis". Es war superschön, mit, ich weiß nicht wie vielen, Teenagern zusammen Gott anzubeten. Hatte trotzdem Probleme, mich fallen zu lassen. Der Gedanke, dass Chris auch irgendwo hier ist, aber nicht bei mir, hat mich total von Gott abgelenkt.

Hab mich am nächsten Morgen mit Ronny auf die Suche nach Chris gemacht. Haben die Schweizer auch am anderen Ende vom Campingplatz gefunden. Auf dem Weg dahin haben wir Gottes Vielfalt genossen. An jeder Ecke hörte man eine andere Sprache: Englisch, Französisch, Spanisch, Italienisch, Deutsch, Niederländisch, Schwedisch, Dänisch, Polnisch ... Sogar eine Gruppe Afrikaner war da. Und dann erst die unterschiedlichen Typen: von supergestylt mit Haargel und Megazelt bis hin zu den Ökos in Birkenstocksandalen und Gruppenzelt.

Im Schweizer Camp war es sauschwer, sich zurechtzufinden, weil wir teilweise überhaupt nichts verstanden haben. Und wenn wir uns verständigen konnten, bekamen wir immer dasselbe Resultat: Keiner kannte Chris. Aber wir hatten fast damit gerechnet, weil er sein Zelt ganz allein irgendwo aufgebaut hatte. Sind beträppelt zu unseren Zelten zurückgelatscht. Da angekommen, erzählten Attila und Hanna, dass Chris erst vor ein paar Minuten da gewesen war. War mit Sam losgezogen. Wollten mich wohl suchen. Fand ich noch äs bitzeli witzig. Wollte gern hinterher, musste aber zu den Nachmittagsveranstaltungen.

Konnte mich immer schlechter auf die Meetings konzentrieren. Musste dauernd an Chris denken. Wir haben uns nämlich nicht nur einmal verpasst. Nee. Das ging fünf Tage so! Immer waren irgendwelche Meetings, Festivals oder Essen angesagt, sodass ich keine Zeit hatte, Chris zu suchen, oder ich hab ihn nicht gefunden. Hab mich schon bei Gott entschuldigt, weil alle so bei der Sache waren, nur ich nicht. Konnte mich nicht richtig auf ihn einlassen. Chris saß in meinem Kopf fest. Attila und Hanna fanden das total witzig und ließen einen Spruch nach dem anderen ab. Von wegen, zwei Königskinder, die nicht zusammenfinden oder so. Echt witzig! Hab versucht, ihnen klar zu machen, dass ich das nicht zum Lachen finde. Sie haben weiter gelacht und gemeint, ich soll nicht so 'n Aufstand machen. Hätte sie erwürgen können! Die drehen sich nur noch um sich, was drum herum passiert, interessiert sie 'nen Scheißdreck!

Konnte nicht mehr schlafen und tagsüber hatte ich Tagträume. Egal wo ich war, überall hab ich Chris vermutet. Immer wenn ich hinter mir ein Schlurfen gehört habe, hab ich mich hastig umgedreht. Immer wenn ich einen Schatten sah, der Chris' ähnelte, hab ich hingeguckt. Immer wenn ich eine Stimme gehört habe, die seiner glich, hab ich mitten im Satz aufgehört zu reden, beim Lobpreis hab ich sogar aufgehört zu singen.

Ronny hat sich schon Sorgen um mich gemacht, sodass sie meinetwegen auf ihre morgendlichen Joggingstunden verzichtet und Chris gesucht hat. Ohne Erfolg. Hatte Sam auch nicht mehr gesehen, weil er immer mit Chris den Tag verbracht hat. Wollte ihn abends über Chris ausquetschen und ihm ausrichten lassen, wo und wann wir uns mal treffen, damit die Suche endlich ein Ende hat. Sam ist aber immer erst nach Sperrstunde eingetrudelt, wenn alle schon gepennt haben. Das heißt, wenn *die anderen* gepennt haben. Ich hab wachgelegen und mir die Ohren danach verrenkt zu hören, wann Sam in sein Zelt kriecht. Hab ihn nie gehört. Morgens, wenn ich als Erste aufstand, war Sam längst wieder verschwunden.

Am sechsten Tag hatte ich vom Suchen die Schnauze voll und nahm mir vor, nicht mehr an Chris zu denken und mich auf Gott zu konzentrieren.

Auf dem Sportplatz war an diesem Abend ein Prediger, der die Leute mit dem Heiligen Geist segnen wollte. Konnte mich wieder nicht konzentrieren. Seine laute Stimme, die ständig alles vier- bis fünfmal wiederholen musste, war mir ein bisschen zu penetrant. Bekam Kopfschmerzen davon. Hab mich deswegen auch gleich schuldig gefühlt. Alle um mich herum haben ihn entzückt angegafft und gejubelt. Mir drängte sich kurz die Frage auf, ob sie jetzt ihn oder Gott anhimmeln. Hab mich dann noch schuldiger gefühlt. Wollte mit Gott darüber reden, aber immer, wenn ich einen Ansatz hatte, kam mir der Prediger mit einem „Halleluja! Amen!" dazwischen.

Überlegte, ob ich den Platz verlassen, mich in mein Zelt zurückziehen und da mit Gott über alles reden sollte. Guckte mich um und sah begeisterte Gesichter. Rechts neben mir stand Ronny und selbst die war ganz angetan, obwohl sie sonst eher skeptisch an jede Art von Predigt rangeht. Schaute dann Hanna an, die links von mir stand.

War echt überrascht über den Anblick, der sich mir da bot. Die kühle, reservierte Hanna riss die Arme in die Luft und schrie fröhlich: „Haaaa-lelu-jjjaaaaa! A-männ!" Dachte, dass es schön ist, wenn der Heilige Geist Menschen so anrühren kann. Fühlte mich gleichzeitig aber ausgegrenzt, weil ich die Begeisterung nicht teilen konnte.

Bekam von dem laut kreischenden Prediger immer mehr Kopfschmerzen. Er war wie eine Mischung aus dem brüllenden, predigenden Sam aus alten Zeiten und der schief grölenden Betty.

Fühlte mich bei dem Gedanken noch schuldiger. Dachte, was ich bloß für ein Christ bin, dass ich inmitten von Tausenden von anderen Christen keinen Draht zu Gott bekomme. Dachte, jetzt kannste auch ruhig zum Zelt gehen und da mit Gott reden, wenn's hier absolut nicht geht.

Wollte mich umdrehen und gehen, doch ein am Boden liegender Haufen Teenager versperrte hinter mir den Weg. Wenigstens standen Hanna, Attila und Ronny noch. Wollte mich dann nach rechts durchkämpfen, als Ronny plötzlich umkippte und alle anderen dahinter auch. Wendete mich nach links und sah in die erschrockenen Augen von Hanna. Die blickte auf das ruhende Schlachtfeld, schaute sich fieberhaft um und ließ sich auch fallen. Die Leute dahinter guckten verdutzt zu Hanna, dann zu den anderen am Boden Liegenden. Unsicherheit kroch in ihre Augen und dann haben sie sich vorsichtig hingelegt. Dachte, dass Christen wirklich Schafe sind, wenn sie alles bedenkenlos mitmachen. Konnte vielen ansehen, dass sie sich nur hinlegten, weil sie nicht diejenigen sein wollten, die offenbar nicht von Gott angerührt worden waren.

Schüttelte den Kopf und fragte mich, wie ich über all die Zuckenden und Solidaritätszuckenden hinweg gehen sollte. Überlegte, direkt nach vorne zur Bühne zu gehen, um da seitlich rauszukommen. Denn vor mir standen die Schafe noch. Schickte ein Dankesgebet zu Gott, obwohl ich mich dafür noch schuldiger fühlte. Fühlte mich dann ärgerlicherweise noch eine Oktave schuldiger, weil ich mich dafür schuldig fühlte.

Tippte Attila an, um ihn zu bitten, mich vorbeizulassen. Der drehte sich gut gelaunt um, erblickte das liegende Volk und bekam einen Schreck. Sah mich berechnend an, trat einen Schritt nach vorne und ließ sich einfach halb auf den Rasen plumpsen. Aber auch nur halb. Sein Kopf landete nämlich mit einem Megaklatsch auf meinem rechten Fuß. Schrien beide laut auf und übertönten alle Sänger und Hallelujarufer.

Der Prediger meinte zufrieden: „Ah! Da hinten höre ich schon die ersten verzückten Schreie! Halleluja! A-männ! Preiset den

Herrn! Preiset den Herrn! Preiset den Herrn! Halleluja! A-männ! Preiset den Herrn!"

Funkelte Attila wütend an, der immer noch bequem auf meinem Fuß lag. Beugte mich herunter und zischte: „Attila! Wenn du demnächst wieder mit der Menge mitrennen willst, nimm dir mehr Zeit, um deinen Flug zu berechnen!"

Attila öffnete sein linkes Auge und flüsterte: „Entschuldige, kommt nicht mehr vor."

Er schloss sein Auge schnell wieder und gab seinem Gesicht eine entrückte Grimasse. Ärgerte mich darüber, dass Christen scheinbar blöder sind als Schafe. Bekam noch mehr Schuldgefühle, entschuldigte mich bei Gott dafür und bat ihn, mir hier irgendwie rauszuhelfen.

Prompt fielen vor mir alle auf Kommando um und ich stand mit einigen wenigen allein auf dem Sportplatz. Die anderen wenigen schauten sich verwirrt um, blieben aber hilflos stehen, weil es zum Hinsetzen sowieso keinen Platz mehr gab. Bedankte mich grummelnd bei Gott für diese Sonderbehandlung und stieg vorsichtig über mehrere von Armen, Beinen, Bäuchen, Gesichtern hinweg. Sah einige wirklich im Geist ruhende Menschen. Sahen sehr friedlich und glücklich aus. Der Rest machte eher einen verzerrten und müden Eindruck.

Dem Prediger war immer noch nicht die Luft ausgegangen und als ich an der Bühne ankam, rief er begeistert: „Ah! Da kommt jemand! Möchtest du ein Zeugnis geben? Halleluja! A-männ!"

Ich winkte ab und dachte: „Zeugnis? Sechs – setzen – durchgefallen!"

Fragte Gott erschöpft, ob ich mit meinen Gedanken über das alles alleine bin und ob das bedeutet, dass ich ein schlechter Christ bin. War total verwirrt und fühlte mich erbärmlich.

Ich rieb mir den brummenden Schädel, sah flackernde Sternchen und musste mich setzen. Mein Körper meldete sich zu Wort: „Du hast in den letzten Tagen so gut wie nicht geschlafen! Mach dich lang und penn 'ne Runde. Mein Notprogramm hält's nicht mehr lange aus."

Wollte nicht mitten auf dem Bürgersteig zusammenbrechen. Schaffte es nach Stunden, so kam es mir vor, auf dem leeren Zeltplatz anzukommen.

War das ruhig hier! Kein Gesang, kein Gegröle, einfach ein paar vom Sommer übrig gebliebene Vogelstimmen. Hab Gott noch gebeten, mir ein paar Antworten zu geben, und bin dann eingeschlafen.

Hab einen komischen Traum gehabt. Versteh ihn bis heute nicht. Stand mit allen in einer Reihe und hielt mit der rechten Hand Chris' Hand. Fühlte, dass ich ihn liebe, aber das war nicht so wichtig. Wusste, dass er mich auch liebt und wir glücklich sind, schauten uns aber nicht an, sondern blickten auf eine Person, die direkt vor uns stand. Hab die anderen zwar nicht gesehen, aber mir war klar, dass Attila, Hanna, Betty, Ronny, Sam, Ibke, meine Eltern, sogar der Prediger, unser Pastor und Renate bei mir waren und wir alle zusammen diese eine Person vor uns anhimmelten. Konnte nicht erkennen, wer es war. Hab nur gespürt, dass wir diese Person total lieb haben. Bin dann ausgeruht aufgewacht und hab dieses Gefühl noch für Stunden in mir gespürt. War ganz komisch, aber schön.

Wenig später kamen die anderen zurück. Ronny war total aufgeregt, so eine Erfahrung hätte sie noch nie gemacht. Sie hätte Gott richtig körperlich gespürt. So 'n Zittern und Wärme. Sie hat dadurch gemerkt, dass Gott sie liebt und auch ihren Körper mag. Hat sich bei mir entschuldigt, dass sie so wenig Zeit für mich hatte. Sie versucht das Joggen einzuschränken und mehr mit mir zu unternehmen. „Und mit Gott natürlich!", rief sie.

Ich lächelte und nahm sie in den Arm. Ich hatte einen Teil von meiner alten Ronny wieder! Haben den ganzen Tag zusammengesessen und über unsere Seelen gesprochen. War echt 'ne gute Zeit. Obwohl mir da einfällt, dass ich immer noch nicht weiß, was Ronny immer im Münsterland gemacht hat ...

Hanna ging es dagegen schlecht. Hat kein Wort mit uns gewechselt und sich in ihren Schlafsack verzogen. Das ging fast die ganze restliche Zeit so. Sogar Attila konnte sie nicht aufheitern.

Ronny und ich haben am Anfang gewitzelt, dass Hanna jetzt in Sams „Ich-brummel-nur-noch-Fraktion" wechselt. Merkten aber schnell, dass es Hanna wirklich dreckig ging. Sie ist uns aus dem Weg gegangen und hat andere Veranstaltungen belegt. Haben sie mehrmals gefragt, ob wir ihr helfen können, aber sie hat nur stumm mit dem Kopf geschüttelt. Abends hat sie leise im Schlafsack geheult. Haben versucht, sie zu umarmen und sie zu trösten. Aber sie hat uns mit voller Wucht weggeschubst und gefaucht: „Jetzt lasst mich doch endlich mal in Ruhe! Das würdet ihr sowieso nicht verstehen!" Haben sie dann auch in Ruhe gelassen.

Attila war infolgedessen auch nicht mehr so gut drauf und ließ sich schwer aufmuntern. War durch das alles so abgelenkt, dass ich kaum noch an Chris denken musste. Nur abends im Bett fühlte ich mich schuldig, weil ich ihn nicht gesucht hatte. Mittlerweile waren wir schon eine Woche hier. Fünf Tage blieben mir noch, um Chris endlich zu finden. Begann wieder, nicht zu schlafen und mir den Kopf zu zerbrechen. Über Ronnys glückliche Umkehr. Über Hanna und wie man ihr helfen könnte. Über Attila, der wegen Hannas abweisender Art bestimmt wieder einen Selbstbewusstseinsknacks einstecken musste. Und natürlich über Chris. Begann daran zu zweifeln, dass er mich auch sucht. Er hätte mich nachts überraschen können. Er wusste schließlich, wo ich war. Stellte mir vor, wie er mitten in der Nacht vor dem Zelt steht, der Mondschein seine Silhouette hineinwirft und er flüstert: „Eva! Schöne Toilettenfrau! Komm heraus! Lass uns den Sternenhimmel betrachten!" Dachte an meinen Stern und musste weinen.

Ronny heiterte meine Stimmung zwar ein bisschen auf, aber das hielt nicht lange an. Fing wieder an, nachts nicht zu schlafen und Tagträume zu haben. Es wurde immer schlimmer. War ein nervöses Wrack. In der Kantine guckte ich mich bei jedem Bissen nach Chris um und aß dadurch kaum noch was. Um abends zu den Festivals zu gehen, war ich zu erschöpft. Machte mir deswegen Vorwürfe, weil ich dachte, Chris da vielleicht zu treffen.

Ronny hatte meinen Zustand irgendwann satt und schleifte mich zu einer Abendveranstaltung. „Celebrate Jesus!" hieß das

Motto und sollte 'ne große Fete für Gott werden. Hab nachmittags die Veranstaltungen ausfallen lassen und war abends einigermaßen fit. Ronny hatte irrsinnig gute Laune und das hat mich ein bisschen beflügelt. Dankte Gott dafür und ließ mich mitreißen. „Weg mit Chris – her mit Gott!", rief ich und nahm Ronnys Hand.

Auf dem Sportplatz haben wir endlich Sam wiedergetroffen. Der stand (wie immer brummelnd) hinter uns und weigerte sich, mitzusingen.

Der Abend war unglaublich! Es sind mehrere Interpreten aufgetreten. Musiker, Schauspieler, Tänzer, je aus einer Nation, die auf dem Camp vertreten war. Dabei kamen die verschiedensten Musik- und Stilrichtungen zu Stande. Alle für Jesus. Hab es echt genossen.

Sam allerdings nicht. Der ist hinter uns immer stinkiger geworden. Drehte mich ab und zu herum und stieß ihm freundschaftlich in die Seite. „Komm schon, Sam! Hör doch endlich auf mit deiner Grummelei! Wir feiern hier alle zusammen Gott! Das ist doch fantastisch!"

„Ich finde das nicht richtig", murmelte er.

„Na, dann beschwer dich doch!", lachte ich.

Das hätte ich besser nicht sagen sollen. In diesem Augenblick war ein Act vorbei und die Musiker verließen die Bühne, um einer Gruppe Schauspieler den Vortritt zu lassen. Die betraten eben die Bühne, als Sam laut „Buuuuuuh" rief.

Ich drehte mich ärgerlich um und „psshhhhte" ihm zu. Aber das ließ ihn kalt.

Da die Schauspieler Pantomimen waren, hatten sie keine Mikrofone auf der Bühne und mussten sich Sams Rufe wehrlos anhören. Der fing erst richtig an. Irgendwann musste die Gruppe ihre Show abbrechen, weil ihnen keiner mehr Aufmerksamkeit schenkte. Das ganze Publikum war damit beschäftigt, auf Sams Buh-Rufe mit Mäh-Rufen zu reagieren. Musste grinsen und hab Sam ein „Määäääääähhhhh!" mitten ins Gesicht gemäht.

Der ließ sich nicht aus der Fassung bringen und rief mit seiner schreierprobten Stimme über alle hinweg und war nicht aufzuhalten. Denn wie früher galt auf einmal das Prinzip: Wenn Sam erst mal anfängt zu reden ...

„Was soll das eigentlich alles? Buuuuh! Was seid ihr denn für Affen? Der ganze Abend ist total affig. Total gegen Gott!"

Einige fingen laut an zu lachen. „Dieser Abend ist *für* Gott!", rief ihm ein Pantomime amüsiert entgegen, der irgendwo ein Mikro aufgetrieben hatte.

Sam brachte das noch mehr in Rage. Er wurde krebsrot und schrie noch lauter: „Ein Christ soll nicht feiern! Ein Christ soll ruhig und still vor Gott sein! Ihr seid schlechte Christen! Oder vielleicht sogar gar keine! Ihr lästert Gott mit eurem Jubel! Ihr solltet euch niederknien und Gott um Verzeihung bitten! Denn nur der, der leidet, ist vor Gottes Augen sein Kind! Nur den liebt er! Nur ..."

Mir war klar, dass Sam 'ne Macke hat, aber so eine fette Macke? Genauso wie Renate auf Norderney war er in dem Glauben, dass man nur von Gott geliebt wird, wenn man was Spezielles tut. In seinem Fall musste ein guter Christ leiden. Fragte mich, wo er das her hat und wie er das glauben konnte, wo er doch ständig mit uns zusammen war. Da musste er doch zwangsweise mitbekommen haben, dass Gott uns Menschen bedingungslos liebt.

Ronny hatte Recht gehabt. Ein Mensch verändert sich nicht so schnell. Und sie hatte Recht damit, dass in Sam irgendwann 'ne Bombe platzt. Et voilà: hier war sie.

Presste Sam irgendwann die Hand vor den Mund. „Sam! Halt's Maul! Du bist ja nicht mehr ganz dicht!"

Die Leute um uns herum applaudierten. Sam wurde noch roter und fing an zu kochen. Ich bekam ein bisschen Angst. Dachte, jetzt beißt er dich. Hat er aber nicht. Ronny half mir und verdrehte seine Arme hinter seinem Rücken. „Wir gehen jetzt, klar?", zischte ich ihm zu.

Dann drehten wir ihn herum und bugsierten ihn vom Platz.

Draußen war er wieder ruhig und guckte mich schuldbewusst an. „War 'n bisschen laut, hä?"

„Das kann mal wohl sagen!" Ich musste lachen. „Sam! Du hast 'n Schaden! Aber einen ganz fetten!"

Sam hockte da wie ein kleiner Junge, die Arme vor der Brust verschränkt und Schmolllippen hervorgeschoben, zusammengekauert auf der Erde. „Eva, ich glaube aber wirklich, dass das nicht richtig ist. Wirklich!"

Ronny grinste: „Ich als Ex-Freundin bin hier wohl fehl am Platz. Komm später wieder."

Ich setzte mich neben Sam auf den Boden und meinte: „Sam, woher weißt du eigentlich, dass das richtig ist, was du glaubst?"

„Woher weißt *du*, dass das richtig ist, was du glaubst?"

Ich seufzte. „Ehrlich gesagt, ich weiß es nicht. Es gibt keine Beweise dafür. Ich erlebe es eben nur so, wie es in der Bibel steht. Ich erlebe es, dass Gott uns alle gleich lieb hat."

„Und ich erlebe es, dass Christen nur dann richtige Christen sind, wenn sie leiden", sagte Sam trotzig.

„Ach ja? Wo denn?"

„Bei dir seh ich das! Du bist die einzige, die richtig leidet. Und du bist eine gute Christin!"

War baff. Musste das erst mal sortieren. Nach einer Pause antwortete ich: „Aber Attila, Hanna und Ronny leiden auch. Jeder von uns leidet wegen was."

„Aber die leiden nicht so sehr wie du", schmollte er.

Ich stellte mit Bedauern fest, dass die Unterhaltung keinen Sinn machte und lachte.

„Okay. Du hast deine Meinung und ich hab meine. Dabei bleibt's. Du solltest es nur vermeiden, anderen deine Meinung so stark aufzudrängen. Ich mach's ja auch nicht."

„In Ordnung", sagte er kleinlaut.

Fragte ihn dann, ob er Chris abends mit zu unseren Zelten bringen könne, damit ich ihn mal sehe.

Sam schaute mich verwirrt an: „Aber wieso? Er ist doch jeden Tag zweimal da gewesen. Morgens holt er mich ab und abends bringt er mich wieder hin."

Ich schaute ihn genauso verwirrt an. „Du meinst, er war jeden Abend bei unseren Zelten und hat mich nicht einmal begrüßt?"

„Hat er nicht? Ich dachte, er wäre immer vorher oder nachher noch bei dir gewesen. Hab mich sowieso gewundert, warum er dich nie mitgenommen hat."

„Mitgenommen? Wohin?"

„Na, weil ich das Feiern hier nicht ertrage, nimmt er mich jeden Tag mit in die Innenstadt zu seinen Freunden."

„Ihr wart die ganze Zeit nicht hier? Ihr seid die ganze Zeit in Zürich rumgestreift?" Konnte es nicht glauben. Erzählte Sam von meinen Tagträumen und dass ich jeden Tag gehofft habe, Chris zu sehen. Dass ich ihn wie eine Bescheuerte gesucht habe, dass ich nichts mehr essen kann.

Sam grinste: „Da sieht man's mal wieder. Du leidest. Das heißt, du bist ein guter Christ."

Ronny kam schließlich wieder und Sam verdrehte genervt die Augen. „Ich gehe jetzt. Ronny und ich auf einem Haufen – das kommt nicht so gut."

Wollte mir nicht die Blöße geben und Chris wissen lassen, dass ich wegen ihm gelitten hatte. Bat Sam, nichts davon zu erzählen. „Ich quatsch zwar viel, aber du kannst dich auf mich verlassen. Ich sag kein Wort. Wenn du ihn übrigens sehen willst, mittags sind wir immer am Eingang vom Campingplatz." Dann zog er ab.

Ronny fragte heiter, ob wieder alles in Ordnung sei. Schüttelte den Kopf und wisperte: „Nichts. Nichts ist in Ordnung. Chris ... Ich ..." Dann hab ich mich in Ronnys Schoß geworfen und geheult.

Ronny war total perplex. „Was hat Sam mit dir gemacht? Ist er ausgetickt?"

„Nein. Mit Sam ist alles in Ordnung. Oder auch nicht. Aber Chris ist das Problem", schniefte ich.

Hab ihr alles erklärt und Ronny lange nicht mehr so wütend gesehen. „Was ist das eigentlich für ein Arschloch? Wie kann er dich nur so behandeln? Ich fass es nicht! Er war jeden Abend da und hat dich nicht besucht? Spinnt der? Na warte! Der kann was erleben!"

Den ganzen Rückweg zu unseren Zelten über hat sie sich aufgeregt. Ich war nicht dazu in der Lage. Hab nichts gespürt. Keine

Trauer, keine Wut, gar nichts. Wollte nur noch schlafen und am liebsten nicht mehr aufwachen.

An diesem Abend heulte sich nicht nur Hanna in den Schlaf. Da ich wusste, dass Chris Sam zu seinem Zelt bringen würde, war es für mich noch unerträglicher. Wollte nicht, dass er mich weinen hört. Andererseits doch. Er sollte ruhig wissen, dass ich wegen ihm leide. Doch ich war zu stolz, das zuzugeben. Warf die Gedanken hin und her und schlief darüber ein.

Träumte vom Zürich-See, der aus meinen Tränen bestand. Chris stand am Ufer und spuckte hinein. Das brachte den See zum Überlaufen und überflutete alles. Chris ist dabei ertrunken. Ich stand auf einer Regenwolke über dem See und guckte zu, nicht fähig, ihn zu retten.

Wachte mitten in der Nacht in einer Wasserlache auf. Dachte zuerst: „Na, soviel kannste ja nicht geheult haben." Merkte dann, dass unser Zelt zwei Zentimeter unter Wasser stand.

Weckte schnell Hanna und Ronny. Stellten fest, dass es in Strömen regnete und unser Zelt das nicht verkraftete. Der Topf, den wir unter die undichte Stelle gestellt hatten, war längst übergelaufen und es bildeten sich immer mehr kleine Löcher im Dach, durch die das Wasser in feinen Strahlen ins Zelt lief. Rafften unsere Sachen zusammen und liefen durch den Regen zu Sams und Attilas Dreimannzelt.

Die guckten uns aus zerknautschten Gesichtern an und Sam rief: „Ihr kommt mir hier nicht rein! Zumindest nicht so durchnässt! Sonst ist hier auch alles durchweicht."

Fanden seine Erklärung plausibel und rannten zur Frauentoilette. Hängten da unsere Klamotten auf und zogen uns ein paar trocken gebliebene Sachen an. Musste auf meine „Notkleidung" zurückgreifen, die ich immer mitnehme, falls wir plötzlich auf die Idee kommen, mit Farbe um uns zu werfen, uns im Schlamm zu wälzen oder mit Klamotten baden zu gehen. Wir waren baden gegangen, allerdings unfreiwillig. Ich zog meine alte Jogginghose mit 'ner Micky Maus drauf an und ein Sweatshirt, das mir viel zu klein war und diverse Farbkleckse beherbergte.

Hatten uns gerade die Haare geföhnt, als Ronny loskreischte: „Mein Poatmonnäääh!" Dann ist sie im Affenzahn zum Zelt gedüst und hat danach gesucht. Kam wenig später wieder völlig durchnässt zurück. Ohne ihr Poatmonnäh.

Ich fragte sie: „Hattest du nicht einen Brustbeutel?"

„Ja, schon", röchelte Ronny und wurde ziemlich panisch, „den hab ich aber heute Nacht abgenommen, weil er um meinen Hals herum so gespannt hat."

Mussten sie beruhigen. War ziemlich schwer, sie davon zu überzeugen, dass ihr Brustbeutel noch irgendwo im Wasserzelt rumfliegen musste. Sie hat's schließlich geschluckt. Blieb ihr ja auch nichts anderes übrig.

Mit unseren Reisetaschen über den Köpfen sind wir zurück zu Attilas und Sams Zelt gerannt. Die haben uns brummelnd aufgenommen. Attila hat Hanna neben sich geleitet und Ronny hat sich an Hanna gequetscht. Mir blieb nur der Platz zwischen Ronny und Sam, direkt vor dem Eingang. Hatten arge Probleme uns so hinzulegen, dass es für alle bequem war. Die Jungs haben ihre Schlafsäcke aufgeklappt und mit uns geteilt. Unsere hingen ja mit den anderen nassen Sachen im Weiberklo. Gab ein heftiges Geziehe und Gezerre um die Schlafsäcke, bis endlich alle zufrieden waren.

Konnte wie immer nicht einschlafen. Diesmal allerdings wegen Sams Geschnarche und Attilas Schuhen. Die standen direkt zwischen mir und Ronny und hatten ein Aroma wie verschimmelte Milch. Ronny und ich versuchten, möglichst weit weg von diesem Geruchsherd zu schlafen. Musste dafür meinen Kopf an Sams Schulter lehnen, der mir ständig ins Ohr schnarchte. Tolle Alternative: entweder ersticken oder taub werden.

Überlegte kurz, ob ich doch lieber unser Wasserzelt vorziehe, bin dann aber eingeschlafen und hab wirr geträumt. Attila hatte eine Würstchenkette als Turban und Füße aus Gouda. Hanna war ein hüpfendes Fragezeichen mit 'ner Träne unten dran. Ronny trug übergroße Turnschuhe, in denen sie sich kaum bewegen konnte. Sie wollte joggen, konnte aber nicht, weil sie mit Sams Haaren zusammengewachsen war, und Sam grunzte, während er: „Schlampe, leide! Halleluja!" schrie.

Etwas schüttelte mich und eine dumpfe Stimme nuschelte: „Hey! Wach auf, du Pennbacke! Warum schläfst du eigentlich im Sitzen?"

Öffnete die Augen. Es dauerte, bis mir klar wurde, wo ich eigentlich war. Bin aber doch schnell wach geworden, weil ich mit dem Kopf in Attilas Schuhen sackte. Rieb mir die Nase und dann die Augen. Stellte fest, dass mich tatsächlich jemand an der Schulter rüttelte. „Jaaaa! Mann! Is ja gut!", rief ich genervt. „Ich weiß, dass Mädchen und Jungs nicht zusammen pennen dürfen, aber wenne mal zur Seite guckst, wirste sehen, dass unser Zelt heute Nacht überschwemmt worden ist, also lass uns noch ein paar Minuten schlafen, du bescheuerter Aufseher. Gute Nacht."

Hatte durch mein Meckern die anderen geweckt. Ronny brachte mühsam ein „Was 'n hia los?" hervor.

Hanna streckte sich und boxte Attila dadurch voll in die Fresse. Der wurde schlag(was sonst?)artig wach und rieb sich das Gesicht. „Aua! Was war das denn?"

Attila stieß aus Versehen mit seinem Ellbogen Sam an, der infolgedessen aufwachte und sofort zu motzen anfing. „Kann man hier nich ma in Ruhe schlafen? Hab die ganze Nacht kein Auge zugemacht!"

„Dafür haste aber gut geschnarcht", antwortete ich.

Das ganze Zelt fing an zu maulen und von draußen hörte man wieder jemanden nuscheln: „Oh, wusste nicht, dass ihr Damenbesuch habt. Wollte nicht gleich alle wecken."

Mir war saukalt. Sam hatte sich mit Attila einen Schlafsack gegriffen und Ronny und Hanna den anderen. Hatte die ganze Zeit über nur in meiner „Notkleidung" geschlafen. War total durchgefroren. Wollte schnell ins Weiberklo und mir warme Klamotten überwerfen. Doch Ronny sprang plötzlich wie von Sam gebissen auf, schubste mich beiseite und rannte mit einem „Mein Poatmonnääääh"-Ruf aus dem Zelt. Bin mit dem Gesicht wieder mitten in Attilas Schuhen gelandet. „Dass ich auch immer auf die Schnauze fallen muss!", grummelte ich und erhob mich wieder. Die anderen waren genauso mies drauf und motzten in einer Tour.

Draußen fragte die dubiose Stimme wieder: „Sam, was is nu? Kommste?"

Alle vier riefen aus einem Mund: „Jaaaaa. Mann! Jetzt nerv ma nich!"

Kroch aus dem Miefzelt raus, schob die Person vor dem Zelt beiseite und wollte zum Klo wandern.

„Ach, Eva! Das ist ja 'ne Überraschung!"

Drehte mich nicht um, hatte die Stimme jetzt erkannt. War zu müde und genervt, um traurig oder wütend zu werden, und ignorierte ihn. Dachte: „Toll, Eva! Echt toll! Und du läufst hier mit deinen ältesten Klamotten rum. Prima!"

Rannte zur Toilette und schloss die Tür ab, aber Chris dachte gar nicht daran, hinterherzukommen. Schälte mich erschöpft aus der „Notkleidung" und warf mir vier Schichten Kleidung über. Gott sei Dank waren die Klamotten auf der Heizung nicht nur trocken, sondern auch warm geworden. Hatte dann ein T-Shirt, einen Rolli, ein Hemd und eine schwarze Strickjacke an und unten eine Leggings, eine alte Jeans und darüber meine weite Baggyhose. Dazu noch drei Paar Socken und meine alten Docs, die offen bleiben mussten, damit meine Füße überhaupt reinpassten. Wusch mir das Gesicht. Jetzt fühlte ich mich wohler. Hatte zwar dunkle, geschwollene Ränder unter den Augen und fettige Haare, aber Hauptsache mir war warm.

Hatte keine Energie, um mir über Chris den Kopf zu zerbrechen. Jetzt war praktische Arbeit gefragt. Waren den halben Tag damit beschäftigt, unser Zelt zu flicken. Mussten dafür alle Meetings sausen lassen. Haben Wasserflaschen gefüllt und sie übers Zelt gegossen. Haben dabei immer wieder Löcher gefunden. Gegen Nachmittag dachten wir, wir hätten's geschafft. Ronny war am Ende, weil sie ihr Poatmonnäh nicht gefunden hatte und jetzt ohne Geld und Ausweis dastand.

Und dann hat ausgerechnet sie das Hauptmalheur gefunden: Am Boden war ein fünfzehn Zentimeter großes Loch! Konnten das Zelt abbauen und wegschmeißen. Haben überlegt, die letzten drei Nächte noch bei den Jungs zu pennen. Waren aber schon von dieser Nacht so gebeutelt, dass wir uns sofort von diesem Gedanken verabschiedeten. Haben den restlichen Tag damit verbracht, ein neues Zelt aufzutreiben. Gegen Abend haben die Organisatoren uns eins gestellt, was wir dann in der Dämmerung aufgebaut haben. Mussten wieder mehrere Zeltnägel krumm schlagen.

Haben uns eingerichtet und wollten eben einschlummern, als die Nachbarn vorbeikamen. Ronnys Poatmonnäh war durch den starken Regenguss bis vor ihr Zelt geschwemmt worden, ebenso wie Chris' Pulli. Hatte ihn gar nicht vermisst. Nahm ihn entgegen und wrang ihn aus. Er stank nach umgekipptem Biotop, hatte Risse und war total verdreckt. „Ein Symbol für unsere Beziehung", dachte ich und legte ihn nach draußen. Ronny drückte ihr Poatmonnäh an sich, knotete es an ihre Reisetasche und schlief ein. Lag lange wach, weil ich nicht in der Lage war, irgendwas zu fühlen.

Haben am nächsten Morgen ausgeschlafen und das Frühstück sausen lassen. Hatte eh keinen Hunger. Mittags haben Ronny und ich einen Spaziergang über den Platz gemacht, uns mal hier, mal da niedergepflanzt und mit Leuten gequatscht. Wenn wir uns nicht verständigen konnten, haben wir einfach zusammen Lobpreis gemacht. Kamen dann zum Eingang vom Campingplatz. Dachte daran, was Sam gesagt hatte. Dass Chris und seine Freunde da abhängen. Mir wurde schlecht. Erklärte Ronny die Situation und wollte kehrtmachen, aber Ronny zog mich am Arm. „Jetzt wird nicht gekniffen. Wir gehen hin und schauen, wie er reagiert. Wir müssen ja nicht mit ihm sprechen. Wir gehen nur vorbei. Vielleicht ist er auch gar nicht da."

Er war da. Mit einer Gruppe von sieben Leuten. Unterhielt sich angeregt mit einem Mädchen. Sam saß daneben und stielte sie an. *Britney-Spears*-Verschnitt. Mir wurde noch übler. Er hatte also eine andere. Eine weitaus schönere, eine mit seinem Kaliber, eine aus seiner Sparte. Die Leute trugen HipHop-Sport-Klamotten und die Mädels die feineren Sachen von *H&M* und *Orsay*. Nicht zu aufgebrezelt, nicht zu crazy. Eben perfekt. Fühlte mich in meinen dreilagigen Klamotten, die ich wieder trug, wie ein Gänseblümchen zwischen Kletterrosen. Wollte sofort abhauen, aber Ronny schleifte mich konsequent weiter. Sind mehrmals in ein paar Meter Entfernung an der Gruppe auf und ab spaziert. Niemand hat uns beachtet.

Hatte die Schnauze gestrichen voll und wollte gehen. Da hat Chris seinen Kopf in unsere Richtung gedreht und mir direkt in die Augen gesehen. Er hatte einen glasigen Blick, als müsste er erst mal überlegen, wer ich eigentlich bin. Hat sich abgewandt und so getan, als ob nichts wär.

Fühlte mich so, als würden die Kletterrosen mich überwuchern und ihre Dornen in mein Fleisch bohren. „Erschieß mich bitte oder lass uns endlich gehen", flüsterte ich Ronny zu.

Es fing an zu regnen und als wir an unserem Zelt, das tatsächlich dicht hielt, ankamen, waren wir mal wieder vollkommen durchweicht. Zog mich apathisch um. War nicht in der Lage zu reden oder zu heulen. Hab einfach dagesessen und die Zeltdecke angeguckt. Konnte nicht denken. „Chris hat mich einfach vergessen. Er hat mich ignoriert. Er kennt mich noch nicht mal. Er liebt eine andere." Nur diese Sätze kreisten in meinem Kopf hin und her.

Am nächsten Morgen kam ein neuer Gedanke in mein Hirn: „Er behandelt dich wie Dreck. Er hat noch nicht mal mit dir Schluss gemacht. Er hat dir keine Erklärung gegeben. Er lässt dich fallen wie einen stinkenden Fisch!"

Empfand Wut und freute mich, endlich wieder ein Gefühl zu haben. Sagte Ronny, dass ich noch mal zu seiner Clique will. Marschierten erneut auf und ab, ohne dass jemand Notiz von uns nahm. Chris hockte wieder bei diesem *Britney-Spears*-Verschnitt. Irgendwann konnte Sam seinen Blick von der Tante lösen und hat uns gesehen. Er winkte heftig und so wurden alle auf uns aufmerksam. Uns blieb nichts anderes übrig als hinzugehen.

War total verunsichert. Ärgerte mich darüber. Das machte mich noch mehr unsicher. Kam mir vor wie die kleine, graue Maus. Und so hab ich mich auch verhalten. Die Leute waren ziemlich cool. Haben geraucht. Roch irgendwie würzig. Muss 'ne Schweizer Marke sein. Chris hat auch gezogen. Wusste gar nicht, dass er neuerdings raucht. Aber mir war wohl einiges entgangen.

Sam hat uns vorgestellt. „Das sind Freunde von mir aus Deutschland."

„Ah, zwei Squares, wie's mir scheint. Lasst uns besser aufhören zu touren", nuschelte ein Typ.

Verstand zwar, was er sagte, konnte aber nicht hinter den Sinn steigen. Touren? Square?

Die *Britney-Spears*-Tante schwafelte genauso lahm wie der Typ zurück: „Aber der Sam ist doch auch nicht hooked. Seine Freunde sind vielleicht genauso tolerant."

Damit wir sie besser verstehen, haben sie extra langsam gesprochen. Wie Schweizer eben. Allerdings ein bisschen lallend. Und manche Wörter kannte ich nicht. Aber in der Schweiz hat ja fast jedes Dorf einen anderen Dialekt. Überlegte fieberhaft, was ich sagen sollte. Stand genau neben Chris, aber der machte keine Anstalten, aufzustehen und mich zu begrüßen. Hat mich nicht mal angesehen, sondern Löcher in die Luft gestarrt. Ronny schwieg auch und die Clique hatte wohl kein Problem damit, stundenlang kein Wort zu sagen.

Kam mir dämlich vor, neben meinem Freund, der sich nicht die Bohne für mich interessierte. Sprach Chris dann mit gebrochener Piepsstimme an: „Na? Chris? Bisse in den Schnee gefallen? Ha."

Biss mir sofort auf die Lippen und dachte, wie blöd ich eigentlich bin, dass ich so 'n Quatsch schwafel.

Chris guckte mich wie durch einen Nebel an. „Hä? Was is?"

Dachte, jetzt ticke ich aus.

Da fragte die *Britney-Spears*-Tante: „Was? Chris, das ist aber nicht in Ordnung. Wir haben eine Regel: keinen Schnee."

Schüttelte den Kopf. Verstand null von dem, was sie da faselte.

Plötzlich kam ein Typ auf mich zu und umarmte mich. „Mensch! Du bist's, Eva! Ich hab 'n Foto von dir gesehen. Du bist doch Chris' Freundin!", rief der begeistert.

„Das dachte sie zumindest", grollte Ronny.

Ich schaute ihn an und stellte fest, dass er als einziger nicht rauchte. „Und wer bist du?", fragte ich verwirrt.

„Na, ich bin Tom! Hab dir mal über Chris Grüße bestellen lassen."

„Ach ja. Der Tom aus'm Internet."

„Hey Leute, das hier ist Chris' Freundin aus Deutschland!", jubelte Tom.

Die *Britney-Spears*-Tante warf mir einen verächtlichen Blick zu. „Ach ja?", fragte sie mit hochgezogenen Augenbrauen und lehnte sich an Chris.

Den schien das nicht zu stören und er sagte gleichgültig: „Ja. Genau. Die da is 'ne alte Freundin aus Deutschland. Ja."

Konnte ihn nur aus großen Augen anstarren, bis Ronny meine Hand griff: „Wir gehen jetzt besser. Bis dann."

Tom kam uns hinterhergelaufen und meinte: „Es tut mir Leid. Das ist nicht der echte Chris. Er hat zuviel gezogen. Das hat ihn umgehauen. Kommt morgen noch mal. Ich werde dafür sorgen, dass er klar ist. Versprochen!"

Ließen Tom stehen. *Die da!* Er hat noch nicht mal meinen Namen ausgesprochen! *Die da! Eine alte Freundin aus Deutschland!* Konnte es nicht fassen und brach im Zelt in Tränen aus. Hab stundenlang laut geflennt. Mir war das egal. So egal, wie ich Chris egal war. Brüllte so laut, wie Sam schreit, und so schrill, wie Betty singt. Ronny hat meinen Kopf gestreichelt und mich im Arm hin und her gewiegt. Bin irgendwann erschöpft eingeschlafen.

Am nächsten Tag haben wir unsere Zelte abgebaut. Ich funktionierte nur noch. Leben konnte man das nicht nennen. Schleppten unsere Sachen und ich mich zum Campingplatzausgang. Da saß Chris' Clique wieder. Verdrehte genervt die Augen. Ronny beobachtete mich besorgt, aber in mir wuchs eine solche Riesenwut, dass ich Chris am liebsten verkloppt hätte. Ignorierte die Gruppe und ging mit Scheuklappenblick geradeaus in Richtung Rüdigers Wagen, der schon auf uns wartete.

Plötzlich hörte ich, wie Chris begeistert nach mir rief: „Eva!

Süße! Hey! Endlich erwisch ich dich! Ich hab dich die letzten zwei Wochen wie ein Irrer gesucht!"

Ja sicher, dachte ich verbittert und ging ohne eine Reaktion weiter.

Chris rief weiter: „Eva! Eva, hörst du mich nicht? Eva? Was ist denn los? Was ..."

Ich blieb stehen, ließ meine Sachen auf die Erde fallen und funkelte ihn böse an.

Er stand auf, ließ die *Britney-Spears*-Tante, die an seinem Arm hing, fallen. Die schaute ihm müde hinterher. Er kam auf mich zu gerannt. „Eva! Endlich! Ich hab dich so vermisst! Komm lass dich drücken!"

„Du kannst mich mal!", schrie ich zurück.

Er blieb verblüfft stehen. „Was? Was ist denn los? Hör auf damit." Er lachte. „Ich weiß, ihr müsst gleich fahren, aber kannst du nicht ein paar Tage Schule blaumachen und hier bleiben? Ich möchte dir meine Freunde vorstellen."

„Die kenn ich schon", rief ich und wollte meine Reisetasche wieder aufladen. Er stand jetzt direkt vor mir und nahm mir die Reisetasche aus der Hand. Ich riss sie ihm wieder weg und schrie ihn an: „Lass mich in Ruhe! Du hast mir hier alles versaut! Du hast mich wie ein Stück Dreck behandelt!"

Er schaute mich hilflos an. „Ich hab – *was?*"

Meine Wut hatte mich vollkommen unter Kontrolle und ich fühlte mich gut dabei. Ich machte meine Reisetasche auf, zog Chris zerfledderten Pulli heraus und schmiss ihn ihm vor die Füße. „Hier! Da siehst du, was du aus uns gemacht hast. Das sind wir! Kaputt sind wir! Zerrissen!"

Raffte meine Sachen zusammen und stieg, so schnell es ging, in Rüdis Auto. Hab Chris keines Blickes mehr gewürdigt und Rüdiger gebeten, möglichst schnell loszufahren. Ronny erzählte, dass Chris verwirrt den Pulli aufgehoben und an sich gedrückt hat. Dabei sind ihm ein paar Tränen die Wangen runtergerollt. Danach wäre er zu seiner Clique zurückgegangen und hätte sich eine Zigarette angezündet. Toll! Die Zigarette danach!

Heul doch, du Memme!

Haben dann auf der Rückfahrt kaum ein Wort gesprochen. Waren alle mit uns selbst beschäftigt. Mara und Rüdiger haben Schluss gemacht. Sie haben keine Kraft mehr für die Beziehung. Und meine ist auch dahin.

Seitdem sind zwei Tage vergangen und Chris ruft jeden Tag mehrmals an. Habe immer noch große Wut im Bauch und würde ihn am liebsten erwürgen. Lasse mich am Telefon verleugnen oder den Anrufbeantworter rangehen. Glaube, wenn die Wut verraucht ist, bin ich nur noch ein Bündel blutender Wunden. Möchte nicht daran denken. Noch bin ich ja, Gott sei Dank, wütend. Weiß aber genau, dass das nicht lange anhält.

Muss mich auf die Schule konzentrieren. Morgen ist bei Frau Gornmert ein Referat angesagt. Über Adam und Evas tragisches Ende. Nicht die beiden aus der Bibel, sondern eine moderne Buchversion, in der Adam Eva misshandelt und sie ihn dafür umbringt. Na wunderbar!

Das Telefon klingelt schon wieder. Jetzt lass mich endlich in Ruhe! (00.32 h)

Montag, 3. Oktober
Hab das Referat versiebt. Hab Evas Mord gerechtfertigt, anstatt das Ganze zu analysieren. Warum muss ich auch ausgerechnet schon am ersten Schultag ein Referat halten? Das ist die absolute Folter! Chris ruft immer noch an. Gestern Abend das letzte Mal um zwei Uhr! Meine Eltern sind völlig genervt und meinten, ich soll endlich mal mit ihm reden, damit er Ruhe gibt. Sehe ich überhaupt nicht ein. Als „alte Freundin aus Deutschland" hat man eben nicht für jeden Zeit.

Oh Telefon, jetzt hör doch endlich auf zu bimmeln! (22.47 h)

Dienstag, 4. Oktober
Bin heute bei Hanna gewesen und extra bis abends geblieben, um Chris' Anrufen aus dem Weg zu gehen. Hab Hanna nichts davon erzählt, wie Chris mich behandelt hat, aber wegen meiner nächt-

lichen Heulerei und der Szene, die ich ihm am Abfahrtstag gemacht habe, konnte sie wohl eins und eins zusammenzählen. Hat nichts dazu gesagt. Auch seltsam. Eigentlich quetscht sie mich über alles aus, um mich dann mit christlichen Ratschlägen zu trösten. Diesmal nicht. Haben nur oberflächlich über die Schule geredet.

Unsere Freundschaft scheint das gleiche Level erreicht zu haben. Wir sind beide verschlossen und keiner hakt beim anderen nach. Hab mir das nicht so vorgestellt. Dachte, dass Hanna sich mir auch mal offenbart und wir uns dann beide vertrauen. Aber was soll's. Hatte die Hoffnung darauf eh längst aufgegeben. Haben unser Lied „Freunde" gehört und beide nicht mitgesungen. Hab auch nichts empfunden, als ich es gehört habe. Fühle sowieso kaum was. Mir ist alles egal. Habe wohl nicht nur meinen Freund, sondern auch eine Freundin verloren. Freunde, macht's gut. Schön, euch mal gekannt zu haben.

Wenigstens hab ich einen Teil meiner alten Ronny wieder. Ohne sie würde ich eingehen! Ich ertrage das nicht. Ich verliere alle, die ich liebe! Und weil ich das nicht ertrage, fühle ich alles nur noch dumpf. Das ist so, als ob man beim Zahnarzt eine Spritze bekommt und wenn das Taubheitsgefühl aufhört, kommen die Schmerzen nach. Hoffe, das dumpfe Gefühl hält bis zum Wochenende. Hab keine Lust, in der Schule einen Heulkrampf zu kriegen.

Das Telefon klingelt schon wieder. (22.26 h)

Mittwoch, 5. Oktober
Habe einen Heulkrampf gekriegt. Gott sei Dank nicht mitten im Unterricht. In der ersten Pause haben wir uns über die traurigsten Filmszenen unterhalten. Ibke meinte, sie hat total mit *Hugh Grant* in *Notting Hill* gelitten. Fing auch an zu leiden. Wie mies er sich gefühlt haben muss, als er Anna nach einer halben Ewigkeit wiedersieht und er zufällig über ein Mikro mitbekommt was sie ihrem Kollegen über ihn, William, sagt: „Oh, das war niemand. Niemand. Nur eine Person aus der Vergangenheit."

Spürte, wie mehrere Dolche mich durchbohrten und fing an zu

schlucken, dann zu schluchzen und schließlich zu schimpfen. „Blöde Schnulzen! Ich hasse diesen Film! *Notting Hill* ist zum Kotzen!" Hab mich verabschiedet und bin flennend nach Hause. Hab mir den Soundtrack von *Notting Hill* in den CD-Player geworfen und noch mehr geheult. Bin jetzt wieder gefasst. Allerdings ist das Taubheitsgefühl ganz weg, die Wut auch. Bin nur noch am Ende. Und das Telefon klingelt. Neiiiiiin! Gehe jetzt zur Teestube, jawoll! (17.17 h)

Nachtrag: Hatte gehofft, Ronny in der Teestube zu treffen, aber sie musste für eine Klausur lernen. Hanna und Attila haben wieder rumgealbert und sich ausgekitzelt. Die sollten mal zu Potte kommen. Wenn sie endlich zusammen sind, sind sie vielleicht nicht mehr so krampfig. Wie kann man nur so abgehoben vor Liebe sein? Ich war nie so.

Attila hat sogar mit seinen Diäten wegen Hanna aufgehört. Die ließ nämlich den Satz fallen, dass sie dünne Männer nicht attraktiv findet und was zum Kuscheln braucht. Jetzt fressen sie zusammen bergeweise Chips und Schokolade. Hab mich über die Schokoriegel geworfen, bevor sie die auch noch beschlagnahmen konnten. Hab alle dreiundzwanzig gegessen. Betty hat mir geholfen. Es scheint zu stimmen, dass Schokolade glücklich macht. Fühlte mich nämlich gleich besser.

Dann war Andachtszeit. Hab nicht richtig zugehört. War mit der Schokolade beschäftigt. Irgendwas darüber, dass der Körper ein Tempel Gottes ist und man ihn pflegen soll. Hab mir anschließend eine Packung Negerküsse gekauft. Brauchte dringend einen, der mich küsst und lieb hat. Schokolade liebt mich, ich liebe sie. Betty machte mich darauf aufmerksam, dass es im Supermarkt nebenan Schokoladenpudding im Angebot gibt. Sind rüber und haben uns eine Palette gekauft. War superlecker und hat die Stimmung gehoben. Fühlte mich echt besser.

Bis Sam kam. Der brachte mir einen Brief mit. Von Tom. Da er meine Adresse nicht hatte, hat er den Brief an Sam geschickt, damit er ihn an mich weiterleitet. Auf dem Umschlag stand: „Bitte nicht wegwerfen! Das ist eine Erklärung. Ganz wichtig! Bitte sofort lesen!"

Bin jetzt zu Hause und esse eine Tafel Nussschokolade. Bringe es nicht über mich, den Brief zu lesen. Bringe es aber auch nicht über mich, ihn wegzuwerfen. Wer weiß, was da drinsteht? Vielleicht steht da drin, dass Chris diese *Britney-Spears*-Tante liebt. Vielleicht steht da drin, dass er sich nicht getraut hat, vor seinen Freunden zu mir zu stehen. Vielleicht steht da aber auch eine Erklärung drin, die meine ganze Wut wegwischt und alles plausibel macht ... Weiß nicht, ob ich überhaupt eine Erklärung will. Chris hat mich mit Füßen getreten, als ich schon am Boden lag. Glaube nicht, dass ich ihm das verzeihen kann.

Andererseits liebe ich ihn noch. Der Chris auf dem Campingplatz war nicht mein Chris. Der Chris auf dem Campingplatz war einer dieser Sorte Jungs, die genau wissen, dass sie gut aussehen, sich deswegen arrogant und cool benehmen und Mädels wie mich gleichgültig wegschieben. Manche freuen sich sogar drüber, weil ihnen bewusst wird, dass sie Macht über andere Menschen haben. Die Macht, ihnen wehzutun. Aber so ist Chris nicht. Chris ist witzig, ehrlich und liebevoll. Kreativ und einfühlsam. Wenn er einen Menschen verletzt, dann nur unabsichtlich, und selbst dafür fühlt er sich noch monatelang schuldig. Je mehr ich über alles nachdenke, desto verwirrter werde ich. Das passt doch alles nicht zusammen!

Vielleicht sollte ich Toms Brief doch lesen. Ist nett von ihm, dass er versucht, unsere Beziehung zu retten. Das scheint ein richtiger Freund zu sein. Die anderen von der Clique haben eher einen kaputten Eindruck gemacht. Kaputt. Genau. Chris sah kaputt aus. Bin auch kaputt. Lese den Brief vielleicht morgen. Das Telefon klingelt. Esse jetzt Schokoladeneis. Gute Nacht. (23.13 h)

Donnerstag, 6. Oktober
Mir ist schlecht. Hab zu viel gegessen. Der Brief liegt ungeöffnet auf meinem Schreibtisch. Laufe drum herum wie eine Maus um ein Stück Käse in 'ner Mausefalle.

Könnte einen Haufen Piranhas auf Sabine loslassen! Muss aber wohl eher einen Haufen Gebete auf sie loslassen. Schade aber auch. Sabine geht in Hannas Klasse und zieht neuerdings über sie her. Nennt sie „Betschwester" und „Hallelujatussi" und so was. Hanna nimmt's gelassen. Schlimm ist aber, dass Sabine sich über Gott lustig macht. Erzählt, dass der Glaube uns einschränkt. „Jesus war ein Schwächling!", hat sie gesagt.

Hab Jesus vor mir gesehen, wie er am Kreuz hängt und blutet. Wie er weint. Wie er die Menschenmenge mit seinen traurigen Augen ansieht. Seine traurigen Augen. Seine liebevollen Augen. Sehe die Menschen vor mir, wie sie ihn beschimpfen, wie ihm die Dornenkrone ins Fleisch schneidet, wie die Nägel ihn zerreißen. Stundenlang.

Nein. Jesus war alles andere als ein Schwächling. Kein anderer hätte das über sich ergehen lassen. Jesus hätte kneifen können. Aber er hat sich geopfert. Für alle Menschen. Auch für die, die ihn angespuckt haben. Auch für Sabine.

Alle haben höhnisch gelacht, als hätte sie die beste Schote des Jahrhunderts gerissen. Ich stand hilflos daneben. Die Leute wissen, dass ich Christ bin, und haben das bisher immer toleriert. Kam mir vor wie Petrus, als er Jesus verleugnet hat. Dachte an *Notting Hill* und wie Anna William verleugnet hat. Dachte daran, wie Chris mich verleugnet hatte. Ich wollte Jesus nicht verleugnen. Nicht diesmal. Hatte vorher schon viel zu oft gekniffen. Blieb gelassen und sagte kühl: „Jesus war also ein Schwächling. Find ich gut. Ich bin froh, schwache Menschen meine Freunde nennen zu dürfen. Schwache Menschen haben Feingefühl und Liebe. Starke Menschen sind so von ihrer Stärke geblendet, dass sie nur sich sehen. Für mich ist schwach sein stark sein. Und noch was. Ihr wisst, dass Jesus mein Freund ist. Wenn ihr demnächst darüber lachen wollt, macht's woanders."

War selbst über mich überrascht. Die anderen auch. Haben sich aber gefangen und gegrölt: „Die Freundin von Jesus! Eva ist die Freundin von Jesus!"

Musste lachen. „Ich hab den Mut gehabt, zu meiner Meinung

zu stehen, obwohl ihr alle darüber lacht. Ist das jetzt stark oder schwach oder was?"

Hab mich umgedreht und bin gegangen. Als ich um die Ecke rum war, hab ich ziemlich zittern müssen. So mutig war ich noch nie gewesen. Ich stille Strebermaus, die alles über sich ergehen lässt und lieber in ihrer Traumwelt lebt, als sich mit der grausigen Realität auseinander zu setzen.

Atmete tief durch, ging zu Hanna und umarmte sie. „Ich bewundere dich dafür, dass du das so gelassen nimmst."

Sie guckte mich verdattert an und flüsterte mir ins Ohr: „Gelassen? Ich könnte sterben!"

Grinsten uns an. „Das stehen wir auch noch durch. Freunde packen alles!"

Haben zusammen „Freunde" gesungen. Das alte Level unserer Freundschaft ist wiederhergestellt. Gott sei Dank. Wirklich. Danke, Jesus. Danke, dass du das für uns getan hast. Mach auch Sam klar, dass er nicht leiden muss, um ein guter Christ zu sein. Du hast wirklich genug gelitten. Das reicht für die Ewigkeit. Du bist meine Schokolade, Jesus. Obwohl da noch ein Riegel weiße Schokolade im Schrank ... Nein. Beherrsche mich jetzt. Der Brief liegt immer noch auf'm Schreibtisch. Soll ich ihn auf ... Nein. Beherrsche mich. Jetzt noch nicht. Ich bin noch nicht so weit.

Das Telefon klingelt schon wieder! Soll ich rangehen? Nein. Beherrsche mich. Dafür ist es noch zu früh. Ich würde so gerne die Schokolade essen! Jesus ... Äh ... Darf ich? (22.56 h)

Freitag, 7. Oktober
Die Sonne scheint. Die Blätter sind strahlend bunt. Die Luft ist schön spicy und klar. Gottes Schöpfung strahlt vor Farbenpracht! Und es geschehen noch Zeichen und Wunder! Habe damit gerechnet, dass ich in der ganzen Jahrgangsstufe verschrien bin. Stattdessen ist Sabine unten durch. Die Leute, die gestern gelacht haben, haben sich heute bei mir entschuldigt. „Sorry, Eva. Aus dem Alter müssten wir eigentlich raus sein, wo man Leute, die anders sind oder was anderes denken, runtermacht. Das war echt billig."

War so überrascht, dass ich kein Wort erwidern konnte. Hab nur genickt und bin zu Hanna gelaufen. Die war auch ganz happy.

Ibke stand bei ihr und brachte eine interessante Nachricht. Sabine hatte uns drei zu einer Fete am Sonntag eingeladen, als Friedensangebot. Die anderen Leute aus der Jahrgangsstufe weigern sich hinzugehen. Da können wir als Christen zeigen, was Vergebung bedeutet, und versuchen, das wieder geradezubiegen. Wird zwar wie immer Schnapsleichen geben, aber das muss ich tolerieren. Ist ja nicht jeder mit einer Mama gesegnet, die Alkoholikerin ist.

Werde Toms Brief morgen früh lesen. Meine Mutter hat eben mit Chris gesprochen und ihm wie so oft versucht klarzumachen, dass ich nicht mit ihm reden will. Sie hat sich allerdings von ihm überreden lassen, mir was auszurichten. Dass er mich liebt. Wirklich liebt. Und dass er jetzt weiß, was er mir angetan hat. Jetzt weiß er es erst? Mann! Hat der sie noch alle? Braucht der aber lange! Brauche jetzt die weiße Schokolade. (23.56 h)

Samstag, 8. Oktober
Mir ist schlecht. Ich trau mich nicht. Müsste jetzt eigentlich den Brief lesen. Kann aber nicht. Muss aber. Oder? Aaaaaaahhhhh!

Hab heute Nacht wieder wirres Zeugs geträumt. Sabine war ein Schokoladenplätzchen, über das alle gelacht haben: „Du bist keine Schokolade! Du bist nur ein mieser Keks." Hanna knutschte mit Attila in einem übergroßen Schokoladeneisbecher. Betty saß nackt mit ihrer Saunatruppe in einem Sahneschokopudding und Sam surfte auf einem Schokobon dadurch und rief: „Leidet, ihr Schokonudisten!" Ich war mit einer giftgrünen Weingummischnur an ein Stück weiße Schokolade gefesselt. Chris kam und wollte mich küssen, hat mir aber stattdessen einen Negerkuss ins Gesicht geklatscht und sich darüber totgelacht.

Ich will nicht noch mal von ihm verletzt werden! Ich will keine Negerküsse im Gesicht! Ich will ... jetzt diesen blöden Brief lesen! Oder ich werfe ihn wirklich weg!

Nachtrag: Was soll ich sagen? Ich weiß es nicht. Ich weiß es wirklich nicht. Habe den Brief heute Morgen gelesen. Jetzt ist es abends und ich fasse es immer noch nicht. Fasse es nicht, dass Chris das tatsächlich macht. Fasse es nicht, dass ich's nicht eher begriffen habe. Ich fasse es nicht. Ich kann's noch nicht mal aufschreiben. Ich werde einfach Toms Brief abschreiben, vielleicht sehe ich dann klarer.

Hallo Eva,

ich weiß, wir kennen uns kaum. Aber ich kenne Chris. Er ist mir sehr wichtig. Deswegen möchte ich ihm helfen. Und dir. Denn ihr gehört zusammen.

Ich bin an allem schuld. Er hat durch mich die falschen Freunde gefunden. Die Leute auf dem Campingplatz war die Band, von der er dir bestimmt erzählt hat. Du hattest keine Ahnung, was da abging, oder? Die Band kifft. Sie rauchen Marihuana und Hasch. Am Anfang hat Chris es genauso abgelehnt wie ich. Ich mag die Leute, aber ich bin absolut gegen Drogen. Chris war ziemlich fertig, weil er es nicht mehr aushalten konnte, dass du so weit weg bist, und da hat er einen Joint probiert. Leider hat es ihm gefallen. Von da an hat er immer, wenn es ihm schlecht ging, gekifft. Er würde maximal zwei Joints am Tag rauchen, hat er mir versprochen. Mittlerweile raucht er zehn bis zwölf pro Tag.

Ich weiß nicht, ob du dich damit auskennst, also 'ne kurze Einführung. Hasch und Marihuana bringen positive Stimmung und erhöhtes Farbempfinden. Aber es bewirkt auch eine absolute Teilnahmslosigkeit, Aktivitätsverlust und Denkstörungen. Die meisten merken nach einem Joint nicht viel, aber bei Chris ist das so, als wenn andere zehn Joints nacheinander rauchen. Als du ihn angesprochen hast, hatte er vier hintereinander geraucht. Deswegen war Chris dir gegenüber so gleichgültig. Die Dosis war wohl auch ziemlich stark. Am nächsten Tag konnte Chris sich nicht erinnern, dass du überhaupt da gewesen warst. Ich habe ihn extra in ein Gespräch verwickelt, damit er nicht kifft, bis du kommst. Nachdem du ihm diese wirklich s'zähni Szene gemacht hast, war er total fertig und wollte sofort einen Joint rauchen. Den hab ich ihm aber weggenommen und ihm alles erklärt. Er hat seitdem nicht mehr gekifft und überlegt, aus der Band auszusteigen, damit er nicht andauernd mit dem

Hasch konfrontiert wird. Vielleicht hast du auch gemerkt, dass Jennifer sich an Chris rangeschmissen hat. Sie ist eigentlich die Freundin vom Schlagzeuger und macht das nur, wenn sie zu viel gekifft hat. Wegen ihr brauchst du dir also keine Sorgen zu machen.

Chris weiß nicht, dass ich diesen Brief schreibe. Sam musste ihm versprechen, dass er dir nichts von den Joints erzählt, aber ich musste es ihm nicht versprechen! Sam tut mir echt Leid, denn dir musste er ja auch versprechen, dass er Chris nicht erzählt, wie schlecht es dir im Camp ging. Irgendwann hat Sam es nicht mehr ausgehalten, weil er sich solche Sorgen um dich gemacht hat, und hat es mir erzählt. Eva, bitte rede mit Chris darüber! Ich weiß, dass er dich wahnsinnig liebt! Und du liebst ihn auch, sonst hättest du nicht so gelitten. Bitte gib euch noch eine Chance. Ihr gehört zusammen. Wenn du bis Ende nächster Woche nicht mit ihm redest, erzähle ich Chris, wie mies es dir im Camp ging und dass ich dich schon aufgeklärt habe. Das sollte ihm Antrieb genug sein, sich noch mehr an deine Fersen zu heften.

Grüezi,
Tom

Da ich nicht auf Chris' Anrufe reagiert habe, hat Tom ihm jetzt alles erzählt. Dass ich nicht schlafen konnte, dass ich mich nicht auf Gott einlassen konnte, dass ich nichts mehr essen konnte. Wahrscheinlich hat Chris das damit gemeint, als er mir hat ausrichten lassen, dass er jetzt weiß, was er mir angetan hat.

Ich weiß immer noch nicht, was ich dazu sagen soll. Ich bin nicht mehr wütend. Nur noch traurig. Mein Chris kifft. Er wusste doch ganz genau, wie beschissen Drogen sind. Er weiß alles von meiner Mutter. Warum hat er damit angefangen? Klar. Ich kann's verstehen: Keine Freunde. Keine Perspektive. Keinen, der den Glauben mit ihm teilt. Den ganzen Tag nur Arbeit und sonst nichts. Die Freundin viel zu weit weg. Ich kann's verstehen. Ich drifte auch in meine Traumwelten ab, wenn's mir schlecht geht. Aber das macht alles nur noch schlimmer! Hier hat man ja den Beweis! Jetzt hab ich zwei Süchtige. Meine Mama und Chris. Einmal süchtig, immer süchtig, hat Ronny gesagt. Sie hatte Recht.

(Komisch. Sonst hatte Hanna doch immer Recht.) Erst internetsüchtig, dann haschsüchtig.

Das Telefon klingelt ununterbrochen. Habe mir eben zum ersten Mal angehört, was Chris auf den Anrufbeantworter gesprochen hat. Er hat sich tausendmal entschuldigt. Gesagt, dass er mich liebt. Dass ich ihm 'ne Chance geben soll. Dass er mir nie mehr so weh tun wird. Dann hat er geweint. Er hat *geweint!* Musste auch weinen. Ich kann ihn noch nicht mal in den Arm nehmen, wenn er weint. Und wer weiß – wenn es ihm so dreckig geht, dass er weinen muss, vielleicht dreht er sich wieder einen Joint! Aber ich darf mich nicht dafür verantwortlich fühlen, dass er kifft. Es ist sein Leben, nicht meins.

Ich kann nicht mit ihm reden. Ich kann nicht. Was soll ich denn sagen? Dass ich ihn liebe? Dass ich ihm verzeihe? Und dann macht er weiter wie bisher. Ich kann das ja nicht kontrollieren. Und überhaupt. Wenn er aufhört zu kiffen, dann nicht aus Rücksicht auf mich! Das wäre die falsche Motivation. Er muss es für sich tun. Ich kann noch nicht mit ihm reden. Dafür liebe ich ihn zu sehr. Ich . . .

Ach Scheiße! Jetzt heul ich schon wieder! Ich kann das alles nicht . . . ich . . . ruf jetzt Ronny an! (23.59 h)

Sonntag, 9. Oktober
Tat gut, mit Ronny zu reden. Konnte aber nicht lange mit ihr sprechen, weil ich ihren Vater mit meinem Anruf geweckt hatte und der wütend das Gespräch abgebrochen hat. Jetzt hat Ronny wegen mir wieder Ärger zu Hause. Vergib mir.

Vergeben.

Ronny meinte, ich solle Chris erst vergeben und dann mit ihm sprechen. Kann ja nichts mehr schief gehen, ist ja schon alles schief, meinte sie. Recht hat sie. Schon wieder. Doch ich soll vorher wissen, was ich will. Weiß nicht genau, was ich will. Ich will Chris. Ich liebe ihn. Aber ich weiß nicht, ob ich noch einen Süchtigen in meinem Leben will. Das klingt egoistisch. Aber Mama ist heute Nacht nicht nach Hause gekommen. Mir war klar, dass der erste

Rückschlag kommen würde. Hat mich eh gewundert, dass sie es bisher so gut durchgehalten hat. Hoffe nur, dass sie nicht so tief ins Glas guckt, dass sie nicht mehr zu den AA geht. Und das ist es: zwei Abhängige, um die ich mir Sorgen mache. Ob ich das aushalte? Aber selbst, wenn ich mit Chris Schluss mache, müsste ich immer an ihn denken und würde mir Sorgen machen. Die Liebe zu ihm stirbt nicht einfach so. Das ist ja das Problem. Bitte, Herr, hilf!

Gehe gleich zu Sabines Fete. Lenkt mich wenigstens ein bisschen ab. Bis morgen dann. Chris, bitte bleib sauber. Denn ich hab dich lieb. Auch wenn du das noch nicht weißt. Aber bald. Bald rede ich mit dir. Versprochen. (20.30 h)

Montag, 10. Oktober

Gut, dass wir heute frei haben. Unsere Lehrer machen ihren alljährlichen Ausflug. Ich bin sooo müde. So was von fertig. Wie konnte ich nur so blöd sein? Wenn ich nicht so auf Schokolade stehen würde, wär das alles nicht passiert! Ich bin ja so panne!

Die Fete war nicht toll. Die Musik war so laut, dass man sich nur anschreien konnte. Techno und *Britney Spears* kamen aus den Boxen. Hätte mich zur Abwechslung über deutschen HipHop, Soul oder Alternativmusik gefreut. War aber nicht. Die Leute waren auch enttäuschend. Viele Pärchen, die in den Ecken lagen und heftig rumknutschten. Der Rest hockte entweder in Grüppchen beieinander oder tanzte wild durch den Raum.

Versuchte, mit einer stumm in der Ecke hockenden Gruppe eine Unterhaltung anzufangen, aber die haben immer nur nett gegrinst und kaum was geantwortet. Kam mir bekannt vor, konnte es aber nicht einordnen. War superlangweilig.

Hanna war nicht mitgekommen, Attila hatte sie ins Kino eingeladen. Stand deshalb allein mit Ibke an eine Hauswand gelehnt. Hat sich zwei Stunden lang nichts dran geändert.

Gegen elf hatten wir schon Spinnweben auf der Nase und wollten nach Hause. Sabines Bruder sollte uns fahren, aber der sah nicht mehr ganz frisch aus. Mittlerweile hatten wir schon einige sich übergebende, pöbelnde und lallende Leute umfallen sehen. Sabines Bruder würde sich wohl auch in den nächsten Minuten verabschieden. Machten uns also auf die Suche nach einem Menschen, der volljährig, noch nüchtern, nett und dazu in der Lage sein könnte, uns nach Hause zu bringen.

Trafen auf einmal viele aufgeschlossene Menschen, die zum Quatschen bereit waren. Man hat sie nur schlecht verstanden: Entweder haben sie gelallt, gesungen, geschrien oder gekotzt. Die paar wenigen Nüchternen hatten keinen Führerschein oder keinen fahrbaren Untersatz.

Wollten uns eben ein Taxi rufen, als uns ein netter Typ ansprach. Gut aussehend und ohne Fahne. Ließen uns in ein Gespräch verwickeln und haben uns total verquatscht, weil sich herausstellte, dass der Typ – keine Ahnung, wie er hieß – wirklich nett war. Irgendwann bot er uns ein paar Schokokekse an. Ich Schokosüchtige konnte natürlich nicht „Nein" sagen.

Hatte das Teil schon in der Hand, als Ibke mir eindringlich zuzischte: „Nein! Lass das! Das ist..."

Hab sie nicht weiter verstanden, weil jemand *Britney Spears* laut aufgedreht hatte. Fragte mich erneut, warum alle auf diese Frau abfahren, und schob mir den Keks in den Mund. Schmeckte super. Eben wie Schokolade. Aber auch 'n bisschen nach Gewürzkuchen. Schmeckte nach mehr. Ließ mir von dem Typen noch ein paar rüberreichen.

Ibke schrie mir ins Ohr, ich solle aufhören die Dinger zu essen, sie würden mir nicht bekommen. Fand das irgendwie lustig, dass sie so besorgt um mich war, und kicherte: „Ich weiß, dass ich in letzter Zeit zu viel davon esse, aber das Zeugs macht glücklich."

Sie schrie zurück: „Du isst das öfter?"

„Klar!", rief ich und schmatzte an meinem zweiten Keks. „Das mag doch jeder!"

„Jeder? Ich mag das nicht! Ich ess doch keine Drogen!"

Musste über Ibkes bestürztes Gesicht lachen und schob mir noch zwei Kekse hinterher. „Drogen? Ja, vielleicht hast du Recht. Man sollte es nicht übertreiben."

„Ja", sagte Ibke ärgerlich und riss mir die restlichen Plätzchen aus der Hand, schmiss sie auf den Boden und zertrat sie.

„Was machst du 'n da?", fragte ich sie und mich, warum ich dabei so grundlos kicherte.

Das war doch überhaupt nicht witzig! Höchstens seltsam. Aber ich konnte nicht aufhören zu kichern. Hatte das Gefühl, *Britney Spears* singt jetzt rot. Musste deswegen noch mehr lachen und meinte zu Ibke: „Ist doch noch ganz witzig geworden, was?"

Ibke schüttelte den Kopf: „Ich bestelle uns jetzt ein Taxi."

Mir war das egal. Ich wollte noch ein bisschen tanzen. Fand die Musik von der Tante auf einmal gar nicht mehr so schlecht und hüpfte zu: *I was born to make you happy.* Fing beim nächsten Lied an zu singen: „Mei Loohnliinässeynt killimie no-ho-moooor, Eiiiiii, Eiiiiim ..." In meinen Ohren klang meine Stimme so wie Bettys. Fand ich irrsinnig witzig und lachte mich krumm.

Ibke kam und zog mich weg. War mir egal. Ibke war irgendwie sauer auf mich. War mir egal. Lag irgendwann zu Hause im Bett und fragte mich, warum ich eigentlich hier bin. Musste an Chris denken und lachen. Fragte mich warum, aber das war mir egal.

Ich Idiot habe Haschplätzchen gegessen! Und nicht nur eins, nein, „Madame-Ich-tu-alles-für-Schokolade" musste sich gleich vier Stück reinziehen!

Höre *Britney Spears* immer noch in den Ohren. Die Frau verfolgt mich. Hab eben Ibke angerufen und ihr erklärt, dass ich nicht wusste, dass das Haschplätzchen sind. Hab mich bei ihr bedankt, dass sie mich nach Hause gebracht hat, und mich entschuldigt.

Sie hat erleichtert gelacht, aber dann ernst gefragt, ob ich noch mal welche essen will. Schrie entsetzt: „Nein! Niemals!"

Nie! Nie wieder! Hätte ich gewusst, dass das Haschplätzchen sind, hätte ich sie nie angerührt! Außerdem ist das total unheimlich. Man hat sich nicht mehr unter Kontrolle und ein totales „Leck-mich-Gefühl." Man ist nicht mehr man selbst. Nee danke. Und es macht müde. Gehe jetzt schlafen. (20.01 h)

Dienstag, 11. Oktober
Meine Mama ist wieder da und hat mich heute Morgen geweckt. Sie meinte, sie hätte zwar einen Rückfall gehabt, aber das würde nicht bedeuten, dass sie sich der Sucht ausliefert. Sie geht weiter zu den AA und will kämpfen. Bravo! Bin heute noch mal im Bett geblieben. Meine Mama hat mich entschuldigt. Mir ist so was von übel. Kommt von den Plätzchen. Fühle mich deswegen so schuldig!

Bitte, Jesus, verzeih mir. Muss an die Andacht von letztem Mittwoch denken. Dass unser Körper ein Tempel Gottes ist. Ich will das nie wieder erleben, nie wieder! Ich will meinem Körper so was nicht antun.

Oh, das Telefon klingelt! Ist bestimmt Hanna, die wissen will, was mit mir ist. (15.42 h)

Nachtrag: Mir geht's nicht gut. Am Telefon war Chris. Er war genauso geschockt wie ich. Hat nicht damit gerechnet, dass ich ans Telefon gehe. Und ich hab nicht damit gerechnet, dass er es ist. Ganz schön naiv, wo er doch dauernd anruft. Waren beide unsicher. „Ja. Äh. Ich. Eva. Ich. Hmm. Wie geht's dir denn?", brachte er schließlich hervor.

Ich war so perplex, dass ich ihm genau das sagte, was ich in dem Moment dachte: „Mir ist superübel. Ich hab vorgestern Haschplätzchen gegessen."

Hab Chris damit total aus der Fassung gebracht. „Du hast ... Du hast ... was? Nee. Das kann nicht sein. Das darf nicht sein", stammelte er. Dann rief er: „Eva! Das darfst du nicht machen! Egal, was kommt, rühr das Zeugs nicht an! Es reicht schon, wenn es mein Leben kaputtmacht!" Dann unterbrach er sich selbst: „Oder ... Oder machst du das wegen mir? Eva. Bloß das nicht. Es ist grausig. Es lähmt dich. Bitte ..." Ich wollte ihn gerade aufklären, als er wütend weitersprach: „Wer hat dich angefixt? Der kriegt was von mir zu hören! Meine Freundin abhängig zu machen!"

Dachte auf einmal, darauf kannste auch eingehen, und unterbrach ihn kühl: „Deine Freundin? Bin ich das? Nach deiner Aussage bin ich wohl eher eine alte Bekannte aus Deutschland." Dachte innerlich: „Mist. Ronny hat doch gesagt, erst vergeben, dann telefonieren." Aber ich konnte mich nicht bremsen. „Außerdem ist das mein Leben. Ich entscheide, ob ich Hasch esse oder nicht. Und wer mir das angedreht hat, geht dich überhaupt nichts an." Musste an den netten Typen denken, der mir die Plätzchen gegeben hatte, und meinte boshaft: „Aber wenn du es unbedingt wissen willst: Er ist sehr nett und sieht gut aus."

Erwartete eine leidenschaftliche Antwort, aber stattdessen hörte ich gar nichts mehr. War besorgt und fragte mit normaler Stimme: „Chris? Chris, bist du noch dran? Chris?"

Er flüsterte traurig: „Wenn das so ist ... Ich wusste nicht, dass da noch ein anderer ist. Tut mir Leid, dass ich dich belästigt habe."

Mir tat es unheimlich Leid, was ich ihm da an den Kopf geworfen hatte. „Chris, entschuldige. Ich habe ..."

Er unterbrach mich leise: „Du brauchst dich nicht zu entschuldigen. Ich hab alles kaputtgemacht. Mein Leben. Unsere Beziehung. Und jetzt auch dein Leben."

Ich war verzweifelt. „Chris, du hast gar nichts. Ich hab Mist erzählt. Es war doch gar nicht ..."

„Schon gut, Eva. Ich hab verstanden. Ich ..." Seine Stimme brach. „Ich halte es für besser, jetzt aufzulegen."

„Nein! Nein! Chris! Ich ...!"

Er legte auf.

„Ich liebe dich!", flüsterte ich in den Hörer, wo niemand mehr war, der es hören konnte.

Warf mich auf den Teppich und heulte. Dachte dann: „Ruf ihn an! Klär alles!"

Hatte Chris' Mama am Telefon, die meinte, Chris hätte sich in sein Zimmer eingeschlossen und will mit keinem sprechen. Hab Chris' Ma gesagt, dass ich gleich ein Fax schicke, das sie bitte nicht lesen und Chris unter der Tür durchschieben soll. Hab einen voll langen Brief geschrieben und alles erklärt. Dass ich die Haschplätzchen nur aus Zufall gegessen habe. Dass ich den Typen, der mir die Plätzchen angedreht hat, überhaupt nicht kenne. Dass ich

Hasch zum Kotzen finde. Dass ich ihm verziehen habe. Dass ich ihn liebe. Und dass ich ihn vermisse.

Hab den Brief gefaxt und Chris' Ma hat mich kurze Zeit später angerufen, um zu sagen, dass sie Chris das Fax unter der Tür durchgeschoben hat. Hockte drei Stunden hyperaufgeregt auf dem Boden. Er hat nicht zurückgerufen. Bin zu erschöpft, um zu weinen. Bin selbst dran schuld. Hab mir alles kaputtgemacht. Und das nur, weil ich meiner Wut die Oberhand gelassen habe. Ich will nicht mehr. Ich kann nicht mehr. Ich hasse mich! (22.04 h)

Mittwoch, 12. Oktober
Was soll ich schon schreiben? Ich hasse mich. Ich bin ... mir fällt keine Beschreibung dafür ein, wie doof, mies, hinterhältig und gemein ich bin. Ich bin schlecht. Und mir geht's schlecht. Ich mag nichts essen. Ich mag nichts lesen. Ich mag nichts fernsehen. Ich mag nicht mehr. Ich mach sowieso nur alles kaputt. Sie weiß zwar nicht, was mit mir ist, aber meine Mama hat mich für die restliche Woche krankgeschrieben. Hab ich echt nicht verdient.

Hanna hat angerufen. Dachte, das wäre Chris. Als ich Hannas Stimme hörte, hab ich sofort angefangen zu heulen. Hab ihr schluchzend gesagt, dass ich jetzt nichts erklären kann. Er hat nicht mehr angerufen. Ich hab mich auch nicht mehr getraut. Ich hab ja alles in meinem Fax gesagt, was zu sagen ist. Es ist vorbei. Ich bin schuld. Ich will nicht mehr. (17.56 h)

Nachtrag: Ronny ist vorbeigekommen. Sie hat wegen meinem Anruf Stubenarrest bekommen, ist aber einfach abgehauen. Ich sag doch, ich bin an allem schuld. Ich mach alles kaputt. Ronnys Freiheit, meine Beziehung zu Chris und meinen Körper mit Hasch.

Ronny hat mich zum Kanal geschleift. Ohne zu joggen. Sie hat gar keine Lust mehr aufs Joggen und rennt höchstens einmal die Woche los. Find ich gut. Ronny hat sich meine Selbstvorwürfe angehört und hat gemeint, dass das einzige Problem, was ich habe, mein Perfektionismus ist. „Jeder Mensch macht Fehler. Selbst wenn man sich bemüht, keine zu machen, macht man welche.

Was du tun musst, ist, dir selbst zu vergeben. Oder willst du dich wie Sam jeden Tag selbst verdammen? Dann ist Jesus wohl umsonst gestorben und auferstanden, oder was?"

Recht hat sie. Schon wieder! Seltsam, seltsam. Muss wieder an Jesus denken, wie er da am Kreuz hängt und uns Menschen traurig und liebevoll ansieht. Sehe seinen Blick auf mir ruhen. Jesus, du leidest mit mir, hmm? Tut mir Leid. Ich bin eben eine blöde Kuh. Nein! Jetzt hab ich mich schon wieder verurteilt. Bitte gib mir Liebe für mich, Herr. Kann mich nämlich absolut nicht ab, im Moment. Und segne Chris. Chris ... (21.32 h)

Donnerstag, 13. Oktober
Draußen scheint die Sonne und die Vögel zwitschern, als wollten sie den Frühling noch mal hervorholen. Wird ihnen nicht gelingen. Der Winter kommt unausweichlich. Ich ertrage das schöne Wetter nicht. Ich ertrage gar nichts. Ich kann mir immer noch nicht verzeihen. Ich hasse mich dafür. Die Tage rauschen an mir vorbei und nichts verändert sich. Werde am besten mein ganzes Leben lang in diesem Bett bleiben und aus dem Fenster starren. Mir tut alles weh. Als hätte man mir die Blutgefäße aus dem Körper gerissen.

Vermisse Chris so entsetzlich. Jeder Moment, den wir zusammen erlebt haben, ist in meinem Kopf fest eingebrannt. Jede Sekunde. Ich sehe alles klar vor mir. Und träume. Dass ich am Kanal spazieren gehe, Chris plötzlich auftaucht und mir verzeiht. Dass wir uns knuddeln und nicht mehr loslassen. Höre dabei unser Lied *When you say nothing at all* im Kopf. Aber das ist Schwachsinn. Chris weiß noch nicht mal, dass ich am Kanal spazieren gehe, wenn es mir schlecht geht oder wenn ich nachdenke.

Weg mit euch, ihr Träume! Ihr macht alles nur noch schlimmer! Höre immer noch dieses blöde Lied in meinem Hirn. Ah! Es ist zu Ende. Endlich! Hä? Was 'n das? Höre jetzt ein anderes Lied vom *Notting Hill* Soundtrack: *Ain't no sunshine when she's gone*. Mein Kopf spinnt. Aber er hat Recht. Ohne Chris ist bei mir Regenwetter, selbst wenn draußen die Sonne scheint. Ertrage das nicht!

„Jetzt hör endlich auf, du blödes Lied!"

Mein Kopf will es einfach nicht abschalten! Hab schon das Gefühl, es kommt aus unserer Wohnung. Eva, jetzt drehst du völlig durch. Werft mich in die Irrenanstalt! Ich bin reif für die Klapse. Werde mir das Gesicht kalt waschen, vielleicht hört's dann auf. (11.17 h)

Nachtrag: Ha! Das Leben ist eine Lomokamera! Es schießt in einer Sekunde vier verschiedene Bilder! Hab mich aus dem Bett gequält und wollte zum Bad rennen, damit ich möglichst schnell weiter vegetieren kann. Riss die Tür auf und prallte so heftig gegen irgendwas, dass ich mich lang machte. Bin gegen *Chris* geprallt. Er hat vor meiner Tür gehockt und Lieder gespielt. Bin voll auf ihn drauf gefallen. Die Gitarre ist Gott sei Dank heil geblieben. Hab mich total erschrocken. Er auch. Hat aber nicht lange angedauert.

Hab ihn sofort an mich gedrückt und nicht mehr losgelassen. Haben bestimmt mehrere Minuten auf dem Boden gesessen und uns geknuddelt. Mussten beide weinen. Haben uns dann auf mein Bett verkrochen und alles von der Seele geredet. Irgendwann haben wir uns nur noch verliebt in die Augen gesehen. Chris ist so schön. Falls man das von einem Mann sagen kann. Sein Gesicht ist einfach perfekt. Musste mit meiner Hand alles abtasten. Seine Augenbrauen, seine Wimpern, seine Locken, seine Ohren, seine Wangen, seine Grübchen, seine feinen Stoppeln, seine Nase, seine Lippen ...

War so überwältigt von den Gefühlen, die ich für ihn habe, dass ich schniefen musste.

„Was ist?", fragte Chris besorgt. „Es ist doch alles in Ordnung, Süße."

Ich lächelte ihn unter 'ner Miniträne hindurch an. „Eben. Es ist alles in Ordnung. Ich kann das noch nicht glauben."

Dann hat er breit gelächelt und mich wieder an sich gedrückt. „Eva. Ich will dir was versprechen", sagte er ernst. „Ich werde dir nie, niemals wieder so was antun! Ich hab mit dem Kiffen aufgehört und das bleibt auch so." Dann hat er meinen Hals geküsst und geflüstert: „Denn die Sucht zu dir ist größer."

Chris bleibt bis morgen Abend. Er hat sich krankgemeldet und muss dafür am Samstag arbeiten. Nach meinem Fax hat er nicht lange überlegt und seine Sachen gepackt. Seine Eltern waren zwar dagegen, aber er hat sich gestern Nachmittag einfach auf den Weg hierher gemacht. Der Spinner ist per Anhalter gefahren! Heute Morgen ist er hier angekommen und hat sich mit meinen Eltern abgesprochen, damit er in die Wohnung kann. Seinen Eltern musste er versprechen, bei Sam zu pennen. Sam und Renate sind aber so nett dichtzuhalten und Chris für die eine Nacht bei mir übernachten zu lassen. Meine Eltern haben nichts dagegen.

Chris ist von der langen Fahrt ziemlich groggy und schläft jetzt. Direkt neben mir. Ist ziemlich eng. Aber schön. Er ist schön. Aaaaaahhh! Und ich bin es nicht! Wie sehe ich eigentlich aus? Ich hab die letzten Tage nur in meinem Schlafanzug rumgehangen. Ich rieche total nach Schlaf. Und meine Haare sind fettig! Mein Gesicht bestimmt auch! Oh Gott! Igitt! Hüpf am besten mal eben in die Badewanne. (17.56 h)

Freitag, 14. Oktober
Rückblick zu gestern: Hab mich mit dem Baden beeilt, damit ich wieder da bin, wenn Chris aufwacht. Hatte blöderweise vergessen Klamotten mitzunehmen. Hab mir ein Handtuch um die Haare und ein anderes um mich gewickelt. Dachte, wenn Chris mich so sieht, findet er das entweder schön oder abstoßend. Musste an sein seltsames Verhalten im Schwimmbad denken. Wurde unsicher. Mir fielen die Dinge an meinem Körper ein, die ich nicht mag, und ich dachte, Chris mag sie bestimmt auch nicht. Dachte andererseits, dass Chris nicht so ist und mich wirklich liebt. Dachte dann, dir bleibt nichts anderes übrig, als so zurück ins Zimmer zu gehen. Vielleicht schläft er auch noch und bekommt gar nichts mit.

Er schlief tatsächlich noch. Ich atmete erleichtert aus und wandte mich dem Kleiderschrank zu, der direkt neben dem Bett steht. Überlegte, ob ich mich im Bad umziehen soll und guckte unschlüssig zu Chris. Der schlief fest. Fand den Gedanken irgendwie prickelnd, mich in seiner Gegenwart umzuziehen, und ließ das Handtuch fallen. Kam mir dann doch ausgeliefert vor. „Was ist, wenn er jetzt aufwacht?" Bekam Panik und zog mich schnell an.

Kämpfte eben hastig mit meiner Jeans, als Chris aufwachte. Er reckte sich und gähnte ausgiebig. Erschreckte mich dermaßen, dass ich mich in meiner Jeans verhedderte und ins Schwanken geriet.

„Eva?", murmelte er noch total verpennt. Dann schaute er zu mir herüber, wie ich versuchte, beim Jeansanziehen nicht das Gleichgewicht zu verlieren. „Was machst du da?"

Hatte meine Jeans erfolgreich angezogen und griff mir flugs ein T-Shirt aus dem Schrank. Hatte mein am Boden liegendes Handtuch nicht einkalkuliert, verhaspelte mich mit den Füßen darin, wollte mich mit einer Drehung retten und flog gekonnt mit einem Kreischer aufs Bett. Landete mit dem Kopf direkt auf Chris' Bauch.

Der lachte sich halbtot und meinte: „Du bist ein Dickkopf. Fall nicht in den Schnee, Kleines, sag ich immer und du machst das prompte Gegenteil."

Rappelte mich hoch und grummelte: „Du bist kein Schnee."

Er lachte wieder und zog mich zu sich heran. „Nein. Ich bin weicher und wärmer."

Lachte auch und schmiegte mich an ihn. Stellte fest, dass wir uns noch gar nicht richtig geküsst hatten. Taten wir dann endlich. Hat mir sehr gefehlt, sein warmer Mund. Chris drückte mich an sich und streichelte meinen Rücken. Dann hörte er plötzlich auf und schaute mich überrascht an: „Du hast ja kaum was an!"

Hatte ich vollkommen vergessen. „Äh, ja", stammelte ich, „ich war gerade dabei, mich anzuziehen, als ich hier gelandet bin."

Ergriff diesmal erfolgreich mein T-Shirt und stülpte es über meine rote Birne.

Chris grinste und warf mir einen zweideutigen Blick zu. „Du hast dich also hier im Zimmer angezogen?" Wurde noch roter und schämte mich. „Das reicht mir als Antwort", lachte er. Dann ließ er seinen Blick über mich schweifen und sagte ernst: „Weißt du eigentlich, wie schön du bist?"

Meine Ameisenkolonie erwachte und ich wusste nicht, was ich darauf erwidern sollte.

„Ich liebe dich", flüsterte er und fing an, meinen Hals zu küssen. Die Ameisenkolonie vermehrte sich.

Haben dann plötzlich aufgehört und beide dasselbe gedacht. Dass wir darüber reden müssen, wie weit wir eigentlich gehen wollen. Haben uns ganz offen über Sex unterhalten und Grenzen gesteckt. „Bis hierhin und nicht weiter", endete in einer Kitzelschlacht.

Anschließend haben wir noch darüber geredet, wie wir uns das berühmte erste Mal vorstellen. Wo und wie und wann und so. Ob das miteinander passiert, ist Zukunftsmusik. Denn wir wollen uns das beide für die Person aufbewahren, mit der wir auch unser restliches Leben verbringen.

Es ist schön, mit Chris zu reden. Über unsere Zukunftsträume, über Gott, über Sex, über Ängste, wie viele Kinder wir wollen ... Wir können über alles reden und genauso soll es sein.

Heute Nachmittag sind wir zum Kanal gegangen, haben gebetet und Chris hat mir auf der Gitarre Lieder vorgespielt. Dann musste er wieder fahren. Zurück hat er den Zug genommen.

Er ist jetzt drei Stunden weg und in mir ist es leer. Er soll wieder hierher ziehen, ich halte es ohne ihn nicht aus. Als ob ein Teil von mir fehlen würde. Aber zurückkommen könnte er höchstens in zwei bis drei Jahren. Oh Gott, ich geh ein. (22.16 h)

Samstag, 15. Oktober
Ich gehe ein. Ich gehe ein. Ich gehe ein. Gott hilf mir, ich gehe ein.

Sonntag, 16. Oktober
Ich bin eingegangen. Ronny auch. Sie war vorhin heulend hier. Simon hat Schluss gemacht. Weil sie keine Zeit mehr zum Joggen mit ihm hat. Ronny macht sich jetzt Vorwürfe und meint, sie wäre

viel fetter geworden, seitdem sie nicht mehr joggt. Sie ist doch nicht in einer Woche dicker geworden! Ronny ist dünner als ich! Und überhaupt: Was ist das für ein Grund, mit jemandem Schluss zu machen?

Aber das Schlimmste kommt noch: Ronny hat mit Simon geschlafen! Was bin ich froh, dass ich nicht mit Chris schlafe. Wenn wir dann Schluss machen würden, würde ich den Teil von mir, den ich ihm gegeben habe, für immer verlieren. Die arme Ronny! Hat mir erzählt, dass Sam damals immer mit ihr schlafen wollte, sie sich ihm dafür aber nicht genug verbunden gefühlt hat. Kurz nachdem Ronny Sam das erklärt hat, hat er Schluss gemacht. Simon wusste davon und war deswegen besonders verständnisvoll. Ronny hat aber doch mit ihm geschlafen. Sie hat sich reif genug dafür gefühlt und es auch nicht bereut. Sie und Simon haben danach sogar gebetet. Jetzt ist es für Ronny besonders hart. Haben beide geheult.

Chris fehlt mir so. Ahhhhh! Und morgen muss ich wieder zur Schule! Grmpf. Ich liebe Chris Kaiser! Es bringt mich um. (22.31 h)

November

Mittwoch, 23. November
Ich lebe noch. Die Elf ist doch nicht so easy, wie ich gedacht habe. Muss viel lernen. Hatte deswegen keine Zeit, mich hier zu verewigen. Tut gut, wieder ein paar Zeilen des privaten Gehirnschmalzes meiner selbst zu hinterlassen. Aber ab zu den Fakten.

Chris und ich lieben uns immer noch und ich sterbe fast vor Sehnsucht. Er kifft nicht mehr und hat den Kontakt zur Band abgebrochen. Er komponiert seine eigenen Songs und Tom hilft ihm dabei. Chris glaubt, weil er nicht so lange süchtig war, kann er es vielleicht ohne Rückfall schaffen. Um sich abzulenken, betet er oder macht Lobpreis. Er sagt, das hilft.

Ronny ist dagegen wieder abgedriftet. Sie rennt und rennt und rennt. Seitdem Simon sie verlassen hat, ist sie nur am Joggen und am Lernen und sonst gar nichts. Unsere Freundschaft leidet sehr darunter, weil ich nichts gegen ihren Lebensstil sagen darf. Sie nimmt weiter ab, trägt jetzt Größe 28. Wenn sie so weitermacht, bricht sie zusammen. Aber sie sieht das nicht. Geht total in ihrem Wahn auf. Bete und hoffe, dass sie doch noch die Kurve kriegt. Simon hat sich noch bei Ronny entschuldigt und ihr gesagt, dass der Grund mit dem Joggen nur vorgeschoben war. Er wäre mit ihr viel zu weit gegangen und das würde er nicht ertragen. Trotzdem oder vielleicht sogar deswegen joggt Ronny jetzt wie eine Wilde. Als würde sie sich bestrafen wollen. Hab sie gefragt, was sie mich mal gefragt hat. Ob sie wie Sam leiden will und ob Jesus dann umsonst gestorben wäre. Danach hat sie zwei Wochen nicht mit mir gesprochen.

Muss jetzt zur Teestube, bis morgen. (16.45 h)

Donnerstag, 24. November
Dass Hanna und Attila immer noch nicht zusammen sind, bringt alle um den Verstand! Sie gibbeln und kitzeln und albern und frotzeln und verhalten sich wie zwei Fünfjährige, die Vater-Mutter-Kind spielen. Einzeln kann man sich gut mit ihnen unterhalten, aber zusammen kloppen sie einem die Geduld zu Brei.

Hänge jetzt viel mit Betty rum, aber die ist auch nicht viel besser. Belabert mich andauernd, zu ihren Saunatreffen zu kommen, und erzählt von Aufgüssen, Salzpeelings, kaltem Abduschen, Blutzirkulationen und was weiß ich noch alles. Aaaaahh.

Hab schon überlegt, einfach alles hinzuschmeißen, zu Chris nach Zürich zu ziehen und da irgendeine Ausbildung zu machen. So einen großen Schritt traue ich mich aber nicht. Ich würde die bekloppten Heinis wahrscheinlich doch vermissen, am meisten die Teestube, den Kanal, meine Eltern und, so blöd es klingt, auch die Schule. Hab außerdem keine Ahnung, was ich werden soll. Vielleicht Buchhändlerin? Dann mach ich eine Reisebuchhandlung auf, wie *Hugh Grant* in *Notting Hill*. Oder ich studiere. Doch was? Das ist alles so wissenschaftlich, so theoretisch. Nee. Oder ich geh für ein Jahr nach Island, Alaska oder Taka-Tuka-Land. Oder ich schreibe Gedichte, ha-ha. Hach, ich hasse Entscheidungen. Man weiß nie, ob man richtig liegt. Selbst hinterher fragt man sich, was wäre gewesen, wenn ... ? Oh Jesus! Ich möchte, dass du mein Leben leitest. Ich möchte was für dich machen. Vielleicht auch beruflich. Aber bitte keine Pastorin! Alles, nur das nicht! Bitte, Jesus! Hab echt keine Lust, mich mit den vielen meckernden Gemeindemitgliedern herumzuschlagen. Deine Kinder sind oft eigenwillig und jeder meint, er hätte die Weisheit mit Löffeln gefressen. Sieht man ja an mir. Und der arme Pastor wird dann für alles verantwortlich gemacht. Nein, danke. Dann doch lieber ...

Ich verrenne mich mal wieder in meinen Gedanken. Hätte vielleicht doch Philosophie wählen sollen. Was hab ich jetzt durch mein Grübeln gelernt? Meine Zukunft liegt in Gottes Hand (bitte nicht Pastorin, ja?) und ich soll versuchen, meine Freunde so zu lieben, wie sie sind. Trotzdem könnten Attila und Hanna sich mal zueinander bekennen. Hanna hat seit einer Ewigkeit nicht mehr Recht gehabt. Das sagt doch alles! Ronny fehlt mir. Chris noch mehr. Ich ihm auch. Er ruft mich jeden Tag an und sagt mir das. (22.32 h)

Freitag, 25. November
Chris fehlt mir. War heute mit Hanna und Attila im *Antriebsshop*. Haben mich tatsächlich bemerkt! Hätte sonst genauso gut zu Hause bleiben können. Machen aber immer noch keine Anstalten zusammenzukommen. Im Gegenteil! Haben *Britney Spears* im Radio gehört und Attila meinte: „Die Tante ist geil! Trägt immer voll die sexy Klamotten. Und wie die sich bewegt."

Grummelte: „Und wie die singt."

Hanna äffte sie gut nach. Kicherten beide. Doch Attila ließ sich nicht beirren: „Ich finde sie sehr anziehend. Wenn die mich haben wollte, würde ich nicht Nein sagen."

Hab Attila dafür in den zu großen Bauch geboxt. Chris fehlt mir so entsetzlich! Ich hätte das heute gerne mit ihm erlebt. Der Alltag macht mich fertig. Bin aber stolz auf mich: Habe nichts gekauft! Sonst gebe ich immer meine ganze Kohle im *Antriebsshop* aus. Bin raus und hab mir einen Döner gekauft. Mit viel Knoblauchsoße. Vielleicht doch ganz gut, dass Chris nicht da war. Er würde mich trotzdem küssen, hat er am Telefon gesagt. Es fehlt ihm. Mir auch. Penne heute bei Hanna. Hör jetzt auf, sie sieht irgendwie deprimiert aus. (23.04 h)

Samstag, 26. November
Hanna hat die halbe Nacht geweint und zum ersten Mal über ihre Gefühle gesprochen. Es ging um Attila, um wen sonst? Als ich Hanna sagte, sie soll endlich den ersten Schritt tun, hat sie noch mehr geschluchzt. „Das hab ich ja gemacht! Am Mittwoch nach

der Teestube! Ich hab ihm gesagt, dass ich ihn sehr gern habe und dass er mir fehlen wird."

„Warum fehlen wird?", fragte ich irritiert.

„Na, weil ich nächstes Wochenende zu meiner Oma fahre."

Konnte mich nicht mehr auf Hanna konzentrieren. Musste daran denken, dass Hannas Oma auf dem Weg zu Chris wohnt. Stellte mir vor, ich fahre mit zu Hannas Oma und Chris kommt auch dahin. Ich liege vor dem Haus auf der Wiese und habe einen Grashalm zwischen den Lippen. Höre ein Schlurfen und vernehme Chris' Schatten über mir. „Hallo, schöne Toilettenfrau. Mal wieder hingefallen? Scherz." Denke an seinen Mund und daran, ihn zu küssen. Öffne die Augen und sehe ... Hanna, wie sie auf ihrem Bett verzweifelt weint. Fühlte mich sofort schuldig. Schickte meinen Traum in die Wüste und blieb bei der Realität.

„Aber es ist doch nur ein Wochenende. Ich sehe Chris nur ein paar Mal im Jahr", versuchte ich Hanna, wohlgemerkt ziemlich schlecht, zu trösten.

Sie stammelte: „Das ist auch nicht das Problem. Nachdem ich das gesagt habe, hat Attila sich von mir abgewandt und nicht mehr mit mir geredet. Gestern wollten wir einen Spaziergang machen, aber Attila hat abgesagt, er müsse für eine Klausur lernen. Dabei weiß ich genau, dass er seine Klausuren für dieses Quartal schon hinter sich hat. Er hat mich angelogen." Kurze Taschentuchsuchpause. Dann schniefte sie weiter: „Aber schlimmer ist – als du heute in der Dönerbude warst, hat Attila dem Besitzer vom *Antriebsshop* erzählt, dass er sich verliebt hätte. Der Mann vom *Antriebsshop* deutete auf mich und meinte: ‚Ja, ihr passt gut zusammen, du und deine Freundin.' Da hat Attila so schallend gelacht, als wäre das eben das Unwahrscheinlichste gewesen, was er je gehört hatte. ‚Neee', hat er gesagt, ‚Hanna und ich sind bloß gute Freunde, nichts weiter.'"

Dann war es aus mit Hannas Fassung. Konnte gut nachvollziehen, wie mies sie sich fühlt. Dachte daran, wie Chris mich verleugnet hatte. Ärgerte mich darüber, dass ich den Döner gegessen hatte. Wäre ich dabei gewesen, hätte ich Attila mit vor die Tür genommen und ihn für sein schwachsinniges Gelaber runtergemacht. Attila und in eine andere verliebt? Das glaubt der doch selbst nicht! Und wenn es so wäre, dann finde ich es ungeheuerlich, wie er sich die ganzen Monate gegenüber Hanna verhalten hat. Er hat so heftig mit ihr geflirtet, dass selbst ein Blinder gecheckt hätte, was da abgeht!

Habe mir vorgenommen, mir Attila zu krallen, wenn ich ihn demnächst sehe, und ihn zur Rede zu stellen. Das geht mich zwar eigentlich nichts an, aber Hanna ist eine meiner besten Freunde und weil sie dermaßen leidet, geht mich das wohl was an!

Ohhhh, Männer! Männer sind Wesen vom anderen Stern. Verstehe sie einer! Ich tu's nicht! Nur Chris. Den verstehe ich. *Der* ist ein Mann. Einer, der mich tierisch vermisst. Wir würden uns soo gerne küssen, drücken, festhalten, streicheln ... Er ist so ein warmer, weicher Mann! Ach, da fällt mir ein, dass Attila ja gar kein Mann ist ... nur ein Bürschchen mit 'nem eingekniffenen Würstchen.

Schlafe heute wieder bei Hanna, weil sie Ablenkung braucht. Attila wollte abends zum Videogucken kommen, hat aber wieder wegen seiner angeblichen Klausur abgesagt. Betty ist schon da und hat mal wieder *Bodyguard* und *Ghost* angeschleppt. *Ghost* hat sie sich von ihren „Saunaschwestern" neu schenken lassen. Sam kommt Gott sei Dank nicht, der muss Überstunden in der Psychiatrie machen. Dafür kommt aber Bettys Saunatruppe. Bin gespannt, die mal kennen zu lernen. Vermisse Chris. Könnte mir vorstellen, mit ihm in eine Sauna zu gehen. Obwohl – so ganz nackt? Weiß nicht, ob ich das schon könnte. Er fänd es schön, meinte er.

Die Saunafrauen sind gekommen. (20.09 h)

Sonntag, 27. November
Haben keines der beiden Videos reingeschoben. Konnten wir uns sparen, weil *Ghost* um 20.15 h auf Pro Sieben und *Bodyguard* um 22.15 h auf RTL kam. Knuffte Betty in die Seite und grinste. „Da sieht man, wie alt die Filme sind. Laufen beide an einem Abend."

Kassierte böse Blicke von den Saunasisters. Die sind nämlich noch älter als Betty.

Dachte bei *Bodyguard* an Chris und wie steif wir im Frühjahr nebeneinander gehockt haben, als wir ihn gesehen haben. Würde jetzt nicht mehr so steif neben ihm sitzen. Ich vermisse seine Haut. Seine Hände. Sein Gesicht.

Hanna hat bei den Filmen vor sich hin geweint. Zum Gottesdienst wollte sie heute Morgen auch nicht mitkommen, weil sie Attila nicht unter die Augen treten wollte. Ihre Eltern haben aber darauf bestanden, weil man als Christ die Pflicht hat, in den Gottesdienst zu gehen. Fand ich ganz schön belämmert! Man geht doch in den Gottesdienst, um Gott zu dienen. Wenn man sich nicht danach fühlt, dann dient man ihm eben zu Hause. Gott liebt uns doch! Außerdem soll man am Sonntag ausruhen und irgendwo anders in der Bibel heißt es doch auch, dass der Sabbat für den Menschen da ist und nicht der Mensch für den Sabbat. Finde es blöd, dass Hanna im Prinzip dazu gezwungen wurde, zum Gottesdienst zu gehen. Nach dem Motto: „Wenne nich das und das tust, biste kein guter Christ." Wer ist schon ein guter Christ? Gute Christen gibt es nicht, nur Sünder.

Aber Hanna hatte Glück, Attila war nicht im Gottesdienst. Ronny kommt schon lange nicht mehr, weil sie immer joggen ist. Selbst jetzt, es ist bitterkalt draußen, stürmisch und nass. Betty hat dieses Wetter dazu genutzt, um mit ihren Saunaschwestern ein Meeting zu dem Thema: „Lasst uns den inneren Schweiß erkennen" zu machen. Hat mich eingeladen mitzukommen. Hätte Betty gerne erklärt, dass ich keine Lust auf eine Saunasession habe, aber so was darf man ja nicht sagen, sonst ist sie wieder beleidigt. Ich meinte nett und ohne zu lügen: „Hanna geht's nicht so gut. Bleibe besser bei ihr."

Musste den Saunaschwestern aber versprechen, ein anderes Mal mitzukommen. Mist! Habe nicht so den Drang, mit den Damen zu schwitzen. Die sind schon über dreißig und allesamt verbitterte Singlefrauen.

Chris, rette mich! Rette mich vor diesen schwitzenden, deprimierten Christinnen! Ich will höchstens mit dir schwitzen. Hihi. (22.47 h)

Montag, 28. November
Telefontag. Hanna hat versucht, Attila zu erreichen, aber der geht nicht ans Telefon. Ronny hat angerufen, sie kommt mich nächsten Montag besuchen. Sie hat mir gefehlt. Chris fehlt mir noch mehr. Aber ich bin froh, dass er jetzt jeden Tag anruft. Er hat sich extra ein Kartenhandy gekauft. Sagte ihm heute, dass ich ihn vermisse wie ein Besen das Fegen. Er hat gar nicht gelacht wie sonst, wenn ich so blöde Vergleiche ziehe. Sagte ernst, dass ich ihm unendlich fehle und er es nicht mehr aushält. Dass er als Besen viel zu lange in der Ecke rumsteht. Ich will auch endlich fegen! Höre jetzt auf. Muss morgen 'ne Matheklausur schreiben. Brrrr! Ekelig! Mathe ist so logisch. Logisch und Eva – das passt nicht. Fege, fege, fege. (22.45 h)

Dienstag, 29. November
Mathearbeit versiebt. Ich sag doch: Logisch und Eva – das passt nicht. Hanna ist total down, Attila lässt sich weiter am Telefon verleugnen. Chris ist auch down. Er sagt, er hat nichts, was sein Leben ausmacht. Selbst das Komponieren macht ihm keinen Spaß mehr. Es fallen ihm nur Deprilieder ein. Chris, ich umarme dich. Und ich küsse dich. Und ich drücke dich. Und ich streichle dich. Und ich fresse dich. (23.04 h)

Mittwoch, 30. November
Fresse Lebkuchen. Haben heute bei Frau Gornmert Märchen analysiert. Eine moderne Version von Hänsel und Gretel. Hat meine Geschmacksnerven inspiriert, Lebkuchen zu essen. Natürlich mit Schokolade. Teestube war ganz nett. Sam war seit langer Zeit wieder da und hat sogar gesprochen anstatt zu murmeln! Allerdings nur mit mir. Betty hat versucht, ihn in ein Gespräch zu verwickeln, aber Sam brummelte sie nur mit unverständlichen Geräuschen zu. Zu mir sagte er: „Du bist es wert, angesprochen zu werden. Du armes Wesen, du."

Grinste Sam an: „Mir geht's im Moment ziemlich gut. Meine Mama ist trocken, Ronny kommt mich am Montag besuchen und

Chris ruft jeden Tag an. Was ist jetzt? Bin ich immer noch ein guter Christ?"

Sam guckte mich irritiert an und schwieg. Hanna saß leidend in einem Berg voll Kissen, damit das keiner sieht. Attila war nicht zur Teestube aufgekreuzt und geht weiterhin nicht ans Telefon. Als ich ging, sah ich das Märchen vom brummenden Sam: Und wenn er nicht gestorben ist, dann sitzt er immer noch irritiert auf einem Barhocker in einem kleinen, christlichen Café in einer Stadt im Pott, die niemand wirklich kennt. Echt irritierend.

Eben hat Chris angerufen. Er hat 'ne richtige Depriphase. Meint, dass er bald seinen Job hinschmeißt und einfach zu mir kommt. Keine Ahnung, wann wir uns mal sehen, drücken, küssen können. Und wenn sie nicht vor Sehnsucht gestorben sind, dann haben sie sich nie wieder gesehen, der Herr Kaiser und die Frau Specht. Frau Specht braucht jetzt noch ein Lebkuchenherz. (23.08 h)

Dezember

Donnerstag, 1. Dezember
Mein Herz besteht nur noch aus Lebkuchen. Ich bin traurig, Chris ist traurig, Hanna ist traurig. Sie lenkt sich übers Wochenende bei ihrer Oma ab. Wäre auch gern in Bayern. Mit Chris. Aber der kriegt keinen Urlaub. Sonst hätten wir uns sehen können. Hanna und ihre Oma hätten nichts dagegen gehabt, wenn er kommt. Ich hätte ihn so gerne atmen gehört. Nicht nur am Telefon. Ich hätte ihn so gerne atmen gespürt. Hätte. Nur Konjunktiv. (22.57 h)

Freitag, 2. Dezember
Ich lebe im Konjunktiv und in der Schule beginnt die Weihnachtsvorfreudedurchhängphase. Kaum kommen die ersten Schokoladenweihnachtsmänner in die Regale, kriegen die meisten Lehrer einen Anflug von Sentimentalität. Und das oft schon Anfang Oktober! Jetzt hängen sie mitten drin in ihrer „Weihnachtsbaumliedchen-singen-künstliche-Schneebälle-kaufen-und-die-Schüler-damit-zusülzen-Zeit". Lassen uns Weihnachtsgeschichten analysieren, über den Sinn von Weihnachten diskutieren und selbst in Mathe hören wir etwas darüber, wie man Zahlen so malt, dass sie aussehen wie Weihnachtsmänner. Einige Lehrer gehen mit uns zum Weihnachtsmarkt und kippen einen Glühwein nach dem anderen runter oder entschließen sich spontan, einfach nicht zum Unterricht zu erscheinen. Und da macht man uns den Vorwurf, wir würden ständig blaumachen!

Würde liebend gern blaumachen und mit Chris in den Schnee

fallen. Als ich ihm das sagte, meinte er, er hätte Drang nach ein paar Joints, weil er so traurig ist. Ich sagte, dass er mich nicht um Erlaubnis bitten soll, das wäre sein Leben. Hätte am liebsten in den Hörer geschrien: „Lass die Finger davon!", aber ich darf mich da nicht einmischen. Chris hat sich auch wieder eingekriegt und Tom für heute eingeladen, um ein paar Songs zusammenzubasteln. Puh! Noch mal gut gegangen. (23.23 h)

Samstag, 3. Dezember
Hab meine Tage und Depris. Bin total traurig, dass ich Chris nicht sehen kann. Er könnte sich jetzt so schön bei Hannas Omi im Haus vor dem Kamin an mich kuscheln. Stattdessen kuschelt sich hier eine Wärmflasche aus Gummi auf meinem Bauch. Ich hasse es! (23.56 h)

Sonntag, 4. Dezember
Die Wärmflasche liegt immer noch auf meinem Bauch, aber die Schmerzen verziehen sich langsam. Chris hat sich auch verzogen. Hat gestern und heute nicht angerufen. Seltsam. Fehle ich ihm so sehr, dass er es nicht mehr erträgt, mit mir zu sprechen? Und morgen wieder Schule im Weihnachtswahnsinn! Ich hasse es! (20.32 h)

Montag, 5. Dezember
Laaaaangweilig! Schule im Weihnachtswahnsinn ist für einen Tag aufgeschoben, weil ich immer noch arge Bauchschmerzen habe. Hab einen aufregenden Tag mit meiner geselligen, giftgrünen Wärmflasche und Evas patentierter Grübelmaschine verbracht. Ronny hat für heute abgesagt und kommt am Donnerstag. Sie meinte, sie müsse dringend mit mir reden, ihr wäre ein Licht aufgegangen. Hab sie amüsiert gefragt, welche Erleuchtung sie getroffen hätte, aber Ronny blieb bierernst und hat fast geheult. „Ich bin krank, Eva. Ich brauche deinen Rat."

Mehr wollte sie mir nicht sagen. Mache mir Sorgen. Sie ist krank? Hoffentlich ist es nichts Schlimmes. Aber wenn es nicht schlimm wäre, würde sie wohl kaum weinen. Oh. Oh. Sorge Nummer eins.

Sorge Nummer zwei: Chris hat mir ein Fax geschickt, auf dem stand, dass er für ein paar Tage weg musste. Er ruft mich am Mittwoch nach der Teestube an und erklärt dann alles. Was erklären? Wohin ist er gefahren? Und warum? Weil er vor mir Urlaub braucht, mich zu sehr vermisst? Aber dann könnte er doch zu mir kommen!

Weiter zu Sorge Nummer drei: Hanna hat wegen Attila eine Riesenwut im Bauch und will nichts mehr mit ihm zu tun haben. Bleibt ihr eh nichts anderes übrig, weil Attila ihr wohl noch länger aus dem Weg gehen wird. Bei allen drei Sorgen bleibt mir nichts anderes übrig als abzuwarten. Ich sitz hier wie ein Rennläufer am Startblock und keiner schwenkt die Fahne. Hilfe! (22.03 h)

Dienstag, 6. Dezember
Nikolaustag. Nichts Neues, steh noch im Startblock. Schule kotzt an. Zu viele Nikoläuse. (21.56 h)

Mittwoch, 7. Dezember
Immer noch im Startblock. Komme eben aus der Teestube. Chris wird mich wohl bald anrufen. Vermisse seine Stimme. Habe ja nichts anderes von ihm. Nur ein Bild, ein paar Briefe und seinen kaputten Pulli. Seufz! Attila war wie erwartet wieder nicht in der Teestube. Hannas Wut steigt immer mehr. Sie reißt sich enorm zusammen, obwohl man an ihren Halsadern und dem eisigen Blick sehen kann, dass sie jeden Moment platzen könnte. Alle sind ihr aus dem Weg gegangen, um das bevorstehende Feuer nicht abzubekommen. Letztendlich hat derjenige die Explosion abbekommen, der sie auch verdient hat. Attila hat nämlich im Laden angerufen und wollte irgendwas von Sam wissen. Da hat sich Hanna kurzerhand den Hörer gegrabscht und ...

Oh, Telefon klingelt! Ist wahrscheinlich Chris. Schreib später weiter.

Nachtrag: Es war Chris. Als Erstes sagte er: „Eva, egal, was ich gleich sage, vergiss nicht: Ich liebe dich."

Mir wurde übel. Ohne Ameisenkolonie. Chris hatte sich überreden lassen, nochmal für eine kleine Tour bei der Band mitzuspielen. Der Gitarrist, der nach Chris in die Band eingestiegen ist, wurde wegen Dealens festgenommen. Chris ist für ihn eingesprungen und mit der Band bis heute rumgetourt. War beleidigt, weil er seine kostbaren Urlaubstage deswegen verschwendet hat, anstatt zu mir zu kommen. Schlimmer war aber, dass Chris rückfällig geworden ist.

„Ich bin ein Versager, Eva. Ich tue nur allen weh. Ich hatte mir eigentlich freigenommen, um dich zu überraschen. Ich wollte zu dir kommen. Meine Eltern finden außerdem, dass ich zu viel in unsere Beziehung investiere. Meine Mutter meint, ich wäre zu jung, um mich so fest zu binden. Kannst du dir vorstellen, was meine Eltern sagen würden, wenn sie wüssten, dass ich meine Urlaubstage fürs Kiffen benutzt habe?"

Ich wollte Chris beruhigen. „Du bist kein Versager, Chris. Wenn man einmal süchtig ist, dann ist man es immer. Meine Mama hat mittlerweile schon ihren zweiten Rückfall gehabt. Das wichtigste daran ist, dass man wirklich aufhören will! Die wenigsten schnallen das. Aber du hast es begriffen – also bist du kein Versager! Außerdem kämpfst du für uns und dir ist egal, was deine Eltern dazu sagen. Das ist nicht grade das, was man Versagen nennt. Aber wenn du weiter der Meinung sein willst, dass du ein Versager bist, dann biste eben einer. Ich bin auch einer. Denn jeder versagt mal. Was macht da schon ein Joint . . ."

Chris unterbrach meine Predigt. „Es war nicht nur ein Joint", murmelte er. „Es waren zehn bis fünfzehn pro Tag. Ich hab noch nie so viel gekifft. Ich hab auch Köpfchen geraucht. Das Zeugs war total heftig gemischt." Ich musste schlucken. „Eva? Bist du noch dran?", fragte er nervös.

„Ich weiß nicht, was ich dazu sagen soll . . .", entgegnete ich. „Es ist dein Leben. Du musst das alleine entscheiden. Meine Meinung kennst du, also was soll ich noch sagen . . ."

Chris hat mir dann versichert, dass er weiter nicht aufgeben will, nicht mehr kiffen wird und auch nicht mehr mit der Band loszieht.

Was soll ich machen? Ich muss ihm vertrauen. Solange er mich nicht wieder so mies behandelt wie auf dem Teeniecamp, ertrage ich das. Was ich allerdings nicht ertrage, ist, dass ich Chris nicht treffen kann. Er fehlt mir so. Es ist doch furchtbar, dass wir solche Sachen am Telefon besprechen müssen. Ich hätte gerne meinen Arm um ihn gelegt, hätte gerne seine Hand genommen. Und seinen Rücken gestreichelt. Und seinen Nacken gekrault. Und ihn geküsst. Und mich an ihn gedrückt. Ganz feste. Und ...

Hach. Warum hat Gott uns diese Hormone und die Lust und das alles gegeben? Es ist echt schwierig, richtig damit umzugehen. Ich würde so gerne ... Bin jedenfalls froh, dass Chris und ich nicht miteinander geschlafen haben und es auch nicht vorhaben. Finde es besser so. Sehe an Ronny, was passieren kann, wenn man mehr hergibt.

Ronny ... Morgen kommt die nächste Bombe. Das weiß ich jetzt schon. Herr, hilf mir stark zu sein. Tut mir Leid, ich hab in letzter Zeit ziemlich wenig gebetet und über dich nachgedacht. Fühle mich schon wieder ganz schlecht, weil ich das Gefühl habe, dass ich nur dann zu dir komme, wenn ich deine Hilfe brauche. Tut mir Leid. Bitte hilf mir. Für Ronny da zu sein. Und für Chris da zu sein und ... für dich da zu sein. (23.45 h)

Donnerstag, 8. Dezember
Bin scheinbar für alle da. Attila hat mich angerufen, ob er am Sonntag mal mit mir reden kann. Hätte ihm am liebsten den Marsch geblasen, aber da Hanna das schon selbst erledigt hatte und das arme Würstchen ziemlich geknickt war, hab ich mich zurückgehalten. Er war recht kleinlaut und hat wieder in den höchsten Tönen gefiept.

Ronny kommt gleich. (19.07 h)

Freitag, 9. Dezember
Ronny hat gestern die Bombe platzen lassen. Am Anfang wollte sie nicht recht mit der Sprache heraus. Sah auf meinem Bett richtig verloren aus. So schmal und dünn wie sie jetzt ist. Als würde sie in meinem – wohlgemerkt schmalen, kleinen und harten – Bett versinken.

Irgendwann hat Paps uns Schnittchen gebracht. Ronny hat sich die Teile reingeschoben, als hätte sie vorher nichts gegessen. Sie sagte dann auch, dass sie wegen dem Joggen und vielen Lernen manchmal einfach das Essen vergisst und die Schnittchen heute das Erste sind, was sie ihrem Magen gönnt. Fragte behutsam weiter, ob das das Problem sei.

Ronny schaute mich aus ihren großen, in Höhlen liegenden Augen an und fing an zu weinen. „Ich ... Ich hab einen Kontrollzwang!"

„Ach nee", dachte ich und ließ sie weiterreden.

„Ich muss alles kontrollieren! Ich muss kontrolliert joggen. Ich muss kontrolliert lernen. Ich muss sogar diszipliniert beten. Fand das eigentlich nicht schlimm. Bis mir beim Teeniecamp klar wurde, dass ich mich nicht kontrollieren brauche, weil Gott alles in der Hand hat. Ich blöde Kuh habe dir dann noch einen gepredigt, von wegen sich selbst vergeben und dass niemand perfekt ist. Aber ich selbst hab schnell wieder damit angefangen. Als Simon mit mir Schluss gemacht hat und dass es daran liegt, dass ich nicht mehr mit ihm jogge, ist bei mir 'ne Sicherung durchgeflogen. Ich dachte plötzlich: Du hast dir alles versaut, weil du nicht mehr diszipliniert joggst. Dann hat mir Simon erklärt, dass er deswegen Schluss gemacht hat, weil wir miteinander geschlafen haben und er sich deswegen schuldig fühlt, weil er sich als Mann hätte besser unter Kontrolle haben müssen. Übrigens Schwachsinn, weil dazu immer zwei gehören. Aber egal. Danach habe ich mich auch schuldig gefühlt und gedacht: Da hast du auch deine Kontrolle verloren, und wollte mich irgendwie bessern. Seitdem ist alles noch schlimmer geworden. In letzter Zeit falle ich oft in Ohnmacht, weil ich so schwach bin. Daran hab ich endlich gemerkt, dass ich überhaupt nichts unter Kontrolle habe. Im Gegenteil! Ich bin völlig außer Kontrolle! Ich kann nicht damit aufhören! Sieh mich doch mal an! Ich wollte immer ein bisschen dünner sein. Und jetzt? Ich sehe aus wie eine Leiche! Ich kann nicht mehr. Ich weiß gar nicht, wie das Ganze angefangen hat. Ich ... Ich geh in Therapie!"

Danach hat sie richtig angefangen zu weinen. Hat sich geschüttelt und nach Luft gejapst. Habe sie versucht zu trösten, wusste aber nicht recht wie. Sie wollte mich das nur wissen lassen, damit ich weiß, was mit ihr los ist, und damit ich für sie beten kann. Fürs Erste setzt sie ein paar Monate Schule aus. Ist mit ihren Lehrern schon abgesprochen. Da es nur die Elf und Ronny gut genug ist, um nachher Anschluss zu bekommen, steigt sie wahrscheinlich im neuen Halbjahr wieder ein. Außerdem will sie das Joggen auf eine Stunde pro Tag drosseln und schaut sich nach einer Psychiatrischen Klinik um, die sich mit Kontrollzwängen beschäftigt.

Gut, dass Ronny so entschlossen ist, was dran zu ändern. Sonst wäre sie vielleicht daran gestorben, so abgemagert wie sie schon ist. Oh Gott! Ich habe nur Kranke um mich herum! Bitte kümmere dich um sie und hilf ihnen zu siegen! Bitte segne Ronny. Und Chris. Und meine Mama. Und meinen Papa. Und Hanna. Und Attila. Oh nein. Mit dem muss ich ja auch noch reden! Vielleicht sollte ich Psychologin werden. Alles, was du willst, Herr. (Nur nicht Pastorin, bitte!)

Samstag, 10. Dezember
Chris hat ein Paket geschickt, in dem ein Stück Rasen, Schokokekse und eine alte Pfeife war. Dazu hat er geschrieben: „Damit du weißt, dass ich es ernst meine, schicke ich dir mein Dope. Gras, Haschplätzchen (die ich übrigens selbst gebacken habe) und Pfeife. Alles natürlich nur symbolisch, denn mein Zeugs ist in die Mülltonne gewandert. Viel Spaß und iss nicht gleich alle Kekse – das macht dich sonst wieder high. Scherz. Fall nicht in den Schnee, Kleines. Ich liebe dich. Dein Versager Chris."

Werde mich gleich über die Kekse hermachen. Finde den Gedanken schön, dass Chris sie gebacken hat. Er hat den Teig in seinen Händen gehalten, ihn gedrückt, geknetet und abgeschmeckt. Lass es mir jetzt auch schmecken. Die werden diesen Tag nicht mehr überleben! (23.04 h)

Sonntag, 11. Dezember
Na gut. Über fünfzig Kekse in einer Stunde zu verputzen, ist doch nicht so einfach. Die Hälfte ist noch übrig und wartet darauf, heute von mir verspeist zu werden. Muss ich schnell erledigen, bevor Attila kommt. Der wird sie sonst wegfressen, bevor ich „Bedien dich!" überhaupt aussprechen kann.

Habe heute morgen Ronnys Poatmonnäh in meinem Bett gefunden. Dass ich das erst jetzt finde! Kontrollzwang hin oder her – aber ihr Poatmonnäh wird immer ein Eigenleben haben.

Attila hab ich auch heute Morgen gefunden. Im Gottesdienst. Wollte sich da schon mit mir unterhalten, aber Sam hat ihn in Beschlag genommen. Seitdem Hanna und Attila nicht mehr klettenähnlich aneinander hängen, redet Sam auch mit Attila. Wenn er mich sieht, guckt er nur irritiert. Als wüsste er nicht, ob er mit mir reden oder bloß murmeln soll. Betty hat mal wieder umsonst versucht, mit Sam ins Gespräch zu kommen. Sah witzig aus. Ich saß neben Attila, der versuchte, mit mir zu reden. Konnte aber nicht, weil Sam, der neben ihm saß, ihn permanent vollduselte. Und Sam wurde von Betty, die neben ihm saß, vollgeduselt, aber die wurde von ihm nur angebrummt. Hanna war nicht erschienen. Fragte ihre Eltern, ob sie krank wäre, aber die meinten: „Nein. Leider nicht. So hätte sie einen Grund gehabt, nicht zum Gottesdienst zu gehen. Sie hatte einfach keine Lust."

Da hatte Hanna wohl zum ersten Mal in ihrem Leben ihren Eltern in christlichen Dingen widersprochen. Fanden die gar nicht gut. Haben mir ins Ohr geflüstert, dass Hanna im Moment so einen bockigen Eindruck auf sie macht und ob ich wüsste, woran das liegt. Flüsterte zurück, dass sie sie das selber fragen müssten, und blickte auf Attila, den Übeltäter.

Gleich kommt er, der Übeltäter. Ihr Kekse, ihr werdet jetzt gnadenlos geopfert. Geopfert der Königin der Schokoladenliebhaber.

Boah, mir is noch von gestern schlecht. Aber was soll's. Rein mit euch! (15.39 h)

Montag, 12. Dezember
Ronny hat ihr Poatmonnäh abgeholt. Ihre Gefühlslage war recht stabil. Sie besucht am Wochenende eine psychiatrische Klinik in Recklinghausen. Das macht ihr Hoffnung. Mache auch einen auf Psychiater und mein Bett macht einen auf Psychiatercouch. Immer wenn jemand sich bei mir ausquatschen will, pflanzt der sich auf mein Bett und ich mich auf einen Stuhl.

Attila gestern genauso. War allerdings ein schweigsamer Patient. Sah beinahe so verloren aus wie Ronny, obwohl Attila mindestens das Dreifache von ihr ist. Fragte mich, wie ich Attila zum Reden bringen könnte, und ärgerte mich, dass ich keine Kekse mehr hatte. Musste deshalb total oft aufstoßen. Ich hab ihn dann einfach gefragt: „Attila, Schluss mit dem Geschweige. (Heißt das nicht irgendwie anders?) Was gibt's?"

Attila seufzte: „Hanna."

Ich war immer noch sauer über sein Verhalten und sagte kalt: „Das mit Hanna hast du dir selbst verbockt."

Attila schüttelte den Kopf. „Ich habe Hanna verloren."

Ich entgegnete wieder kühl: „Sag ich doch."

Attila schüttelte erneut den Kopf und fiepste weiter: „Nein. Du verstehst mich nicht. Ich habe Hanna als meine Freundin verloren. Ich hatte ja keine Ahnung, dass sie in mich verliebt ist!"

Ich wurde wütend: „Jetzt hör aber mal auf! Du willst allen Ernstes behaupten, du hast das nicht geschnallt? Du hast es schon damals begriffen, als ich dich auf Norderney mit der Waldgeschichte zugelabert habe. Und du hast dich auch in sie verliebt. Streite das bloß nicht ab!"

Attila schreckte ein Stückchen zurück und wisperte: „Doch. Ja. Ich meine: Nein. Ich bin nicht in sie verliebt. Ich bin in jemand anders verliebt."

Mir platzte der Kragen. Ich setzte mich zu Attila auf das Psychiaterbett und brüllte: „Was laberst du da für einen Quatsch? Wir waren alle total genervt von eurem Rumgeturtel. Und du willst mir sagen, dass du nie in Hanna verliebt warst? Wenn du in eine andere verliebt bist, dann sag mir doch bitte mal, in wen!"

Attila rückte von mir weg, verschränkte die Arme vor der Brust und starrte in eine andere Richtung. „Das geht dich gar nichts an!", sagte das beleidigte Würstchen.

Ich seufzte. Hatte das wohl falsch angefangen. Ich riss mich zusammen und wählte eine sanftere Stimme. „Attila. Wenn du mir nicht sagen möchtest, was los ist – warum bist du dann hier?"

Attila seufzte auch und ließ die Arme in den Schoß sinken. „Hanna ist meine beste Freundin und jetzt redet sie nicht mehr mit mir. Außer als ich Mittwoch in der Teestube angerufen habe. Da hat sie in den Hörer gebrüllt, dass ich sie mal kann und dass ich es nicht mehr wagen und mich bei ihr melden soll. Ich hab sie sonst jeden Tag angerufen, aber jetzt hat sie keine Zeit für mich. Sie will sich auch nicht mit mir treffen. Kannst du mir das mal erklären, Eva?"

Er setzte seinen Hundeblick auf. Ist übrigens sehr schlecht. Man hat nur Mitleid mit ihm, weil sein Blick so misslungen ist. Erbarmte mich. Mehr meiner selbst, um diesen Blick nicht mehr ertragen zu müssen.

„Eigentlich solltest du das Hanna fragen, aber da sie nicht zu erreichen ist ... Sie macht nur dasselbe mit dir, was du letzte Woche mit ihr gemacht hast. Du hast vorgegeben, eine Klausur zu schreiben, die es gar nicht gibt, hast Treffen abgesagt, bist nicht ans Telefon gegangen. Oder willst du das auch abstreiten?"

Attila schaute beschämt auf seine Hände. „Nein", wisperte er.

Ich sprach weiter: „Und warum hast du das gemacht? Nur weil Hanna endlich den Mut hatte, dir ansatzweise zu verstehen gegeben hat, was sie für dich empfindet?" Jetzt war er mit einer Erklärung dran. Er schaute immer noch auf seine Hände und meinte: „Ich bin ihr aus dem Weg gegangen, weil ich ... Ja, weil ... äh ... weil ... weil ich in eine andere verliebt bin."

Ich grinste. „Aha. Da wären wir also wieder. Attila, ich glaube dir nicht. Ich glaube, du hast nur Angst vor einer Beziehung und schiebst das mit dem Verliebtsein vor. Wenn ich Unrecht habe, musst du mir schon verraten, wer deine neue Angebetete ist."

Attila schaute wieder in eine andere Richtung und schwieg. Ich ließ ihn schweigen und wartete auf eine Antwort. Die kam dann auch.

„Ich, ja. Hmmm. Ich bin verliebt in . . . Bin verliebt in . . . Ja. Gut. Ich sag's dir. Ich bin verliebt in . . . in *Britney Spears*!"

Ich musste doch lachen: „Ja, das klingt wirklich glaubwürdig! Attila, zieh den Schwanz nicht ein und sei doch endlich mal ein Mann!"

Der halbe Mann gab nun zu: „Okay, okay. Ich hab Schiss. Ich hab Hanna mehr als gern. Aber ich will nicht unsere Freundschaft riskieren. Wenn das mit einer Beziehung nicht klappt, würde ich meine beste Freundin verlieren."

Ich lächelte und meinte: „Aber als Freundin hast du sie doch schon verloren. Gerade vor ein paar Tagen."

Habe Attila noch geraten, in Ruhe mit Hanna über alles zu reden. Man könne es ja auch langsam angehen lassen. Bin mal gespannt, wie sich das weiterentwickelt. Hoffe, dass das Bürschchen endlich zum Mann wird. Gehe jetzt in mein Psychiaterbett und hoffe, dass ich in Ruhe schlafen kann. Mir ist noch schlecht von den Plätzchen. (23.06 h)

Dienstag, 13. Dezember

Attila hat angerufen und sich ausgeheult, dass Hanna nicht mit ihm reden will. Meinte, er solle Geduld haben. Hanna hat angerufen und sich über Attila beschwert, er würde nerven. Meinte, sie solle Geduld haben. Chris hat angerufen und ich hab mich bei ihm ausgeheult und darüber beschwert, dass er nicht bei mir ist. Er meinte, ich solle Geduld haben. Hab ich aber nicht. Wer hat die schon? (23.04 h)

Mittwoch, 14. Dezember

Hanna war in der Teestube und hat Attila kalt ignoriert. Haben aber später doch ein bisschen geredet. Das wird schon noch, mit den beiden. Das weiß ich ja seit 'ner halben Ewigkeit. Man muss eben Geduld haben. (22.57 h)

Donnerstag, 15. Dezember
Jammere Chris die Ohren voll, dass er mir fehlt und die mir hier alle zu problematisch sind. Er lachte, ich soll Geduld haben. Geduld! Geht mir auf die Nerven, die Geduld! (23.09 h)

Freitag, 16. Dezember
Geduld zu haben, lohnt sich! Chris kommt nächste Woche bis zum neuen Jahr zu uns. Seine Eltern waren zwar dagegen, weil sie möchten, dass Chris Weihnachten zu Hause feiert, aber er hat sich damit durchgesetzt, dass er jetzt achtzehn ist und dass er beim Fest der Liebe bei seiner Freundin sein will. Kaisers lassen mir ausrichten, dass sie sich darüber freuen, wenn ich dieses Jahr mit *ihnen* feiern würde, aber meine Eltern wollen das nicht. Ich darf mich noch nicht über ihren Kopf hinwegsetzen. Bin ja noch nicht volljährig. Ich hätte es nicht zu träumen gewagt, aber Chris kommt tatsächlich über Weihnachten zu mir! Ich glaub's immer noch nicht! Wir haben schon Pläne gemacht, was wir alles tun, wenn er da ist. So lange waren wir noch nie zusammen. Jetzt können wir endlich Alltag miteinander erleben. Das wird wunderschön!

Und andere Dinge auch. Chris meinte, er vermisst meine Haut. „Ich möchte dich am liebsten fressen. Jeden Tag ein kleines Stück." Und dann: „Ich weiß, dass wir's nicht tun, aber in Gedanken schlafe ich mit dir. Findest du das schlimm?"

Finde es ganz und gar nicht schlimm, weil es mir genauso geht. „Aber was sagt Gott dazu?", hab ich gefragt.

Sind uns da nicht so sicher. Die Bibel gibt keine konkreten Grenzen an und beim Hohelied geht's sogar richtig zur Sache. Andererseits gibt es viel christliche Literatur, die sagt, man soll bis zur Ehe damit warten. Manche Christen sind auch der festen Überzeugung, dass man sich nicht mal küssen sollte. Das ist echt verwirrend. Denke, letztendlich muss das jedes Paar selbst mit Gott entscheiden, dann aber auch so tolerant sein und andere und ihre Einstellung nicht verurteilen.

Gehe jetzt schlafen und denke dabei an Chris. Danke, Herr, für unsere Liebe. Bitte hilf uns zu hören, was du zu Sex sagst. Gute Nacht. (22.45 h)

Samstag, 17. Dezember
Habe gehofft, dass mir Gott mit einem Traum eine Antwort gibt, war aber nicht. In einer Woche ist Weihnachten. Jesu Geburtstag. Hoffe meiner Familie dieses Jahr die frohe Botschaft näher bringen zu können. Habe sie immerhin dazu bewegen können, mit in den Gottesdienst zu kommen. Hab mit Chris abgesprochen, dass ich zu Hause die Weihnachtsgeschichte vorlese und er mich dabei leise auf der Gitarre begleitet. Bin gespannt, was meine Eltern dazu sagen. Freue mich auf Chris. (23.45 h)

Sonntag, 18. Dezember
Chris hat heute zweimal angerufen. Er meint, er hält's nicht mehr aus. Ich auch nicht. Eine Woche ist ja sonst ein Leichtes für uns. Trotzdem. Möchte ihm nah sein, möchte ihn küssen und umarmen und noch vieles andere, was ich hier nicht aufschreibe. Hach! Bald ist es so weit. Advent, Advent, Evas Herz, das brennt. Noch eins, noch zwei, noch drei, noch vier, dann steht Chris vor ihrer Tür. (00.07 h)

Montag, 19. Dezember
Hab über zwei Stunden mit Chris telefoniert. Haben uns gefragt, ob wir nur scharf auf körperliche Berührungen sind oder ob das mit unserer Liebe zu tun hat. Wenn es nichts mit Liebe zu tun hat, dann käme ich mir echt schlecht vor. Chris auch. Er meinte, es läge daran, dass wir uns so selten sehen, da wird die körperliche Nähe umso wichtiger. Wahrscheinlich hat er Recht. Ich liebe ihn unendlich! (22.47 h)

Dienstag, 20. Dezember
Tu nichts anderes als an Chris zu denken. Haben wieder lange telefoniert. Irgendwann hat er ganz abrupt aufgelegt. Hab'n Schock gekriegt, aber er hat mich später noch mal angerufen und erklärt, dass er es nicht mehr aushalten konnte, meine Stimme zu hören, mich aber nicht berühren zu können, da musste er auflegen. Ganz schön krass. (23.59 h)

Mittwoch, 21. Dezember
Hab die ganze Teestube verquatscht. Chris hat mich da angerufen. Zweieinhalb Stunden! Haben uns nette Dinge ins Ohr geflüstert. War irrsinnig schön. Ronny war kurz in der Teestube. Sah relativ fit aus. Sie ruft am Freitag an, hat was Dringendes zu erzählen. Scheint aber nichts Schlimmes zu sein, eher 'ne Neuigkeit. Hanna und Attila sind wieder die Alten, allerdings nicht mehr so krampfig. Sind sehr lieb zueinander, aber trotzdem noch kein Paar. Sehen süß zusammen aus. Der dicke, große Attila und die kleine, schmale Hanna.

Betty möchte nächste Woche die Andacht machen. Oh Gott! Wird sie wieder singen? Wird sie uns was über *Ghost* oder *Bodyguard* erzählen? Wahrscheinlich erzählt sie was über die Sauna. Bitte nicht schon wieder! Obwohl: Ich und Chris in der Sauna? Nein! Sollte aufhören, nur daran zu denken. Schließlich feiern wir Jesus' Geburtstag. Das Fest der Liebe. Ich liebe Chris! Und dich natürlich auch, Jesus. (00.28 h)

Donnerstag, 22. Dezember
Letzter Schultag. Chris hat mich schon wieder zweimal angerufen. Wir sind völlig scharf aufeinander. Müssen echt aufpassen, wenn er da ist. Chris träumt jede Nacht von mir. Ob ich das schlimm finden würde. Was kann er dafür, was er träumt? Morgen ist das Träumen vorbei. Morgen Abend kommt er! (23.57 h)

Freitag, 23. Dezember
Da meint man, ein Geheimnis zu hüten, was keiner wissen darf, und dann stimmt es gar nicht! Ronny hat mich angerufen. Hab vorher noch überlegt, welcher Grund wohl hinter ihrem Kontrollzwang steckt. Hab in meinem Tagebuch nachgelesen und – ich habe etwas gefunden! Es bringt doch was, Tagebuch zu schreiben. Man kann die Vergangenheit immer wieder hervorholen und nachlesen, wie man wirklich empfunden hat. Habe außerdem mit Stolz festgestellt, dass ich schon seit fast einem Jahr hier reinschreibe, ohne es hingeschmissen zu haben. Aber auf meine Suche habe ich keine Antwort bekommen. Habe lange nicht mehr darüber nachgedacht, aber ich spüre immer noch, dass ich nach etwas auf der Suche bin, von dem ich nicht weiß, was es ist. Dachte, ich hätte es in Chris gefunden, aber dem ist nicht so. Na ja, vielleicht suche ich auch gar nichts und grüble zu viel.

Zu Ronny: Sie ist in einer Psychiatrie gewesen, um zu schauen, ob die für eine Behandlung infrage kommt. Kommt sie scheinbar nicht. Die Leute sind zwar nett, aber zu unpersönlich, findet Ronny. Nachdem sie mir sagte, dass sie über Weihnachten ins Münsterland fährt, fragte sie plötzlich: „Sag mal, Eva: Wusstest du, dass Sam auch in der Psychiatrie ist?"

Ich entgegnete: „Oh. Warst du ausgerechnet in der Klinik, in der Sam ist?"

„Also wusstest du es? Mensch, war ich vielleicht baff, als ich ihn da getroffen hab! Es war ihm ganz schön peinlich!"

„Ja, ich war auch baff, als ich gehört hab, dass er da arbeitet", sagte ich.

„Arbeiten?", fragte Ronny. „Er arbeitet nicht da, er ist Patient!"
Schock! „Er ist was?"

Ronny lachte. „Er ist Patient. Renate wollte, dass er für ein Jahr lang tagsüber hingeht und auch manchmal über Nacht bleibt."

„Sam hat ja echt 'n Schaden, aber ich finde, seitdem er in die Psychiatrie geht, ist das eher schlimmer geworden. Das Wort ‚Mikrowelle' sagt doch alles! Und das nur, weil Renate so auf diese Psychokacke abgefahren ist."

Ronny entgegnete: „Ich dachte, Renate ist seit der Sommerfreizeit von diesem Trip runter? Warum geht Sam denn immer noch dahin?"

Ich war ratlos. „Keine Ahnung."

Ronny meinte: „Ich muss da am Dienstag noch Testergebnisse abholen. Vielleicht sollte ich da mal mit Sam sprechen."

„Gute Idee. Obwohl ... Na ja ... Ronny, ich hab mal in meinem Tagebuch herumgeforscht, um vielleicht der Ursache für deinen Kontrollzwang auf die Schliche zu kommen. Ich bin kein Psychiater, aber ... Du hast erst mit dem Joggen und dem vielen Lernen angefangen, nachdem du und Sam Schluss hattet. Du hast damals gesagt, du machst das, um Sam beweisen zu wollen, was er an dir verspielt hat. Das war der Einstieg."

Ich schwieg. Ronny schwieg. Nach 'ner Weile sagte sie: „Ich glaube, du hast Recht. Damit hat es angefangen. Er hat nur Schluss gemacht, weil ich nicht mit ihm schlafen wollte. Ich hab mich so benutzt gefühlt, so ungeliebt. Ich dachte eben, er liebt mich richtig. Endlich mal einer. Mein Vater liebt mich ja auch nicht. Und da dachte ich, ich zeige es denen allen mal. Ich dachte, wenn ich schöner bin, dann lieben sie mich vielleicht."

Ich sagte: „Du hast mir da mal einen Satz gesagt, den ich dir jetzt zurückgeben möchte: ‚Man soll auf das Innere achten und nicht auf die Verpackung!'"

Ronny begann leise zu weinen, bedankte sich bei mir und verabschiedete sich, nachdem sie bestimmt sagte: „Jetzt muss ich erst recht mit Sam reden."

Muss aufhören. Attila und Hanna kommen gleich. Wollen mit auf Chris warten. In zwei Stunden kommt er. Hab extra Schokokekse gebacken. Die Hälfte hab ich auf'm Tisch liegen, um sie an Attila zu verfüttern. Und natürlich an mich! (21.45 h)

Samstag, 24. Dezember

Jesu Geburtstag. Wie alt wirst du eigentlich, Herr? Gleich fahren wir zum Gottesdienst und feiern dich. Chris sitzt neben mir auf der Couch und guckt sich mit meinem Paps einen Film an. Er riecht gut. Paps riecht noch mehr. Stinkt eher. Er kippt sich immer gleich die halbe Flasche über.

War gestern Abend total nervös. Bin immer wieder ins Bad geflitzt, um zu gucken, ob ich gut aussehe. Denn wann sitzen meine Spagettihaare schon mal richtig? War nicht zufrieden. Als es dann endlich geklingelt hat, bin ich sofort die Treppe runtergerast, hab die Tür aufgerissen und mich ihm an den Hals geworfen ...

Sam hat mich angesehen wie ein Krokodil eine Ente, die sich auf seinen Rücken gesetzt hat. Er wollte Chris auch begrüßen.

Sprang entsetzt von Sam ab. Wollte die Tür schließen, aber da war irgendein Widerstand. Hab deshalb die Tür mit grober Gewalt ins Schloss gedrückt. Hörte einen Schrei. Hatte Chris den Fuß eingequetscht. Ich riss die Tür schnell wieder auf und Chris umarmte mich. Haben uns nicht geküsst, mussten uns erst aneinander gewöhnen. Schauten uns nur in die Augen und streichelten unsere Hände. Chris hielt meinem Blick nicht stand und meinte: „Komm, Süße! Oder willst du mich nicht reinlassen?"

In meinem Zimmer haben wir die Schokokekse gegessen und viel zu erzählen gehabt. Habe dabei Chris' Hand genommen, aber er hat sie mir immer wieder entzogen. Wenn ich mich an ihn lehnen wollte, hat er zwar seinen Arm um mich gelegt, aber mich dabei kaum berührt.

Sam ist gegen Mitternacht wieder gegangen. Chris und ich haben ihn zur Tür gebracht. Ich fand die Gelegenheit passend, ihn jetzt, wo Sam zur Tür heraus war, endlich zu küssen.

Chris nahm aber nur meine Hand, sagte „Später, Schatz" und zog mich in mein Zimmer. Da saßen Hanna und Attila auf meinem Psychiaterbett und küssten sich.

Wir grinsten und räusperten uns. Hanna und Attila sind zusammengezuckt und rot geworden. Haben sich dann schnell verzogen. Hanna rief heute an und sagte, dass es der erste Kuss für beide war. Endlich sind sie ein Paar! Wurde auch Zeit! Für Chris und mich wurde es auch Zeit. Haben uns umgezogen, jeder für sich im Bad, und sind ins Bett gehüpft. Habe das Licht ausgeknipst und mich an Chris gekuschelt. Der machte immer noch keine Anstalten, mich zu umarmen, zu streicheln oder zu küssen. Also fragte ich geradeaus: „Chris, was ist los?"

Er strich sich nervös durch die Locken. „Nichts ist los."

„Das sieht aber nicht nach nichts aus! Du bist nervös. Warum gehst du auf Distanz? Ich merk das doch!"

Chris schwieg. „Chris? Du kannst mir doch alles sagen. Die ganze Woche haben wir uns aufeinander gefreut und jetzt liegen wir hier und du traust dich noch nicht mal, mich zu küssen!"

Chris legte sich auf den Rücken und starrte die Decke an. „Ich will dir nicht weh tun", flüsterte er.

Ich lachte. „Du tust mir nicht weh! Ich liebe deine Berührungen, das weißt du doch."

Chris flüsterte weiter. „Eva, ich muss dir was sagen. Aber nicht heute. Ich will dir Weihnachten nicht versauen. Ich liebe dich. Und weil ich dich liebe, kann ich dir im Moment nicht so nahe sein. Vertrau mir und lass es gut sein, ja? Am Montag erklär ich alles."

Ich war total verwirrt. „Aber Chris, ich ..."

Er unterbrach mich. „Lass uns jetzt schlafen. Bitte!" Er drehte sich von mir weg. Ich fragte mich, was das bedeutet. Konnte nicht einschlafen. Hörte irgendwann seine ruhigen, flachen Atemzüge. Er war eingeschlafen. Ich grübelte weiter. Irgendwann hat er sich doch zu mir umgedreht, seinen Arm um meine Taille gelegt und mich fest an sich gezogen. Allerdings schlafend. Kuschelte mich mit dem Rücken an seine Brust. Er zog mich noch dichter an sich heran und legte seinen Kopf in meinen Nacken. Den hat er dann geküsst und gemurmelt: „Ich liebe dich, Eva. Du riechst so gut. Ich will dich haben. Es tut mir Leid, dass ich ..." Dann: „Nein! Verlass mich nicht!" Fragte sacht, ob er wach sei. Als Antwort kam ein gleichmäßiges Atmen. Er schlief.

Als ich heute Morgen aufgewacht bin, saß er umgezogen neben mir und strich mir leicht über die Haare. „Du bist eine richtige Prinzessin."

Die gähnte: „Guten Morgen, Herr Kaiser."

Beim Frühstück hab ich einfach ein Tischgebet gesprochen. Meine Eltern waren zwar überrascht, hatten aber nichts dagegen.

Dann haben Chris und ich den Baum geschmückt und uns dabei gegenseitig mit Holzkugeln behängt. Hatte dieses Jahr gebeten, den Baum mit Naturmaterialien zu schmücken. Die Lichterkette war das einzig Künstliche. Hab mich prompt darin verheddert und fast langgemacht, wenn Chris mich nicht aufgefangen hätte. Er grinste. „Und fall nicht in den Schnee, Kleines." Der liegt wie jedes Jahr nicht, aber dafür hab ich Chris bei mir.

Die Stimmung zwischen uns ist nicht so distanziert wie gestern, aber Chris kommt mir körperlich nicht so nahe wie sonst. Er hat mich noch mal gebeten, seinen Wunsch zu akzeptieren. Er meinte, wenn er mir den Grund nennt, werde ich bestimmt froh sein, dass er sich so verhalten hat. Denke nicht darüber nach, das macht mich sonst meschugge. Haben Herzkekse gebacken. Haben uns dabei mit Mehl beworfen und gegenseitig den Teig vom Finger geschleckt. Chris hat sich danach zurückgezogen und mehlfreie Sachen angezogen.

Jetzt liegt sein Arm über meinen Schultern. Das ist die einzige Berührung. Ich würde ihn so gerne küssen! Aber wenn er nicht möchte ... Das macht mich traurig. Chris hat das traurig eben durch Zufall gelesen. Er hat mir einen Kuss auf die Wange gegeben und ins Ohr geflüstert: „Es tut mir Leid, dass du traurig bist. Ich bin auch traurig. Ich würde dich auch wahnsinnig gerne küssen, aber ich kann nicht. Ich kann dir das nicht antun." Dann ist er aufgestanden und hat mich hochgezogen. „Komm, Süße. Der Gottesdienst fängt gleich an."

Chris liebt mich, das spüre ich. Und doch wieder nicht. (15.32 h)

Sonntag, 25. Dezember
Es war gestern wunderbar! Der Gottesdienst war wie immer etwas einschläfernd, aber trotzdem hat man Gottes Gegenwart gespürt. Das hat mich in bessere Stimmung gebracht. Außerdem hat Chris die ganze Zeit meine Hand gehalten. Selbst, als wir meine Großeltern begrüßt haben. Als zum Schluss die Lichter ausgingen und nur noch der riesige Tannenbaum und der große Herrnhuter-

Stern leuchteten, hat Chris meine Hand ganz feste gedrückt und meine Oma hat angefangen zu weinen. Sie ist soo süß! Hanna und Attila auch. Haben ein paar Bänke vor uns gehockt und sich geküsst. Hätte Chris auch gerne geküsst.

Zu Hause haben wir zuerst gegessen. Chris hat sich gut mit meiner Familie unterhalten. Nur mein Opa war wie immer grummelig. Er ist immer schlecht gelaunt, wenn andere glücklich sind. Chris und ich haben uns gegenseitig gefüttert. Hab dabei in Chris' Augen so viel Zärtlichkeit gesehen, dass ich fast geheult hätte. Hab dann auch geheult, nachdem wir unsere Geschenke ausgepackt haben. Chris hat mir das Video von *Notting Hill* geschenkt. Dazu einen Brief:

Eva, ich liebe dich. Vergiss das nie. Auch wenn mal schwere Zeiten kommen. Und die werden kommen. Wenn du diesen Film siehst, denk daran, dass ich mir wünsche, dass wir irgendwann genauso glücklich sind wie William und Anna zum Schluss. Ich bete dafür und gebe die Hoffnung nicht auf, dass es irgendwann so sein wird.
Dein Chris.

Das klang fast wie ein Abschiedsbrief und ich fühlte mich auch so, weil Chris mir so fern war. Verkniff mir die Tränen. Tränen aus Freude und aus Traurigkeit. Seltsame Mischung.

Chris fand dann mein Geschenk an ihn. Eine kleine Marzipangitarre, leere Notenseiten zum Komponieren und eine Kassette, auf der ich meine Stimme und unsere, meine und seine Lieblingslieder aufgenommen hatte. Chris freute sich so, dass er alle Hemmungen vergaß und mich ganz feste an sich drückte. War überrascht, weil ich mein Geschenk nicht so originell fand. Dann wurde Chris sich bewusst, dass er mir nahe war, und ließ mich schnell los, wie man eine Brennnessel loslässt, die man aus Versehen angefasst hat. Ich fühlte mich von ihm abgewiesen und war verletzt, als wäre ich die Person, die eine Brennnessel angefasst hätte.

Chris verschwand und tauchte mit seiner Gitarre wieder auf. Er räusperte sich. „Entschuldigung. Mich kostet das einigen Mut, aber … äh … Dürfte ich Ihnen etwas vorspielen? Ich habe es selbst komponiert und, äh … Es ist für dich, Eva."

Meine Oma fing vor Rührung an zu schluchzen und ich war auch nahe dran. Die Melodie war unglaublich schön. Chris schaute mich die ganze Zeit an, während er es spielte. Danach sagte er leise: „Einen Text gibt es noch nicht, aber der kommt noch."

Vergaß meine Traurigkeit und drückte Chris einen fetten Kuss auf die Wange. Anschließend habe ich die Weihnachtsgeschichte vorgelesen, während Chris dazu geklimpert hat. Dann hat Paps seine alte Mundharmonika, von der ich gar nicht wusste, dass sie existiert, rausgekramt und ein Weihnachtslied angestimmt. Chris hat mitgespielt und meine Oma mitgesungen. Ich konnte lediglich mitsummen, weil mir nur die erste Strophe einfiel. Peinlich. Mama hat auch mitgesummt und ich meine sogar, meinen Opa brummen gehört zu haben. Haben danach ein paar Runden „Mensch ärger dich nicht" gespielt und schwupps – war der Tag vorbei! Meine Oma hat sich beim Abschied bei Chris und mir bedankt. Sie habe seit langer Zeit nicht mehr so ein schönes Weihnachtsfest erlebt. Dachte an die Jahre zuvor, wo wir nach der Bescherung stundenlang stumm vor dem Fernseher gesessen hatten, und gab ihr Recht.

Später setzte ich mich auf mein Bett und Chris hockte sich vor mich und legte seinen Kopf auf meine Knie. „Ach Eva!", seufzte er.

Ich streichelte seinen Kopf. „Chris, dich belastet doch was." Er nickte stumm. „Egal, was es ist, ich werde dich verstehen."

Chris schaute mich verzweifelt an. „Das wirst du nicht verstehen. Ich verstehe es ja selber nicht. Wenn du es weißt, wirst du mich dafür hassen!"

Er stand auf, drehte sich weg und begann zu weinen. Ich hatte mir immer einen Freund gewünscht, der so stark ist und in meiner Gegenwart weint, aber jetzt war ich erschrocken. Wenn Chris weint, dann muss es wirklich etwas Schlimmes sein.

Ich versuchte, ihn in den Arm zu nehmen, aber er drehte sich weg. „Nein, Eva. Wenn du weißt, was ich getan habe, dann ..."

Mir war egal, was er getan haben sollte. Ich liebe ihn und er liebt mich. Das sagte ich ihm auch, zwang ihn schließlich, sich auf mein Psychiaterbett zu setzen, und nahm ihn in meinen Arm. Er fing an zu weinen, wie ein kleines Kind, das sein liebstes Spielzeug verloren hat. Ich streichelte seinen Rücken und küsste seinen Kopf. Er lag mit seinem Kopf an meiner Schulter und umklammerte mich, wie ein Ertrinkender eine Boje. Mir kamen auch schon die Tränen. Aber Chris beruhigte sich wieder. „Das ist echt peinlich. Ich wollte mich nicht so gehen lassen."

Ich schaute ihm in die Augen und die waren so tieftraurig, dass ich auch weinen musste.

Chris flüsterte: „Ich liebe dich so sehr, dass es weh tut, weißt du?", und küsste mir die Tränen vom Gesicht. Ganz sanft und sacht. Er hat so schöne weiche Lippen.

Irgendwann konnten wir nicht anders und haben uns doch geküsst. Erst ganz vorsichtig und zärtlich, dann immer heftiger und suchender. So als suchten wir beide beieinander Halt. Die Sehnsucht aus den letzten Wochen, unsere Liebe, der Schmerz, dass wir uns so gefehlt haben, sind wie ein Staudamm gebrochen. Haben angefangen, uns zu drücken und zu streicheln. Ich hab dabei nichts anderes gedacht, als dass ich ihn unendlich liebe. Wir mussten wieder beide weinen, einerseits vor Glück, weil wir uns so lieb haben, und andererseits hatte ich das Gefühl, dass es das letzte Mal ist, dass ich ihm so nahe bin. Jetzt denke ich, dass das Einbildung war, aber es war schon komisch, das Gefühl.

Jetzt sitze ich neben ihm im Bett. Er schläft noch und hat ganz rotgefleckte Wangen. Danke, Herr. Danke für diesen Mann, den ich lieben darf und der mich lieben darf. Danke. Ich glaube, er wacht auf. Müssen ja auch gleich zum Gottesdienst. (9.07 h)

Nachtrag: Ich bin nicht mehr dieselbe. Das Thema der Predigt war „Geständnisse". Chris hat mich nach dem Gottesdienst wortlos weggeschleift, ohne sich bei den anderen zu verabschieden. Wir sind zum Kanal gegangen. Chris schaute mich total traurig an. „Eva. So geht das nicht."

Ich fragte verwirrt: „Was denn?" Er sagte verzweifelt: „Das letzte Nacht tut mir Leid. Ich hätte dich nicht so berühren dürfen, ich ... Ich muss dir was sagen."

Mir wurde schlecht. Irgendwie ahnte ich, dass das wirklich

nicht harmlos war. An der Schleuse blieben wir stehen und blickten schweigend in die Tiefe. Ich versuchte heiter zu klingen: „Nun sag schon, was das Problem ist."

Chris schaute mich an und flüsterte: „Du wirst mich dafür hassen."

Ich bekam Angst. „Was ist es?", fragte ich tonlos.

Chris begann: „Es war am Donnerstag, nachdem wir telefoniert haben. Ich hab's nicht mehr ausgehalten ohne dich. Die wenigen Stunden hab ich nicht mehr ertragen. Ich wollte mich ablenken und hab die Band besucht."

Ich unterbrach ihn: „Du hast wieder gekifft?"

Chris nickte.

Ich atmete erleichtert aus. „Warum sollte ich dich deswegen hassen?"

Chris drehte mich an den Schultern zu sich herum und war total verzweifelt: „Ich habe nicht nur gekifft. Ich habe, ich weiß nicht mehr, wie viele Köpfchen geraucht und obendrauf noch Bier getrunken. Es war alles so einfach, so nebenbei. Wir haben uns unterhalten und eine geraucht und noch eine geraucht und noch eine geraucht. Irgendwann hat mir Jennifer Bier angeboten. Ich wusste zwar, dass Bier Dope verstärkt, aber in dem Moment war ich schon zu bekifft, um was dagegen zu haben."

Ich fragte leise: „Bereust du es denn?"

Chris verdrehte die Augen: „Und wie!" Dann flüsterte er: „Aber das war noch nicht alles." Ich schaute ihn ängstlich an. „Ich ... ich habe gesnieft." Ich schwieg. „Ich habe Heroin gesnieft." Ich dachte an das, was ich über Heroin wusste. Dass das die Droge ist, die am meisten abhängig macht. Psychisch und physisch. Dass das die Droge ist, die die schlimmsten Entzugserscheinungen hervorruft. Dass das die Droge ist, von der kaum jemand loskommt. Ich fragte traurig: „Und jetzt willst du mehr, oder?" Chris schüttelte entschieden den Kopf. „Nein. Ich hab ganz wenig gesnieft. Und selbst wenn ich Entzugserscheinungen hätte, würde ich das aushalten. Glaube mir, nach dieser Nacht habe ich meine Lektion gelernt."

„Du warst die ganze Nacht da?"

Chris schaute schuldbewusst zu Boden. Ich atmete tief durch und legte schließlich meinen Arm um ihn. „Das ist aber kein Grund für mich, dich zu hassen, Chris. Ich liebe dich."

Chris nahm meinen Arm und legte ihn behutsam weg. „Das wirst du nicht mehr sagen, wenn du weißt, was ich noch getan hab. Ich hatte nur dich im Kopf. Die ganze Zeit. Ich hab deine Stimme gehört. Dich vor mir gesehen. Dich geküsst. Dich gestreichelt. Dich ausgezogen ..."

Er brach ab.

„Was hast du?"

„Ich habe fast mit dir geschlafen."

Ich schüttelte den Kopf. „Weil du Drogen genommen hast und in deinen Hallus fast mit mir geschlafen hast, soll ich dich hassen? Das versteh ich nicht", sagte ich.

Chris flüsterte wieder und schaute mich direkt an. „Ich habe nicht in meinen Hallus mit dir geschlafen, ich habe es mit *dir* getan."

Ich verstand gar nichts.

Er sprach weiter. „Ich habe nur dich gesehen. Und ich habe beinahe mit dir geschlafen, bis ... ich das Gesicht von Jennifer erkannt habe."

Wir schauten uns immer noch in die Augen. Ich überlegte, was ich da sah. Traurigkeit? Schuldgefühle? Liebe? Oder nichts?

Ich zumindest empfand plötzlich nichts mehr. Ich schaute ihm immer noch in die Augen und fragte tonlos: „Du hast beinahe mit Jennifer geschlafen?"

Chris nickte.

„Wie? Beinahe?"

Chris schluckte. „Na, beinahe eben. Ich wollte gerade ..."

Ich unterbrach ihn. „Danke. Verstehe."

Ich schaute ihm immer noch in die Augen, aber ich sah da nichts mehr. Und ich spürte nichts mehr. Ich war taub, blind und gelähmt. Mir war kalt.

Chris schüttelte mich an den Schultern. „Eva? Warum sagst du nichts? Warum reagierst du nicht? Eva?"

Ich spielte Echo: „Warum? Warum?"

Irgendwann bin ich nach Hause gegangen. Keine Ahnung, wie ich hierhergekommen bin. Ich hatte nur eins im Kopf: Chris' Augen, die Vorstellung von ihm und Jennifer und das „Warum?".

Dass ich das hier aufschreibe, ist die erste Tat seit Stunden. Chris ist bei Sam und ich hab den Tag lang im Schneidersitz auf meinem Psychiaterbett gesessen. Habe wirklich absolut keine Ahnung, was ich tun soll, was ich fühlen soll und was ich denken soll. Ich fühle mich ... Ich fühle nichts mehr. Ich habe noch nicht mal das Gefühl, dass ich das bin, die in diesem Körper steckt. Dass ich das bin, die das denkt. Dass ich das bin, die das schreibt. Wer ist das? Wer ist ich? Und wer ist Chris? Wer ist überhaupt irgendwer?

Montag, 26. Dezember
Kennt man sich eigentlich? Ich weiß im Moment nicht, wer ich bin und wer ich sein soll. Alles ist durcheinander gewirbelt. Wann kennt man jemand richtig? Kann ich behaupten, Chris zu kennen? Chris hat was gemacht, wovon ich nie im Entferntesten geglaubt hätte, dass er es tun könnte. Aber das war nicht Chris, der das getan hat, es waren die Drogen, die ihn dazu gebracht haben, es zu tun. Andererseits war er es, der gekifft hat. Er hat mich betrogen, doch auf der anderen Seite hat er mich mit mir betrogen, die ich nicht war. Mein Gott, ist das kompliziert.

Heute Nachmittag bin zum Kanal gegangen, um alles bei Gott abzuladen. War gerade damit fertig und wollte mich an meinen Lieblingsort pflanzen. Doch da saß Chris, ohne dass ich ihm je von meinem Lieblingsplatz erzählt hatte, und starrte auf das Wasser. Versteckte mich hinter einem Baum und überlegte. Soll ich mich zu ihm setzen und versuchen zu reden? Soll ich wieder gehen? Konnte mich nicht entschließen und blieb da, wo ich war. Ich beobachtete ihn und stellte fest, dass ich ihn noch irgendwie lieb habe. Das erste Gefühl, seit der Scheiß-egal-Emotionsphase. Dachte, wenn du das weißt, kannst du dich auch mit ihm unterhalten.

Chris war total überrascht. Ich versuchte zu lächeln, ist aber 'ne

Grimasse geworden. Setzte mich neben ihn und starrte mit aufs Wasser. Er begann: „Ich weiß nicht, was ich sagen soll."

„Ich auch nicht." Ich überlegte und fragte: „Chris, eine ehrliche Antwort. Liebst du mich?"

Er sah mich an und nahm meine Hand. „Natürlich!", rief er. „Natürlich liebe ich dich!"

Dachte daran, wie er wohl Jennifers Hand gehalten hat, und zog meine angewidert weg. Ich hab ihm erklärt, dass ich noch was für ihn empfinde, aber dass es mir schwer fällt, mich ihm zu nähern. Das verstand er voll und ganz. Wir wollen in der restlichen Zeit, die er da ist, irgendwie versuchen, wieder zueinander zu finden. Muss zugeben, dass ich nicht weiß, ob das klappt. Ich ekel mich jedes Mal, wenn er die kleinste Bewegung in meine Richtung macht. Dann erscheint dieses Bild von ihm und Jennifer in meinem Kopf und mir wird schlecht. Wenn das bis zu seiner Abfahrt nicht besser wird, muss ich überlegen, ob das Ganze noch Sinn macht. Die Entfernung ist schon schwer genug. Und dann immer die Angst, dass er wieder kifft oder vielleicht wieder mit Jennifer rummacht. Ich weiß echt nicht ...

Ich weiß gar nichts mehr. (22.35 h)

Dienstag, 27. Dezember

War heute mit Chris spazieren. Wenn wir uns unterhalten, vertrauen wir uns wie immer. Einmal haben wir sogar gelacht. Aber als Chris mir eine Haarsträhne aus den Augen fischen wollte, ist mein Lachen sofort eingefroren. Komme mir vor, wie jemand, der mit einer Brennnessel gestreichelt wird. Ich kann mich einfach nicht von ihm berühren lassen. Selbst seine Hand kann ich nicht halten. Chris hat's mir jedes Mal angesehen, wenn ich mich geekelt hab, und sagte: „Ich wusste, dass es dir so gehen wird. Deswegen wollte ich dich nicht berühren. Tut mir Leid, dass ich das Samstagnacht nicht geschafft habe."

Ich dachte daran und lächelte. Es kam mir vor wie ein Erlebnis, das ich in einem Film gesehen und sehr genossen habe. „Dazu gehören immer zwei. Ich habe es nicht bereut und ich bereue es auch jetzt nicht. Das ist paradox, aber da wusste ich ja noch nichts von dir und ..." Ich brach ab und schüttelte mich. Diese Vorstellung von Jennifer und ihm ist fest in meinen Kopf eingebrannt, so als hätte man mir ein Feuermal verpasst.

Hanna hat angerufen. Sie gibt Silvester eine Party, bei der alle bei ihr übernachten. Sie sagte verschmitzt, dass Chris und ich allein in einem Zimmer schlafen könnten. Sagte ihr, dass das nicht nötig sei, aber Hanna ließ sich nicht abbringen: „Ich weiß doch jetzt selber, wie das ist. Man will ja nicht miteinander schlafen." Mir wurde übel. „Man will doch nur ungestört Arm in Arm einschlafen."

Schon der Gedanke, dass Chris und ich Arm in Arm einschlafen, ist zu viel für mich. Gut, dass niemand von unserem Problem weiß. Sam denkt, Chris würde bei ihm übernachten, weil er ein schlechtes Gewissen seinen Eltern gegenüber hat. Ein schlechtes Gewissen hat er auch. Chris fragt sich mittlerweile, ob es besser wäre, die Beziehung für 'ne Weile aufs Eis zu legen. Mir zuliebe.

Liebe.

Ich komme mir total zerrissen vor. Die eine Seite liebt ihn, die andere Seite hält die eine davon ab, es zuzulassen. Er meinte, er hätte mich nicht verdient und er könne mir sowieso nicht das geben, was ich bräuchte. Ein anderer könnte das vielleicht besser. Ein anderer? Ja, vielleicht. Aber der andere wäre ja nicht Chris und ich liebe nun mal Chris. Was soll ich machen? Ja. Was soll ich bloß machen? (23.47 h)

Mittwoch, 28. Dezember
Ronny war in der Teestube und hat sich ungewöhnlich gut mit Sam verstanden. Ihr Verhalten zueinander war so ... so ... normal! Ronny hat mich dann aufgeklärt. Sie hat sich gestern mit Sam in der Psychiatrie ausgesprochen. Hat sehr lange gedauert, aber was lange währt, wird endlich gut, meinte sie. Sam hat sich bei ihr dafür entschuldigt, dass er nur Sex wollte, und erklärte es damit, dass er auf der Suche nach etwas war. Wir sind wohl alle auf der Suche ...

Auf jeden Fall haben sie sich gegenseitig vergeben und zusammen gebetet. Jetzt geht es beiden besser. Allerdings hat Sam immer noch die Überzeugung, dass ein Christ leiden muss, um ein guter Christ zu sein. Nach dem Vorbild von Jesus am Kreuz. Völlig verdrehtes Gehirn hat er. Sam geht deshalb weiter in die Psychiatrie, weil er darunter leidet! Renate hat ihn nach der Sommerfreizeit rausgeholt, aber Sam hat sich wieder angemeldet. Der Kerl ist eindeutig psychisch gestört! Psychisch gestört, weil er eigentlich gesund sein könnte.

Na ja, wenigstens ist seine Mutter geheilt. Die hat dafür gesorgt, dass wir bei Hanna am Samstag sturmfreie Bude haben. Renate hat unsere Eltern zu einer Silvesterfeier eingeladen. Sie meinte, wenn ihre Kinder schon ständig zusammenhängen, dann könnten sich die Eltern auch besser kennen lernen. Oje. Hoffentlich geht das gut! Renate und ihr Mann und Hannas Eltern als Christen und meine und Attilas Eltern als Nichtchristen und Alkoholliebhaber auf einem Haufen. Na, Halleluja! Ronnys Vater wollte nicht dazustoßen. Ist auch besser so.

Ronny wird nicht mit uns feiern, weil sie ins Münsterland fährt. Mist! Hab schon wieder vergessen zu fragen, was sie da immer treibt! Betty ist auch nicht da. Sie veranstaltet mit ihren Saunaschwestern eine Saunafete im Sauerland. Ihre Eltern haben sich extra eine Sauna ins Ferienhaus einbauen lassen.

Betty ist aber auch eine komische Type! Die Andacht von ihr hat heute allen den Kopf verdreht. Zuerst setzte sie sich mitten auf die Theke, um alle Aufmerksamkeit auf sich zu ziehen. Ist ihr gelungen. Die Theke hat laut geächzt. Sie hat ihr fettes Wiehernlachen eingesetzt und gegrölt: „Hähähähä! Bin wohl 'n bisschen schwer, hä? Hähähähä!"

Hat weiter Witze über ihre Figur gemacht und die Jugis haben schließlich mitgezogen. Irgendwann hat sie plötzlich ihre Laune geändert und wütend gebrüllt: „Was lacht ihr denn so dämlich? Gott liebt mich. Nur weil ich fett bin, heißt das noch lange nicht, dass ich weniger wert bin!"

Die Jugis zuckten verschreckt zurück und setzten sich. Draußen standen noch ein paar Leute.

Betty seufzte tief und schien zu überlegen: „Mach ich mir die Mühe und schäl mich von meinem Thron herunter oder ergreife ich andere Maßnahmen?" Natürlich blieb Betty sitzen. Noch einen Aufprall von Bettys Hintern hätte die Theke auch nicht ertragen. Sie fing fürchterlich hoch an zu summen: „Mi mimi miiiiiiiiii-ieeehhhh", räusperte sich und begann ein Lied zu singen, um die Leute hineinzulocken. „Ei ei bie-lieef in Djiee-säääääääß! Ei bielief hie is-se Ssanaf Kaaaahhhht! Ei bielief hie deiiiiiit hänt huooosä gännnn. Ei bielief hie päiiiid fo-uoss ooooool. Änt ei bilief hie is hieer nau. Schtändingin aua Miiiiiiiiiidst..."

Ein Wunder, dass Betty die Leute nicht mit ihrem Gejohle vertrieben hat. Stattdessen kamen sie hineingestolpert und Chris rief über Bettys Stimme hinweg: „Ist doch gut! Wir kommen ja! Aber bitte hör auf!"

Bettys begeistertes, verklärt lächelndes Gesicht verzog sich um die Nase herum zu einem beleidigten Schrumpelpilz. „Jetzt geh schon zu deiner Angebeteten und halt's Maul!", motzte sie.

Ich hockte mit Hanna und Attila in einer Ecke, in der eigentlich kein Platz mehr war, da Attila nun mal ein bisschen mehr Raum einnimmt. Chris quetschte sich trotzdem noch hinter mich und ich musste mich an ihn lehnen. Sein ganzer Körper an meinem. Das eingebrannte Bild erschien wieder und mir wurde übel. Chris, der mit seinem Kopf genau hinter meinem saß, flüsterte mir ins Ohr: „Tut mir Leid, geht nicht anders."

Ich versuchte mich auf Betty zu konzentrieren. Die wurde durch all die Aufmerksamkeit und Stille im Raum ganz nervös. Sie räusperte sich und fing mit leiser, sachter Stimme an zu erzählen, ohne zu grölen, zu lachen und zu schimpfen. Sie bezog sich auf Weihnachten. Es ging um Gottes Liebe. Wir kannten und wussten das alles, was sie erzählte, aber es tat unwahrscheinlich gut, es mal wieder zu hören. Dass Gott uns liebt. Jeden einzelnen von uns. Und jeden gleich viel. Aber sehr viel. Dass er uns liebt, auch mit all dem, was wir falsch machen. Dass nur er uns die Liebe geben kann, nach der jeder Mensch sucht. Dass wir unser Leben nicht auf Menschen bauen sollen, sondern auf Gott. Dass Menschen, egal wie sehr sie einen lieben, einem immer wieder unabsichtlich weh tun werden. Dass Gott uns seine Liebe auch gegeben hat, um uns zu vergeben und uns gegenseitig zu lieben.

Ich fühlte mich total angesprochen und sah, wie Gott über mich und Chris weinte. Ich spürte seinen Atem hinter meinen Haaren und wusste, unsere Liebe lebt noch. Wir hatten nur vergessen, uns zu vergeben und Gott um seine Liebe füreinander zu bitten. Das eingebrannte Bild rückte in den Hintergrund und meine Gefühle für Chris gewannen die Mehrheit. Ich suchte vorsichtig nach Chris Hand und hielt sie fest.

Er flüsterte mir ins Ohr: „Bist du sicher?"

Ich drückte ihm die Hand als Antwort.

Betty sprach weiter. „Gott ist oft seltsam. Wir verstehen ihn oft nicht. Er erhört Gebete, andere nicht. Er handelt nicht nach unseren Vorstellungen, sondern nach seinen, die oft total ungewöhnlich sind. Er hat uns sich selbst geopfert, damit wir nicht mehr leiden müssen. Damit wir ewig leben, damit alle Schuld von uns abfällt. Kann es einen größeren Liebesbeweis geben, als dass sich jemand für einen anderen töten lässt?"

Man hörte aus einer Ecke jemanden schluchzen und Chris flüsterte: „Das ist Sam."

Ich lächelte. Na endlich!

Obwohl Hanna und Attila dann aufgestanden und zu Sam gegangen sind, blieb ich eng an Chris gelehnt sitzen und genoss es. Endlich mal wieder. Chris schwieg. Ich drehte mich zu ihm herum und sah ihm in die Augen. Sie sahen traurig aus, voller Schuld. Ich lächelte ihn an. Er war überrascht und sagte leise: „Es tut mir so Leid, dass ich dir weh getan habe. Ich wollte doch nichts anderes als bei dir sein."

Ich streichelte seine Nase. „Wir müssen damit zu Gott und ihn zusammen um Vergebung und Hilfe bitten", sagte ich. Chris nickte und näherte sich meinem Gesicht, blieb dann aber unentschlossen ein paar Zentimeter davon entfernt. Ich grinste und küsste ihn.

Wir haben noch viel aufzuarbeiten, aber der erste Schritt ist getan. Dank Betty. Und dank unserem wunderbaren Gott und seiner Liebe für uns. Danke. Mehr weiß ich dazu nicht zu sagen. Es gibt drei Arten von Begeisterung. Die erste ist die, bei der man jubelt und schreit. Die nächste, noch stärkere, ist die, bei der man zu begeistert ist, um etwas zu sagen. Und die letzte und höchste aller Begeisterungen ist die, bei der man nichts sagen, nur ein Wort hervorbringen kann: Danke. Danke, Herr. (23.36 h)

Donnerstag, 29. Dezember
Es geht weiter bergauf. Haben gestern und auch heute zusammen gebetet. Überlegen, ob Chris morgen wieder bei mir schläft. (22.57 h)

Freitag, 30. Dezember
Chris schläft heute bei mir. Gleich kommt er. (20.24 h)

Samstag, 31. Dezember
Sind Arm in Arm eingeschlafen. Hab mich geborgen gefühlt. Sind bei Hanna. Muss jetzt aufhören. Gleich ist Mitternacht und Hanna möchte so 'ne Art Ansprache halten. (23.26 h)

Nachtrag: Happy God geblesstes new year, be welcome! Das war ein Jahresabschluss! Die Suche, die ich tatsächlich in mir hatte, hat ein Ende, obwohl das Ziel die ganze Zeit um mich herum war.

Aber von vorne. Wir saßen auf dem Boden im Wohnzimmer und zählten die Minuten, als Hanna aufstand und entschlossen rief: „So, Leute! Da das der letzte Tag in diesem Jahr ist, möchte ich nicht nur den, sondern auch was anderes hinter mir lassen und neu anfangen. Ich möchte, dass ihr meine Zeugen seid."

Wir schauten sie erwartungsvoll an.

„Seit Bettys Andacht ist mir ein Licht aufgegangen. Ich bin schon lange Christ, aber trotzdem hatte ich das Gefühl, als wäre ich nach irgendwas auf der Suche. Jetzt weiß ich, was ich gesucht habe. Es ist wohl das, wonach jeder Mensch insgeheim sucht. Die

Liebe. Ich weiß, dass Gott mich liebt, aber trotzdem habe ich an den falschen Stellen gesucht. Mein Problem ist, dass mich alle für eine perfekte Christin halten, weil meine Eltern Christen sind. Alle haben gedacht, dass ich immer Recht habe, und ich dachte auch, ich muss christlich perfekt sein, so wie es alle von mir erwarten. Meine Eltern und auch ihr. Doch innerlich war ich mir nie sicher, ob das eigentlich stimmt, was ich predige. Ich habe mein Leben nie richtig an Gott übergeben. Ich bin damit aufgewachsen und hielt es für normal. Aber ich habe mich nie bewusst dazu entschieden. Ich dachte, wenn ich das einem von euch erzähle, dann liebt ihr mich nicht mehr. Also habe ich geschwiegen. Bis heute. Denn Mittwoch habe ich mich für Gott und seine Liebe entschieden und jetzt suche ich nicht mehr. Ich habe es gefunden."

„Ich auch", meinte Sam. Ich erwartete eine lange Predigt, aber Sam sagte nur kurz und leise: „Ich hab immer Angst davor gehabt, richtig geliebt zu werden. Es war mir unheimlich, dass mich jemand einfach so liebt, obwohl ich so viel Mist baue. Also habe ich angefangen, mir Gottes Liebe durch irgendwas zu erarbeiten. Aber je mehr ich an mir gearbeitet habe, desto mehr war ich auf der Suche. Ich habe an den falschen Stellen nach Gott gesucht."

Attila nickte. „Ich auch. Ich habe die Liebe bei den Frauen gesucht, obwohl Gott die ganze Zeit neben mir stand."

Chris drückte meine Hand und mir war klar, was er sagen wollte. Er hatte bei den Drogen gesucht. Und mir wurde klar, dass ich in meinen Träumen gesucht hatte. Immer, wenn es mir schlecht ging, habe ich mir eine bessere Welt erträumt. Die bessere Welt war Chris. Wenn ich mit Chris zusammen war, habe ich Gott vernachlässigt. Ich bin auf meiner Suche vor dem Ziel weggerannt.

Ich dachte an Ronny und an den Brief, den sie mir gegeben hatte. „Du darfst ihn erst kurz vor dem neuen Jahr aufmachen", hatte sie gesagt. Das tat ich, bevor Hanna angefangen hatte zu erzählen. In Ronnys Brief stand, dass sie in ein christliches Internat ins Münsterland zieht. Sie hatte das ganze Jahr darüber nachgedacht und hat es oft besucht. Jetzt hat sie sich entschlossen. „Weg von meinem Vater, weg von dem Kontrollzwang, weg vom

Wegrennen und hin zu Gott." Ronny hatte ihrer Suche auch ein Ende gemacht.

Betty hatte uns gebeten, im neuen Jahr an sie zu denken. Also hörten wir das Lied „Freunde" von *Pur* und sangen total ausgelassen dazu ins neue Jahr hinein. Stellte mir Bettys grölende Stimme dazu vor und bedankte mich bei Gott für so viel Liebe, die man so oft nicht bemerkt.

Danke, Herr, für deine unendliche Liebe. Danke, dass ich nicht perfekt sein muss. Danke, dass ich dich gefunden habe. Danke, dass Chris und ich uns haben. Danke für meine beknackten Freunde. Danke für dieses neue Jahr. Danke, dass ich es geschafft habe, dieses Tagebuch ein Jahr lang zu schreiben. Du hast es genau richtig eingeteilt. Nur noch zwei Seiten und ich muss ein neues anfangen. Neu. Danke, dass du alles neu machst. Danke. Mir gehen die Worte aus. Du siehst, ich bin begeistert. Mir bleibt nur ein Wort: Danke. (3.15 h)

Januar

Sonntag, 1. Januar

Ich bin froh, dass ich deine Liebe gefunden habe, Herr. Denn ohne deine Liebe würde ich jetzt verzweifeln. Aber ich spüre sie tief in meinem Herzen und dafür danke ich dir.

Heute Morgen bin ich ganz früh aufgewacht und Chris lag nicht neben mir. Wir hatten uns noch unterhalten, mit Gott geredet und uns aneinander gekuschelt, bevor wir eingeschlafen sind. Alles war so gut, so perfekt, so schön. Ich dachte erst, Chris wäre auf die Toilette verschwunden.

Als er nach einer Stunde immer noch nicht da war, bin ich unruhig geworden und habe ihn in der ganzen Wohnung gesucht. Attila und Hanna lagen zusammen in einem Schlafsack (wie haben die das geschafft?) auf dem Boden und Sam in Hannas Bett. Doch kein Chris.

Ich klopfte an die Badezimmertür und öffnete sie, als niemand antwortete. Kein Chris.

In der Küche: kein Chris.

Im Wohnzimmer: kein Chris.

Zog mir meine Winterjacke über und ging nach draußen. Da stand er. Ohne Jacke.

„Chris, du frierst dich ja tot! Komm, ich wärm dich", sagte ich.

Chris drehte sich zu mir herum und ließ sich umarmen. Er roch komisch.

„Chris, was machst du hier draußen?"

„Gar nichts, Jennifer."

Ich zuckte zurück und ließ ihn los. „Was hast du gesagt?", fragte ich irritiert.

„Hä?", fragte er zurück.

Ich guckte ihn genauer an und stellte fest, dass er offensichtlich wieder gekifft hatte. „Chris, nein!", flüsterte ich.

Chris hob die Augenbrauen und fing an zu lachen: „Wer bist du denn? Du bist ja gar nicht Jennifer! Du siehst ja komisch aus! Hahaha. Du siehst aus wie eine hässliche, alte Schrapnell!"

Er hat sich weiter kaputtgelacht und mich geschubst. Immer wieder. Bis ich an der Haustür war.

Habe sofort meine Sachen gepackt, Hanna einen Brief geschrieben und bin nach Hause gegangen. Um sieben Uhr morgens. Hatte sein verächtliches Lachen in meinen Ohren. Brauche nicht zu schreiben, wie ich mich fühle. Werde dem Ganzen wohl endgültig ein Ende machen. Mara und Rüdiger scheint es auch besser zu gehen, seitdem sie nicht mehr zusammen sind. Scheinbar.

Ich mach Schluss. Vorerst. Oder nicht? Ich liebe Chris. Oder? Ach, ich weiß auch nicht.

Das Buch geht zu Ende. Ohne dass ich weiß, wie es weitergeht. Aber auch, ohne auf der Suche zu sein.

Die Poetin verabschiedet sich:

Gefunden

Wie soll es weitergehen?
Kannst du die Zukunft sehen?
Ich fühl mich schlecht
Nicht gewollt von ihm
Ungeliebt
Als ob man auf Watte beißt
Doch ich liege in Watte
Bin geliebt
Gewollt von dir, Herr
Ich fühl mich besser
Es ist nicht wichtig, wie's weitergeht
Nicht wichtig, wie die Zukunft aussieht
Denn die Suche hat ein Ende.
Ich begebe mich in deine Hände.
(9.17 h)

„Fromme Chaoten" unter sich

ISBN 3-87067-391
Paperback, 160 Seiten

ISBN 3-87067-634-5
Paperback, 192 Seiten

Warum haben in den vergangenen Jahren so viele Menschen die Buchhändler ihres Vertrauens aufgesucht? Genau: wegen dieser beiden Tagebücher des berühmten „frommen Chaoten" Adrian Plass.

Hier erleben wir die ersten vorsichtigen Schritte des Chaoten vom Büroklammernbezwinger zum begnadeten, internationalen, christlichen Redner, der dabei von seinen Freunden – mehr oder weniger sinnvoll, versteht sich – unterstützt wird. Und immer daran denken: Nur wo Plass draufsteht, ist auch Plass drin!